U0865496

重庆市出版专项资金资助

对话初心

刘婧雨　颜毅　著

图说巴渝地区早期共产主义运动

DUIHUA CHUXIN

TUSHUO BAYU DIQU ZAOQI GONGCHANZHUYI YUNDONG

重庆出版集团　重庆出版社

图书在版编目(CIP)数据

对话初心：图说巴渝地区早期共产主义运动 / 刘婧雨，颜毅著. —重庆：重庆出版社，2023.10
ISBN 978-7-229-17561-0

Ⅰ. ①对… Ⅱ. ①刘… ②颜… Ⅲ. ①中国共产党—地方组织—党史—重庆—1917-1930—图解 Ⅳ. ①D235.719-64

中国国家版本馆CIP数据核字(2023)第064292号

对话初心——图说巴渝地区早期共产主义运动
刘婧雨　颜　毅　著

责任编辑：吴　昊
责任校对：何建云
装帧设计：刘沂鑫

重庆出版集团
重庆出版社 出版

重庆市南岸区南滨路162号1幢　邮编：400061　http://www.cqph.com
重庆出版社艺术设计有限公司制版
重庆天旭印务有限责任公司印刷
重庆出版集团图书发行有限公司发行
E-MAIL:fxchu@cqph.com　邮购电话：023-61520646
全国新华书店经销

开本：787mm×1092mm　1/16　印张：14.75　字数：280千
2023年10月第1版　2023年10月第1次印刷
ISBN 978-7-229-17561-0
定价：79.00元

如有印装质量问题，请向本集团图书发行有限公司调换：023-61520678

版权所有　侵权必究

《对话初心——图说巴渝地区早期共产主义运动》编辑室

主　编

周　勇

副主编

林　勇　黄晓东

学术指导

邵维正　李　蓉　周锐京　宋　键

成　员（以姓氏笔画为序）

丁　颖　王　进　白九江　艾智科　刘兴亮　刘志英
刘　昭　刘婧雨　刘德奉　朱　军　吴　兵　张　波
李廷勇　洪富忠　赵　勇　赵　毅　唐伯友　秦海田
耿　密　常云平　黄宇星　程昌利　董天策　简　奕
蓝　勇　蔡　斐　颜　毅　戴　伶

《初心·使命》主题青铜浮雕

序言

巴渝地区早期共产主义运动的历史贡献

周　勇　刘婧雨

历史是教科书，是营养剂，是必修课。

建立中国共产党是近代以来实现中华民族伟大复兴的第一个里程碑。为中国人民谋幸福，为中华民族谋复兴，是中国共产党人的初心和使命。由此开启了实现国家富强、民族振兴、人民幸福的中国梦的奋斗历程。

在中国共产党成立百年之际，今天的共产党人与百年前的共产主义先驱者们“对话初心”，这是对中国共产党百年历程最好的献礼。

重庆是一座英雄的城市，有着光荣的革命传统。这个传统的一大特点就是与中国共产党百年历史同频共振，一起前进。20世纪初，当共产主义运动刚刚在中国北平、山东、上海、武汉、湖南、广州等地兴起的时候，在川渝地区，一批先进的青年知识分子接受了马克思主义，建立了共产主义组织、社会主义青年团、中国青年共产党和中国共产党组织，为追求中华民族伟大复兴做出了不懈的努力，构成了川渝地区早期共产主义运动的鲜明图景。本书就是19世纪末到20世纪30年代共产主义运动在川渝，特别是在巴渝地区兴起、发生、发展的历史。

通过本书可以了解到，在100年前，重庆便处在中国早期共产主义运动从东向西传播、扩展的最前沿，在早期共产主义运动中具有独特的地位，做出了杰出贡献。

一、建党先锋：在中国西部率先举起马克思主义的旗帜，为中国共产党的创立做出独特贡献

在十月革命和五四运动影响下，马克思主义在中国广泛传播。一批具有初步共产主义思想的知识分子，在学习和宣传马克思主义并深入工人群众的过程中，成长为马克思主义者，投入到创建早期共产主义组织的实践中。

青铜浮雕《初心·使命》之《建党先锋》
浮雕展现了20世纪初，杨闇公、邓小平、聂荣臻、周贡植、冉钧、王右木、吴玉章、萧楚女、罗世文等革命青年在川渝地区寻求救国救民真理，探索建立无产阶级政党，为中华民族复兴而奋斗的艰辛历程

在中国共产党第一次全国代表大会的档案中，有一份《四川省重庆共产主义组织的报告》。据记载：1920年3月12日，一群重庆青年成立了“四川省重庆共产主义组织”。这群宣称自己“拥护马克思主义”，“研究马克思主义”的教师和学生立下了如下的誓言：“可以满怀信心地说，重庆的共产主义组织对未来充满着希望。”他们希望“到俄国去”，“全面了解共产主义”，回到四川后“把在俄国获得的知识运用于我们的组织时，我们的组织就会变得好得多，毫无疑问，工作定会获得成功。”①而这就是100年前，我们先辈的初心和使命。

1920年8月，邓小平、周贡植、冉钧等从重庆踏上了留法勤工俭学的征程。②他们同先期抵达法国的聂荣臻、赵世炎一起，参加了欧洲的革命实践，经受斗争锻炼，成为中国共产主义运动的先驱者，为后来回国投身革命运动奠定了基础。

从1922年至1924年，巴渝地区先后建立了中国社会主义青年团重庆团组织③、中国青年共产党组织④，在中国西部率先举起了马克思主义—共产主义的旗帜。巴渝青年的追求和奋斗最终集结在中国共产党的旗帜下，1926年，中共中央决定成立中国共产党重庆地方

---

①《四川省重庆共产主义组织的报告》，中央档案馆编：《中国共产党第一次代表大会档案资料》，人民出版社（内部发行），1982年，第22-27页。2022年，此报告收录在国家重大文化工程《复兴文库》第二编第一卷《中国共产党的成立是开天辟地的大事变》第三册《中国共产党早期组织的建立》之中，中华书局2022年9月第一版，第185-191页。

②《重庆预备学校赴法学生留法勤工俭学分会代表名册》，1920年，重庆市巴南区档案馆藏。

③《中国社会主义青年团重庆地方团宣言》，张继禄主编：《中国共产党地方组织在四川的建立》，四川人民出版社2001年版。

④中共中央党史研究室著，胡绳主编：《中国共产党的七十年》，中共党史出版社1991年版，第30-31页。

青铜浮雕《初心·使命》之《统战前驱》
浮雕展现了大革命时期，共产党人杨闇公、吴玉章、童庸生、游曦等和国民党左派人士李筱亭、漆南薰等，精诚团结，推动四川第一次国共合作，使四川成为全国革命形势发展最好的地区之一的不朽业绩

执行委员会（简称“重庆地执委”①）。从此，巴渝红潮汇入了中国共产党领导人民实现民族复兴中国梦的伟大洪流之中。

二、统战前驱：坚决贯彻执行党的统一战线方针政策，创造性地领导川渝第一次国共合作，川渝地区一跃成为全国革命形势发展最好的地区之一

中共重庆地执委成立伊始，就肩负起领导四川国共合作的重任。

1923年6月，中共三大确定了共产党员以个人名义加入国民党，以党内合作的形式与国民党建立联合战线，推动国民革命运动的重大决策。1924年1月，国民党召开第一次全国代表大会，标志着国民党改组的完成和第一次国共合作的正式形成。

当时重庆是四川国共合作的中心地区，两党的省级机关都在这里。全川国民党员9000余名，重庆占三分之一。在第一次国共合作时期，四川的国共合作一度较为沉寂，其重要的原因是四川国民党组织迟迟未改组而濒于瓦解。这与陈独秀的右倾机会主义路线有关。遵照党中央的指示，杨闇公组织党团员以个名义加入国民党，为其注入新鲜血液。1925年8月，吴玉章受国共两党中央委派，回川整顿国民党组织。经吴玉章、杨闇公的艰苦工作，

①对“中国共产党重庆地方执行委员会”的简称，我们有如下新认识：1.将中国共产党重庆地方执行委员会简称为“中共重庆地委”，是前些年一些学者的观点（包括本书作者在内）。而非党的决议，更不是历史档案的记载，也没有哪一级党组织对此作出过相关规定。随着学术研究的深入，日益显示其不科学、不准确的情况，确有修正的必要。2.在今天中国共产党的组织体系中，“地委”是省委的派出机构，是低于省委、高于县委的一级党组织。“中国共产党重庆地方执行委员会”显然不是这样的组织。3.1926年初成立的“中国共产党重庆地方执行委员会”是中共中央的派出机构，统管整个四川党组织，直属中央领导。并不是省委的派出机构。将其简称为“地委”，没有反映出该组织是由中共中央直接领导、统管四川党组织的真实情况，更易于与今天的“地委”混淆。随着研究的深入而应当予以修正。4.将“中国共产党重庆地方执行委员会”简称为“中共重庆地执委”，有利于准确地反映这一组织的特质。这一新认识也是落实习近平同志提出的“努力提高党史工作科学化水平”的具体表现。

青铜浮雕《初心·使命》之《起义壮举》
浮雕展现了中共重庆地执委杨闇公、刘伯承、朱德、陈毅等领导发动泸顺起义，成为大革命时期中国共产党人独立掌握革命武装，举行大规模武装起义的第一次重要尝试的伟大壮举

1926年1月彻底改组了国民党四川省党部，到1926年9月，省党部8名执委中，除2名国民党左派分子外，其余均为中共党员[①]，形成了左派力量占优势的局面。在11月召开的四川国民党一大上，由杨闇公代表省党部作了《政治报告》《工人运动报告》《农民运动报告》，刘伯承、朱德增选为省党部执行委员。杨闇公亲自担任农民部主任，周贡植任秘书，领导四川农民运动。中共重庆地执委排除错误干扰，创造性地领导了四川第一次国共合作，结成广泛的统一战线，开展农民运动，准备武装斗争，特别是牢牢地掌握了国共合作的领导权。四川地区一跃成为全国革命形势发展最好的地区之一。

三、起义壮举：审时度势，勇敢地、创造性地发动泸顺起义，成为大革命时期中国共产党人独立掌握革命武装，举行大规模武装起义的第一次重要尝试

在第一次国共合作初期，国共两党中央对四川在北伐战争中的地位认识不足。为此，1926年1月，吴玉章、杨闇公在国民党二大上提出“四川实为一大关键，这是希望中央党部各同志特别注意的”[②]。随后重庆地执委派出25人参加了毛泽东主办的第六届农民运动讲习所，学习军事，接受训练。7月，中共中央第三次中央扩大执行委员会通过了第一个《军事运动决议案》，提出中共“应该参加武装斗争的工作，助长进步的军事势力，摧毁反对的军阀势力，并渐次发展工农群众的武装暴动的经验”[③]。在党中央领导下，中共重庆地执委努力探索领导武装斗争的新方式，逐渐掌握了由共产党员和倾向革命的军官领导的

①《童庸生同志报告川中情形》，1926年9月10日，中央档案馆藏《中央政治通讯》第三号，1926年9月15日出版。转引自《杨闇公纪念集》，重庆出版社1993年版，第442页。

②吴玉章：《四川临时省党部党务报告》，《中国国民党第二次全国代表大会各省党务报告》，1926年。

③中央档案馆编：《中共中央文件选集》第二册，中共中央党校出版社1990年版，第227页。

军阀部队组成的武装力量。经重庆地执委请求，国民党中央委派刘伯承为“中央党部特派员”，全面负责四川军事运动。回到重庆统帅重庆地执委掌握的武装力量。[①]中共北方区委李大钊也派陈毅回川工作，参加到刘伯承领导的从政治上改造军阀部队的工作之中。

为配合北伐战争的胜利进军，1926年12月，中共重庆地执委成立军事委员会，由杨闇公、刘伯承、朱德、陈毅等组织和领导了泸顺起义。起义军很快占领了泸州和顺庆，达到了预期的战略目的。泸顺起义是除北伐主战场外，国内支援、配合北伐战争最重大的军事行动，也是大革命时期中国共产党人独立掌握革命武装，举行大规模武装起义的一次重要尝试，是牵制敌人配合北伐的重大军事行动，同时也有力地推动了四川革命运动的发展，成为党在大革命时期争取改造旧军队的一个范例。这是中国共产党领导军事工作的重要实践，为八一南昌起义等武装斗争积累了经验，培养和锻炼了一批领导骨干。

1927年3月，四川军阀刘湘在重庆制造了震惊全国的三三一惨案，大量中共党员、国民党左派人士被捕杀，组织被破坏，四川大革命重要领导人杨闇公、漆南薰、陈达三、冉钧、李蔚如等壮烈牺牲。在革命斗争生死存亡的关头，1927年7月，党中央派傅烈、周贡植等回到川渝地区，以幸存的地执委骨干为基础，组建了中共四川临时省委。1928年2月10日，中共四川临时省委在周贡植家中召开扩大会议，成立了中共四川省委。共产党人不畏艰险，不忘初心，牢记使命，在新的征程上继续奋斗，开启了川渝革命史上的新篇章。

四、巴渝地区早期共产主义运动在统一战线、武装斗争、党的建设方面的卓越实践，为形成中国共产党“三大法宝”作出了历史贡献，受到党中央的充分肯定和最高褒奖

1926年9月，中共中央在分析全国党的建设形势时指出，各省党组织“发展最快者，当推湘鄂川三省”。“湘鄂发展的原因，完全由北伐之影响”。而四川省远离北伐主战场，能够取得如此成就十分不易。因此，党中央的结论是：“川省现时是最好工作之地，四川工作同志其刻苦奋斗的精神，更有［为］别省所不及者”[②]。这既是巴渝党组织和全体共产党员对中国革命的卓越贡献，也是党中央对他们的高度评价。

自1921年中国共产党成立以来，在马克思主义与中国实际相结合的过程中，中国共产党进行了艰辛的探索。1939年，毛泽东系统地总结建党十八年来的历史经验后指出，“统一战线问题，武装斗争问题，党的建设问题，是我们党在中国革命中的三个基本问题。正确地理解了这三个问题及其相互关系，就等于正确地领导了全部中国革命。”实践证明，

---

①刘伯承：《纪念杨闇公同志》，刘伯承、吴玉章、杨尚昆等著：《忆杨闇公同志》，四川人民出版社1979年版，第4页。

②《四川等省党组织发展状况》，中央档案馆编：《中共中央件选集》第二册，中共中央党校出版社1990年版，第352—353页。

“统一战线，武装斗争，党的建设，是中国共产党在中国革命中战胜敌人的三个法宝，三个主要的法宝。这是中国共产党的伟大成绩，也是中国革命的伟大成绩。”①

今天，我们回顾中国共产党领导中国人民实现民族复兴的伟大历程时可以发现，在中国共产党的艰辛探索中，巴渝地区早期共产主义运动在统一战线、武装斗争、党的建设三个方面做出的独特贡献，足以彪炳史册。

巴渝早期共产主义运动的历史告诉我们，即使在偏僻的西南，即使关山阻隔，只要有马克思主义与中国工人运动相结合，共产主义组织就一定会出现在中国大地上。这种发展演变有力地证明，共产主义运动在中国的发生和发展是中国近代历史发展的大趋势！

巴渝红潮，万流归宗。巴渝地区早期共产主义运动的历史，是在党中央领导下不忘初心，牢记使命，不懈奋斗的历史，是与历史的发展同向，与人民同心，与时代同行的历史，是一代又一代共产党人前赴后继，挥洒热血生命，跨越艰难困苦，战胜风险挑战，最终实现初心的历史。这是革命先辈的历史贡献，也是今天共产党人接续奋斗的力量源泉。

在庆祝中国共产党成立100周年之际，我们编纂《对话初心——图说巴渝地区早期共产主义运动》，就是在与百年前的先辈们对话，重温他们立下的初心和使命，用党的伟大成就激励人，用党的优良传统教育人，用党的成功经验启迪人，用党的历史教训警示人。重整行装再出发，为建设社会主义现代化国家的宏伟目标不懈奋斗！

青铜浮雕《初心·使命》之《风雨征程》
浮雕展现了1927年大革命失败以后，中共重庆地执委和四川省委四任书记杨闇公、傅烈、刘愿庵 、穆青，不忘初心，牢记使命，前赴后继，浴血奋斗的英雄气概

①毛泽东：《〈共产党人〉发刊词》，《毛泽东选集》四卷合订本，人民出版社1969年版，第569页。

目录

第一章　屈辱开埠　追梦复兴

19世纪中叶的重庆城

自1840年鸦片战争失败时起，先进的中国人经过千辛万苦，向西方国家寻找真理。洪秀全、康有为、严复和孙中山代表了在中国共产党横空出世前，向西方寻找真理的一派人物。以邹容为代表的一批先进重庆人，追随孙中山先生，投身民主革命，相继参加了推翻清朝政府的斗争，吹响了川渝人民追寻民族复兴伟大梦想的前奏曲。

QURU KAIBU

—

ZHUIMENG FUXING

一、列强西来

《渝城图》①，该图现藏于法国国家图书馆

上图作于1875—1884年间，比较准确而生动地记录了19世纪中后期重庆开埠之前的城市面貌和社会生活。

①本图由重庆市地理信息中心（重庆市测绘档案馆）引进回国，授权使用。

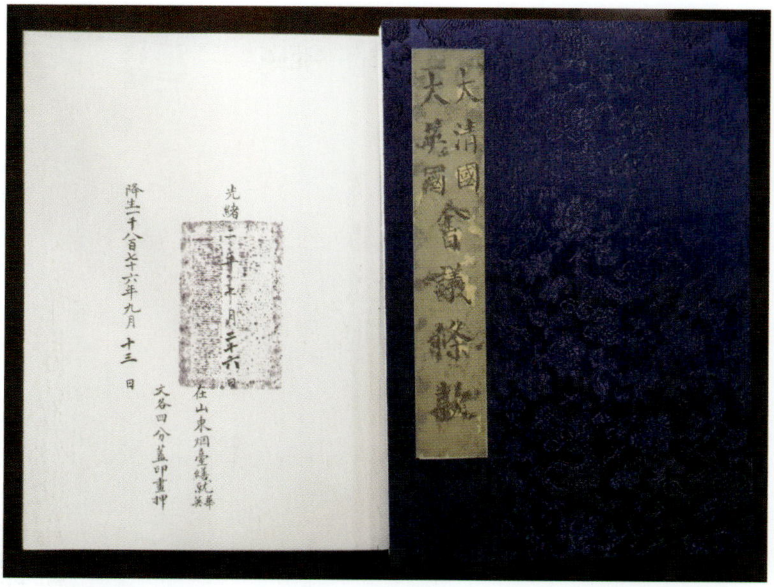
大清國
大英國
會議條款

光緒二年七月二十六日在山東烟臺鎸就華英文各四分蓋印畫押
降生一千八百七十六年九月十三日

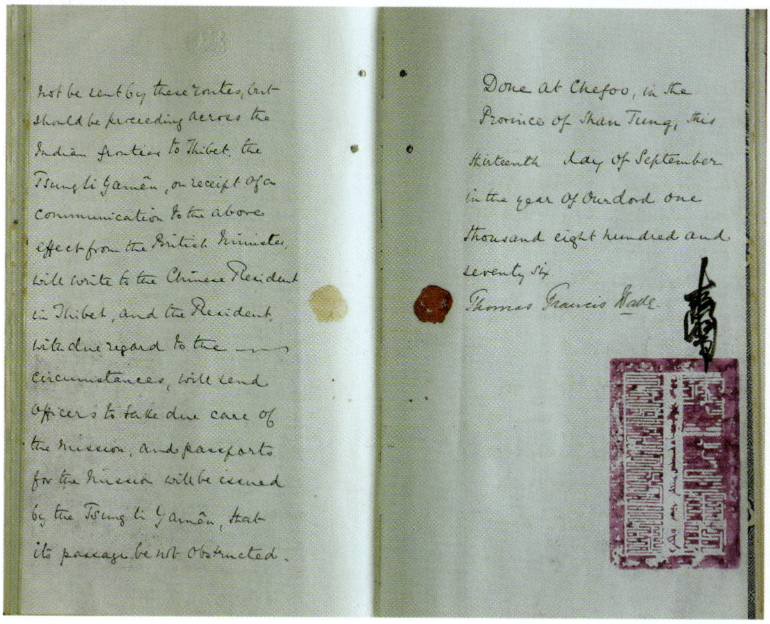
not be sent by these routes, but should be proceeding across the Indian frontier to Thibet, the Tsung li Yamên, on receipt of a communication to the above effect from the British Minister, will write to the Chinese Resident in Thibet, and the Resident, with due regard to the circumstances, will send officers to take due care of the Mission, and passports for the Mission will be issued by the Tsung li Yamên, that its passage be not obstructed.

Done at Chefoo, in the Province of Shan Tung, this thirteenth day of September in the year of Our Lord one thousand eight hundred and seventy six
Thomas Francis Wade

中英《烟台条约》中文本和英文本。由时任清政府直隶总督的李鸿章与英国驻中国公使威妥玛于1876年9月13日签署。现藏于英国国家档案馆

1840年鸦片战争以来，特别是1876年中英签订《烟台条约》，英方强开宜昌、芜湖、温州、北海为通商口岸，取得派员“驻寓”重庆权利，查看川省英商事宜，觊觎重庆及长江上游地区利益。

19世纪末，列强环伺，虎视鹰瞵，掀起瓜分中国的狂潮，中华民族陷入空前严重的民族危机。右图为1898年兴中会会员谢缵泰绘制的《时局图》，形象展示中国沦为列强共同宰割下的半殖民地局面。

《时局图》

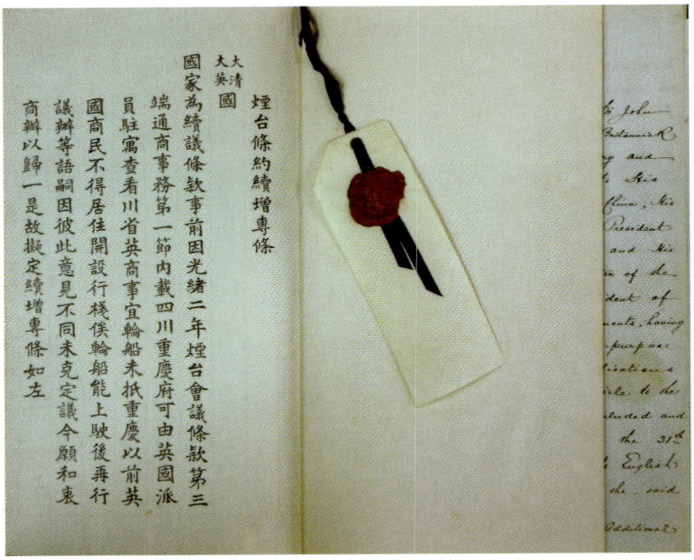
煙台條約續增專條

大清
大英
國家為續議條款事前因光緒二年煙台會議條款第三
端通商事務第一節內載四川重慶府可由英國派
員駐寓查看川省英商事宜輪船未抵重慶以前英
國商民不得居住開設行棧俟輪船能上駛後再行
議辦等語嗣因彼此意見不同未克定議今願和衷
商辦以歸一是故擬定續增專條如左

中英《烟台条约续增专条》中文本和英文本，1890年3月31日签署。现藏于英国国家档案馆

1890年3月31日中英签订《烟台条约续增专条》，将重庆开辟为商埠。次年3月1日，重庆海关成立，英人霍伯森担任重庆海关税务司职务，掌握海关行政和征收关税的大权并兼管港口事务。各国在重庆纷纷设立使领馆，史称“重庆开埠”。

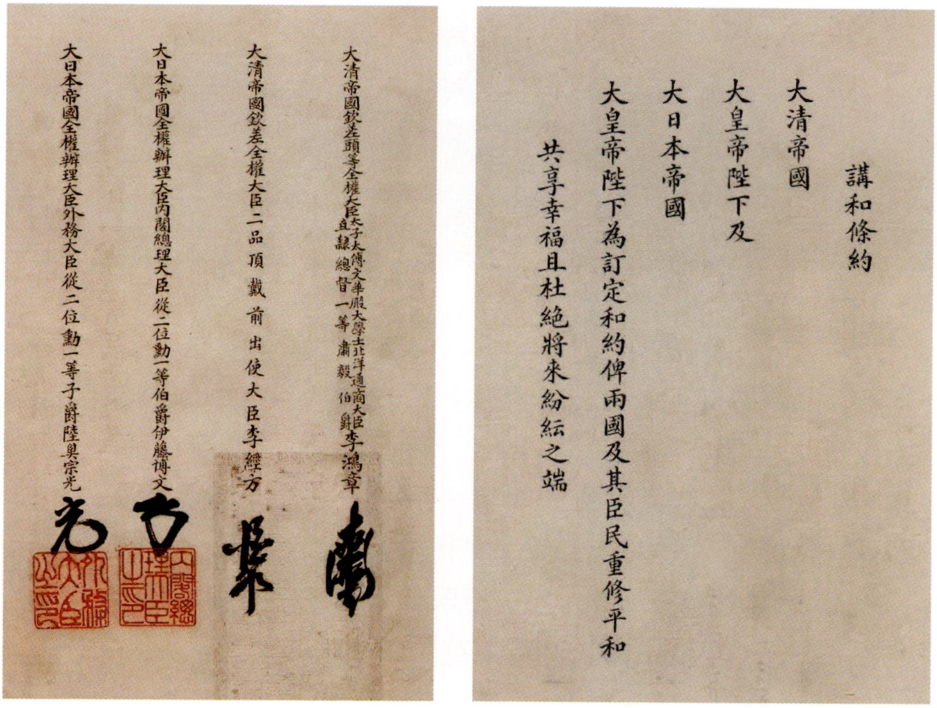
講和條約
大清帝國
大皇帝陛下及
大日本帝國
大皇帝陛下為訂定和約俾兩國及其臣民重修平和
共享幸福且杜絕將來紛紜之端

大清帝國欽差頭等全權大臣太子太傅文華殿大學士北洋通商大臣直隸總督一等肅毅伯爵李鴻章
大清帝國欽差全權大臣二品頂戴前出使大臣李經方
大日本帝國全權辦理大臣內閣總理大臣從二位勳一等伯爵伊藤博文
大日本帝國全權辦理大臣外務大臣從二位勳一等子爵陸奧宗光

中日《马关条约》

1895年4月17日，中日签订《马关条约》，中国割让台湾岛及其附属各岛屿、澎湖列岛给日本，赔偿日本2亿两白银。强迫重庆等地对日开埠。甲午战争的恶果给中华民族带来空前的民族危机，大大加深了中国社会半殖民地化程度；另一方面则使日本国力更为强大，为其跻身列强奠定了重要基础。中国在甲午战争的失败，给中国有识之志再一次敲响警钟，迫使先进的中国人向西方学习，寻求国家强盛的道路。

1898年3月9日，英国“利川”号到达重庆

英国人一直想夺取长江上游航运权，打开四川与中国西部的市场。19世纪70年代起，就开始了对长江上游的冒险活动。1898年3月9日，英国人阿奇博尔德·约翰·立德乐驾驶“利川”号蒸汽轮船到达重庆。上图为“利川”号驶达重庆时的情形。下图为阿奇博尔德·约翰·立德乐著《长江三峡及重庆游记——晚清中国西部的贸易与旅行》英文版与中译本。

THROUGH
THE YANG-TSE GORGES
OR
TRADE AND TRAVEL IN WESTERN CHINA
BY
ARCHIBALD JOHN LITTLE, F.R.G.S.

"Let me journey down
On the great river, that from town to town,
Through meadow miles; 'twixt gorges of the hills,
Sweeps through the land's whole length, and ever fills
Its widening channel deeper." —YU-PE-YA'S LUTE.

"Good government obtains, when those who are near are made happy, and those who are far off are attracted."—CONFUCIUS, "Lun yu," xiii. 16, 2.

THIRD AND REVISED EDITION, WITH MAP AND ILLUSTRATIONS

LONDON
SAMPSON LOW, MARSTON & COMPANY
LIMITED
St. Dunstan's House
FETTER LANE, FLEET STREET, E.C.
1898

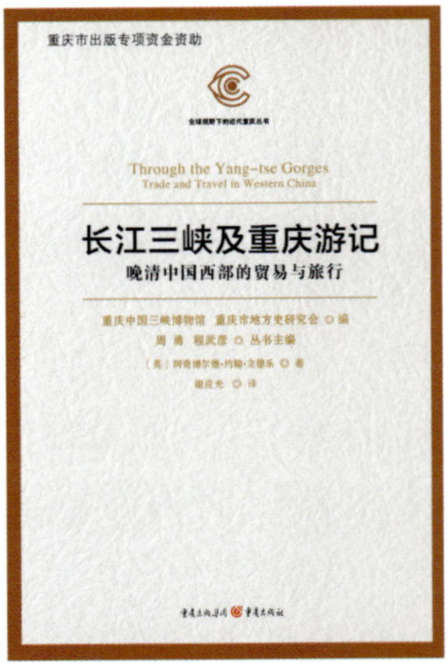

立德乐著《长江三峡及重庆游记——晚清中国西部的贸易与旅行》，1898年英文本和2017年中译本

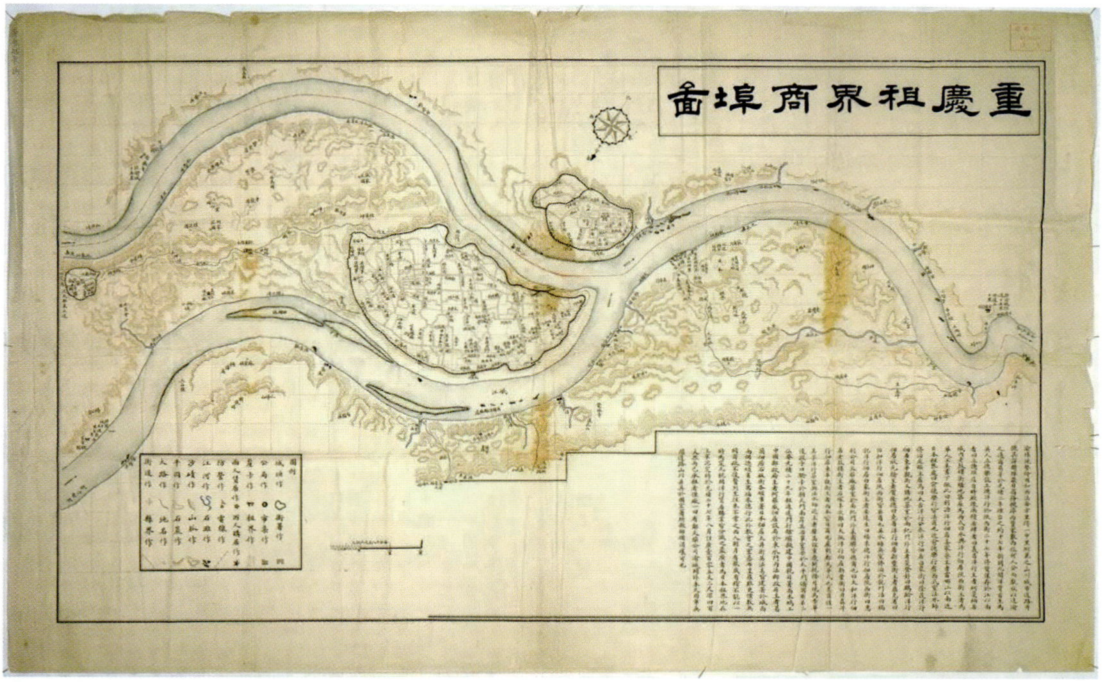

《重庆租界商埠图》，此图现藏于日本京都大学

上图绘制于1907年下半年。图中标注了英、美、法、德、日等国在重庆开设的领事馆，特别准确地画出日本租界和重庆海关的地界范围，洋商租赁、购买房屋及开设的洋行、邮政局等。以文字方式简述重庆开埠经过和法、英、德、日、美各国洋行的地址和负责人；英、法两国水师停泊之处；分述重庆关税务司、中国邮政局和法国邮政局的办公地点和负责人；五国领事馆的馆址，及日本租界（1901年9月24日，日本驻重庆领事山崎桂和川东道宝棻在重庆正式签订了《重庆日本商民专界约书》，日本获得在重庆设立租界的特权，划定南岸王家沱约420亩面积的地方为日本租界）划分情形。此图为重庆开埠以后，东西方列强在渝势力存在的最为详细的记录，是列强侵略重庆的真实写照。

二、留日求学

1898年（农历戊戌年），康有为、梁启超为代表的维新派通过光绪皇帝所进行了资产阶级改良运动，亦称百日维新、戊戌新政、维新运动。主要内容是学习西方，提倡科学文化，改革政治、教育制度，发展农工商业等。戊戌新政后，赴日本留学，学习日本的强盛之道越来越成为中国社会有志青年的追求。

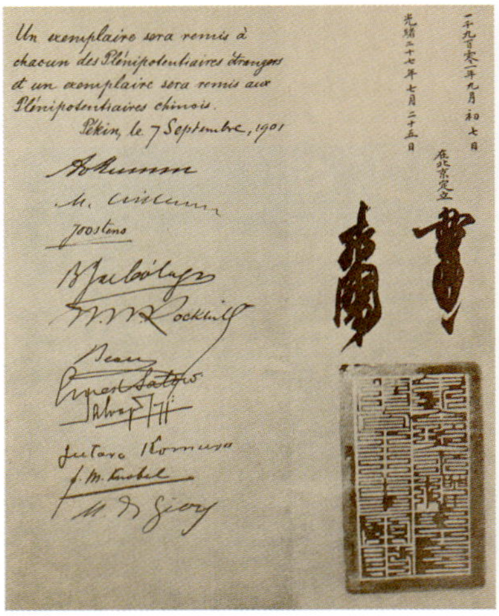
Un exemplaire sera remis à chacun des Plénipotentiaires étrangers et un exemplaire sera remis aux Plénipotentiaires chinois.
Pékin, le 7 Septembre, 1901

光绪二十七年七月二十五日

一千九百零一年九月初七日

在北京定立

《辛丑条约》和条约签字时的情景

1901年9月，清政府和英国等11国外交代表签订了丧权辱国的《辛丑条约》，亦称《辛丑各国和约》《北京议定书》。该条约的签订标志着清政府成为帝国主义统治中国的工具，中国完全沦为半殖民地半封建社会，激起中国人民的强烈抗争。

孙中山断发易服照

孙中山（1866—1925），名文，字德明，号日新，改号逸仙，在日本化名中山樵，后遂以中山名，广东香山（今中山）人，中国近代伟大的民主革命家。清光绪十八年（1892年）于香港西医书院毕业后，在澳门、广州行医。1894年孙中山上书李鸿章，提出革新政治主张，遭拒绝，遂赴檀香山组织兴中会，提出“振兴中华”的口号和“驱除鞑虏，恢复中国，创立合众政府”的政纲。他创立兴中会、同盟会，提出民族、民权、民生的三民主义，积极传播革命思想，广泛联合革命力量，连续发动武装起义，为推进民主革命四处奔走、大声疾呼，领导了辛亥革命。孙中山先生是伟大的民族英雄、伟大的爱国主义者、中国民主革命的伟大先驱，一生以革命为己任，立志救国救民，为中华民族作出了彪炳史册的贡献。上图为1896年的孙中山。

兴中会成立地——李昌寓所

1894年11月，孙中山在美国檀香山发动华侨成立了中国历史上第一个民主革命团体——兴中会。上两图为兴中会成立成立宣誓地李昌寓所。

宋育仁

宋育仁（1857—1931），字芸子，四川富顺人。中国早期资产阶级改良主义思想家，重庆维新运动倡导者。在北京参加“强学会”，主讲“中国自强之学”；在重庆创办《渝报》，宣传维新思想。

卞小吾（1872—1908），名鼒，字小吾，重庆江津人。近代资产阶级民主革命宣传家、爱国实业家。清《重庆日报》创办者，还创办了东文学堂、女工讲习所、东华火柴厂等机构。

卞小吾

1896—1911年中国向日本派遣留学生人数表

年份	人数
1896年	13人
1898年	77人
1899年	143人
1900年	159人
1901年	266人
1902年	727人
1903年	1242人
1904年	2557人
1905年	约8000人
1906年	约6000人
1907年	6797人
1908年	5217人
1909年	5266人
1910年	3979人
1911年	3328人

1896年，中国开始向日本派遣留学生，揭开了中国人留学日本的序幕，从此掀起了一波又一波留学日本热潮。

三、向往共和

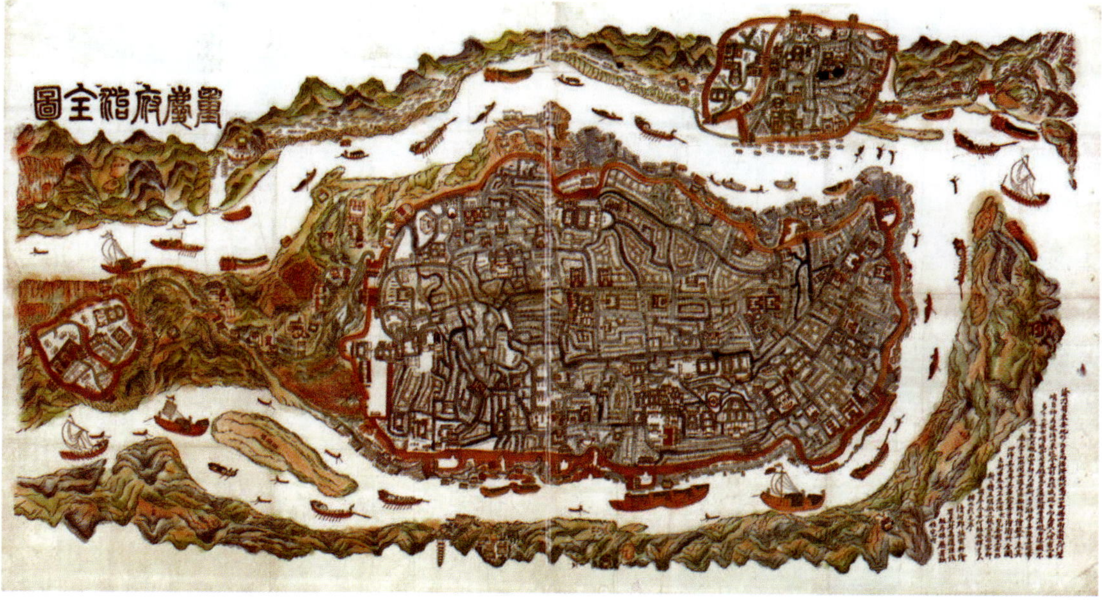

《重庆府治全图》（1886—1891）

上图为清人张云轩绘制的重庆府城及两江四岸风貌地图。

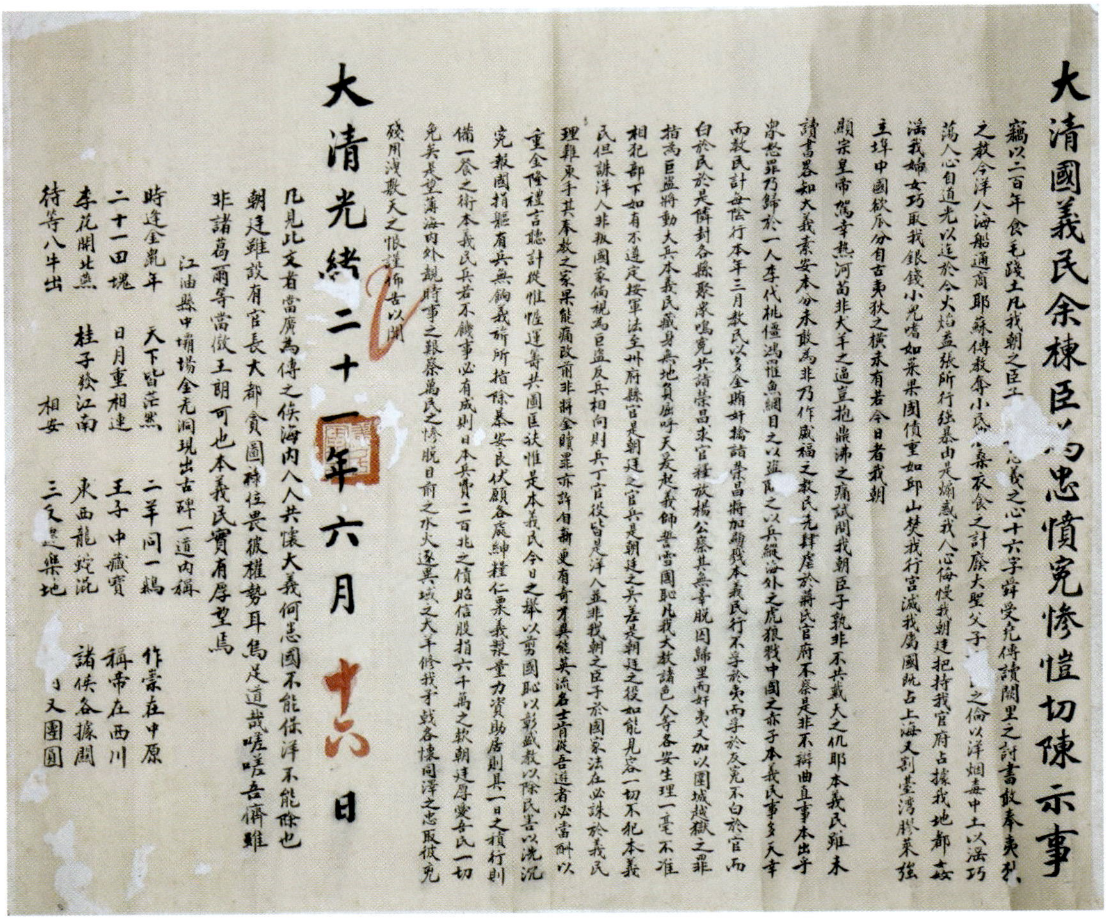
大清國義民余棟臣為忠憤究慘愷切陳示事

大清光緒二十一年六月十六日

清光绪二十一年六月十六日（1895年6月16日）大足余栋臣起义告示

帝国主义列强凭借不平等条约在中国领土上横行霸道，激起了重庆人民的反洋教斗争，成为四川反洋教斗争的先声。1863—1886年间，重庆相继发生几次教案。在此期间，大足县发生了余栋臣反帝武装起义。到1899年，余栋臣起义失败，但其影响所及，跨出重庆，越过四川，在中国南方地区均产生了积极影响。它播下的火种，为后来四川义和团运动的展开，准备了较好群众基础。

邹容

邹容（1885—1905），原名桂文，又名威丹、蔚丹、绍陶。重庆巴县人，1902年留学日本时改名邹容，中国近代著名资产阶级民主革命思想家、宣传家。

杨沧白

杨沧白（1881—1942），名庶堪，字沧白，晚号邠斋，重庆巴县人。与邹容同入日本驻渝领事馆学习外语，后追随中山先生，为四川辛亥革命领袖。

重庆夫子池

邹家原籍湖北麻城县孝感乡，后迁四川巴县木洞、石马河等地，1882年左右邹家迁入重庆城内夫子池洪家院子，1885年邹容出生于此，后邹家又迁至较场口附近。

《天演论》

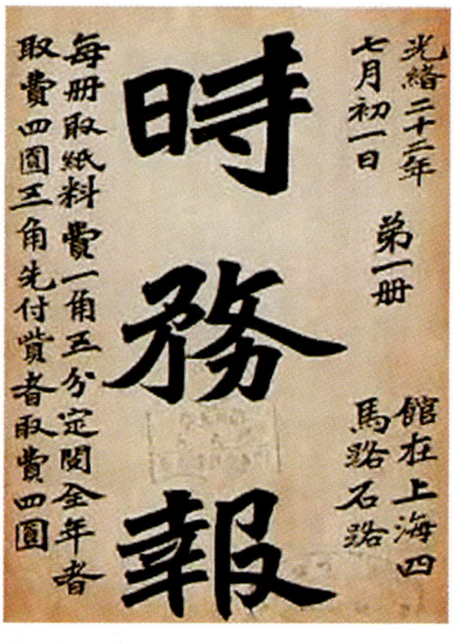

《时务报》

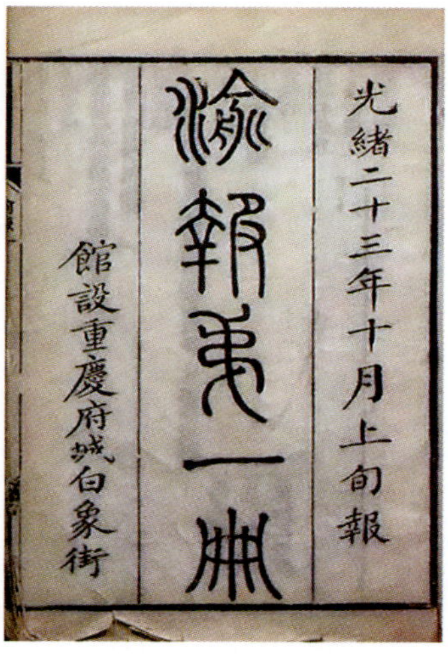

《渝报》

邹容读到严复译述的《天演论》，梁启超主编的《时务报》和《渝报》等维新报刊，使他眼界大开。戊戌变法失败后，先进的中国人纷纷东渡日本，探索救国救民真理。1901年邹容离开重庆，1902年到达日本留学。

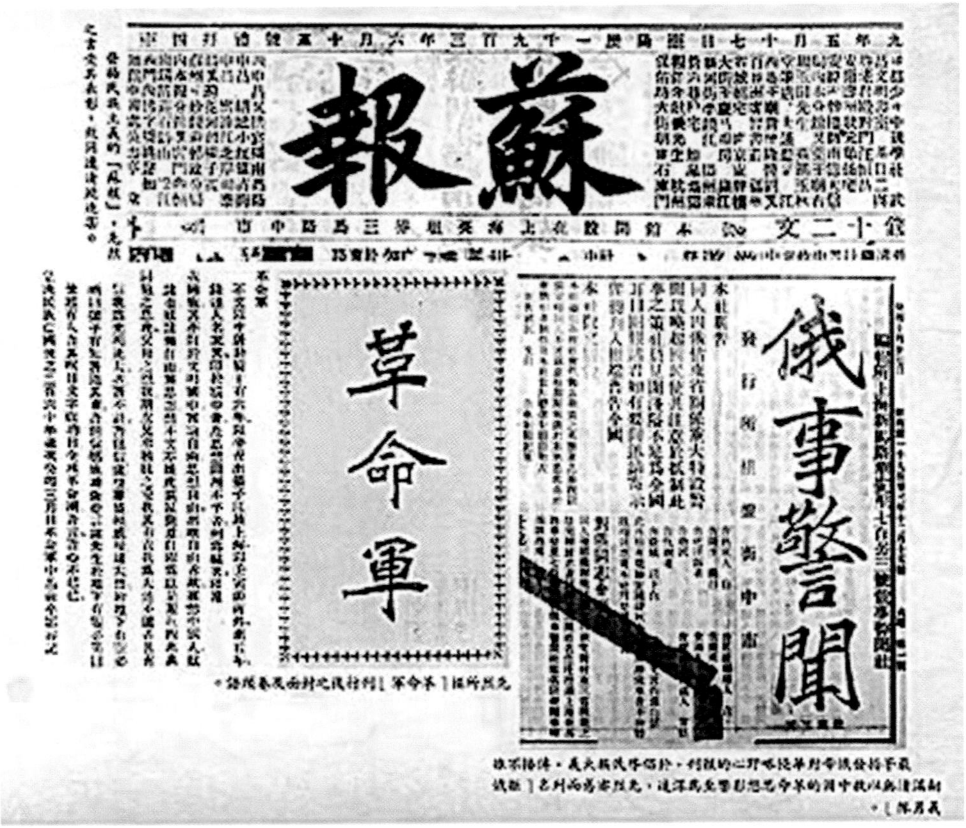
蘇報
革命軍
俄事警聞

苏报刊登《〈革命军〉自序》和《评论〈革命军〉》

邹容完成了他的不朽之作《革命军》，第一次比较详尽、清晰地描绘出未来“中华共和国”的图景，从理论上补充和完善了孙中山提出的资产阶级共和国方案。上图为苏报刊登的《〈革命军〉自序》和评论《革命军》的文章。

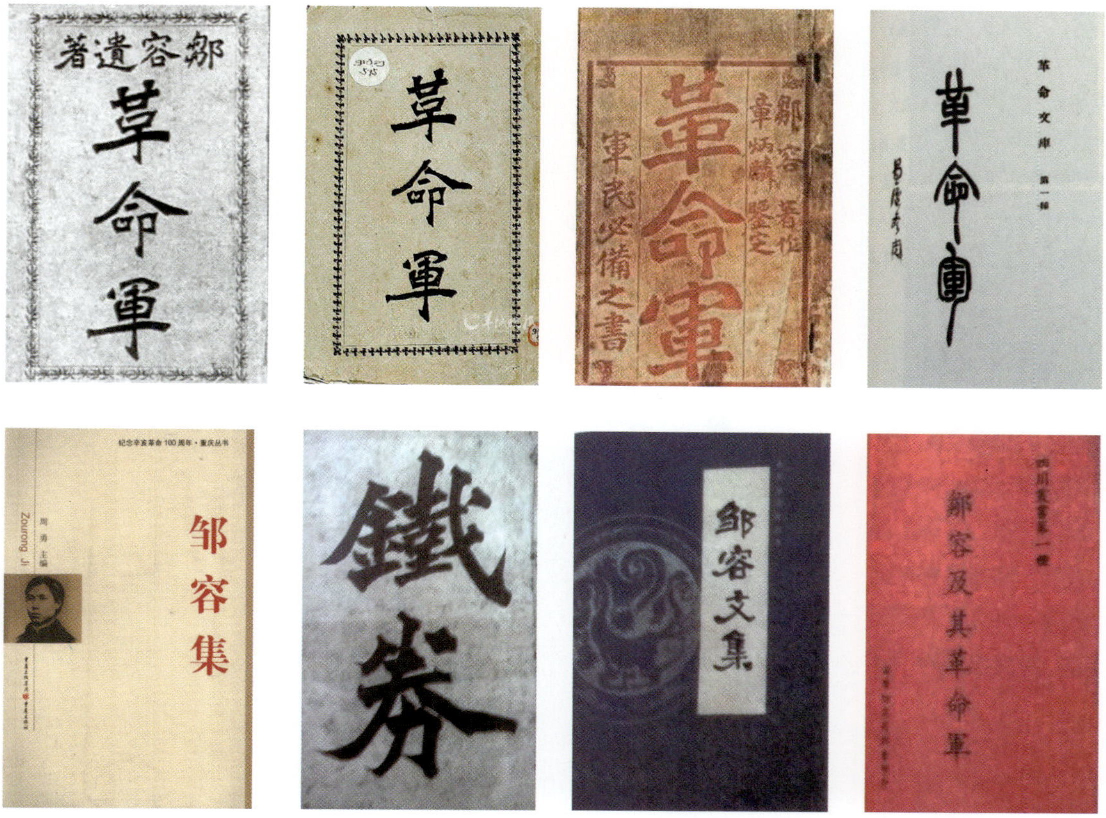

邹容《革命军》部分版本

邹容《革命军》出版后，轰动中外。旅沪外国人，争译为各国文字寄回本国。上图分别为在中国和世界各地、各个时期出版的《革命军》部分版本。

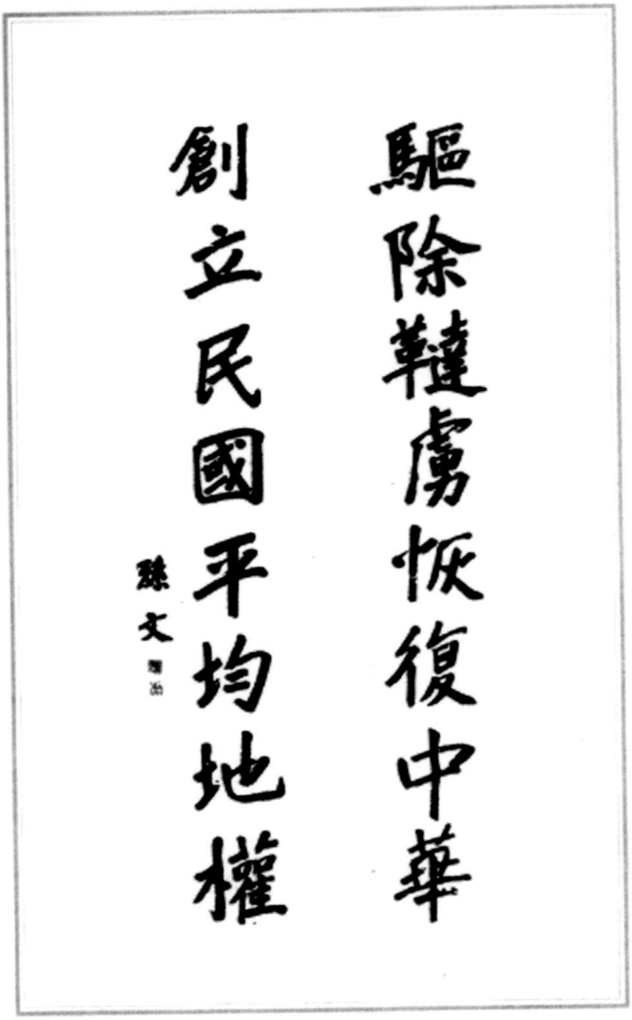

孙中山手书同盟会纲领

中国资产阶级革命理论的形成，资产阶级共和国方案的制定和实践，经历了孙中山提出“驱逐鞑虏，恢复中华，创立合众政府”（兴中会誓词）——邹容发展（“中华共和国”政纲二十五条）——同盟会政纲确定“驱逐鞑虏，恢复中华，建立民国，平均地权”（十六字纲领）的发展轨迹。

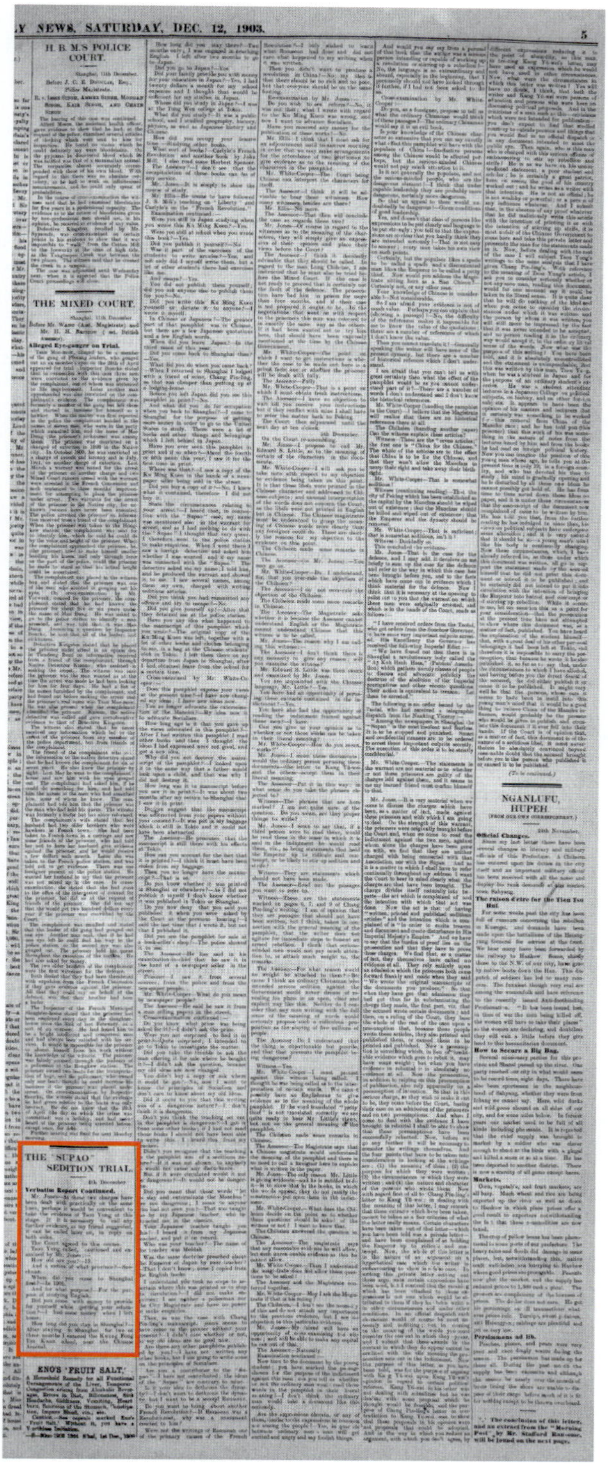

Y NEWS, SATURDAY, DEC. 12, 1903.

H. B. M.'S POLICE COURT

THE MIXED COURT.

THE "SUPAO" SEDITION TRIAL.

NGANLUFU, HUPEH

ENO'S 'FRUIT SALT.'

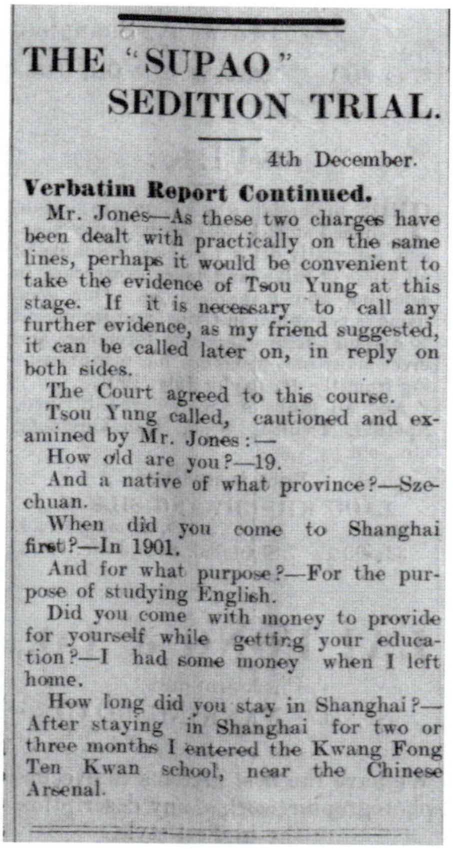

THE "SUPAO" SEDITION TRIAL.

4th December.

Verbatim Report Continued.

Mr. Jones—As these two charges have been dealt with practically on the same lines, perhaps it would be convenient to take the evidence of Tsou Yung at this stage. If it is necessary to call any further evidence, as my friend suggested, it can be called later on, in reply on both sides.

The Court agreed to this course.

Tsou Yung called, cautioned and examined by Mr. Jones:—

How old are you?—19.

And a native of what province?—Szechuan.

When did you come to Shanghai first?—In 1901.

And for what purpose?—For the purpose of studying English.

Did you come with money to provide for yourself while getting your education?—I had some money when I left home.

How long did you stay in Shanghai?—After staying in Shanghai for two or three months I entered the Kwang Fong Ten Kwan school, near the Chinese Arsenal.

上海《North China Daily News》(《字林西报》)1903年12月11、12日刊登的上海公共租界会审公廨对邹容庭审的记录

邹容在日本期间与陈独秀等结为好友，共同追求救国救民真理，同被遣返回国。1903年7月1日，邹容在上海因苏报案自赴工部局投案入狱。1903年12月4日下午，上海公共租界会审公廨对邹容进行公开审讯。邹容在法庭上公开宣称“我现在拥护社会主义”，“我正准备写关于社会主义基本原理的书”，“我的观点是没有贫富之分，每个人地位平等”。他在身陷囹圄、危及生命的关头，表现出对社会主义的向往。

邹容当国民醉生梦死之时，独能著书立说，激发人心。

——孙中山

邹容是青年革命家，可惜英年早逝。

——毛泽东

“革命军中马前卒”的重庆青年邹容撰写《革命军》一书吹响了推翻清王朝的号角。

——习近平

1911年重庆蜀军政府成立合影

1911年11月22日，在四川保路运动和武昌起义推动下，同盟会重庆支部发动起义，一举推翻清朝政府在重庆的统治，成立“重庆蜀军政府”，拥护孙中山先生创立的中华民国。

第二章　觉醒巴渝　寻求真理

19世纪20年代的法国马赛港

十月革命一声炮响，唤起了中国人民的觉醒，启迪着一批又一批川渝青年，怀揣伟大梦想，以“江流出峡，一泻千里”之势，趋东瀛，赴欧美，学苏俄，“以汉魂而吸欧粹”，寻找救国救民的新路。他们参加革命实践，经受斗争锻炼，服膺马克思主义，成为中国共产主义者，为回国投身革命运动奠定了基础。

JUEXING BAYU

—

XUNQIU ZHENLI

一、赴日求学

吴玉章

吴玉章（1878—1966），原名永珊，字树人，四川荣县人。1903年东渡日本，入东京成城学校，谋强国之策。追随孙中山先生，加入同盟会。1911年回国，参加辛亥革命，成为四川辛亥革命的先驱。1915年在法国与蔡元培等倡办勤工俭学会。后接受马克思主义，1925年加入中国共产党。

杨尚荃

杨尚麟

在留学日本的滚滚人流中，有重庆潼南双江杨氏子弟的身影。杨闇公的大哥杨尚荃（1888—1937），号剑秋、二哥杨尚麟（1892—1969），号衡石，分别于1904年、1912年留学日本。他们一直是杨闇公羡慕的榜样。1917年，杨闇公怀揣理想，登上了去日本学习的轮船。

杨闇公（右一）与二哥杨尚麟的合影

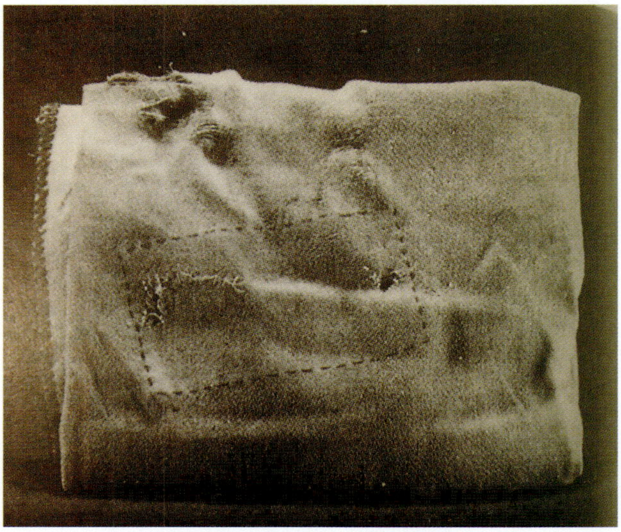

杨闇公在日本用过的生活物品

杨闇公（1898—1927），名尚述，号闇公，重庆潼南人。1917年东渡日本留学，与留学明治大学攻读政治学的二哥杨尚麟（杨衡石）相见。杨闇公先入东京成城学校补习日语。后入日本陆军士官学校学习军事。杨尚麟熟悉各种社会新思潮，成为杨闇公接触马克思主义的引路人。左图为杨闇公在日本用过的生活物品。

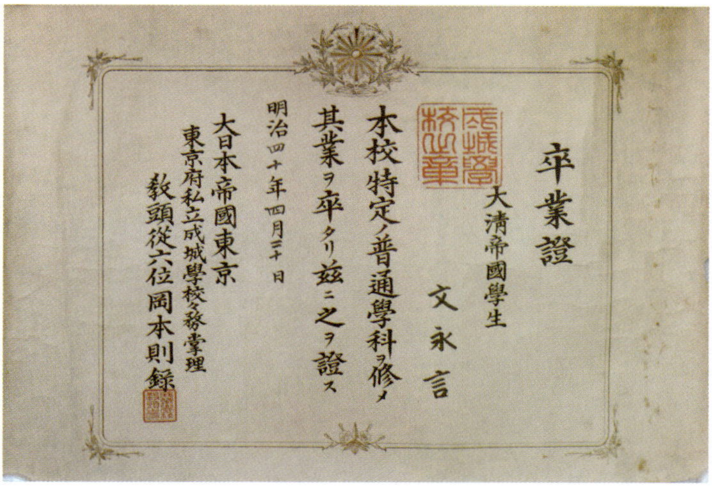

卒業證

大清帝國學生　文永言

本校特定ノ普通學科ヲ修メ
其業ヲ卒タリ茲ニ之ヲ證ス

明治四十年四月二十日

大日本帝國東京
東京府私立成城學校々務掌理
敎頭從六位岡本則錄

东京府私立成城学校学生毕业证

东京府私立成城学校旧址

日本东京成城学校，其历史悠久，其创办时间可以追溯到日本明治时期创立的私立学校“文武讲习馆”。1886年8月，学校更名为“成城学校”。1898年该校开设了“清国留学生部”（中华民国成立后改为“成城学校中华留学生部”），开始接收中国留学生。中国留日学生在这里既学习日语，又学习军事。这里走出的很多学生，成为中国近现代历史上的风云人物。上图分别为东京府私立成城学校学生毕业证和东京府私立成城学校旧址。

马克思《拿破仑第三政变记》

马克思《哥达纲领批判》

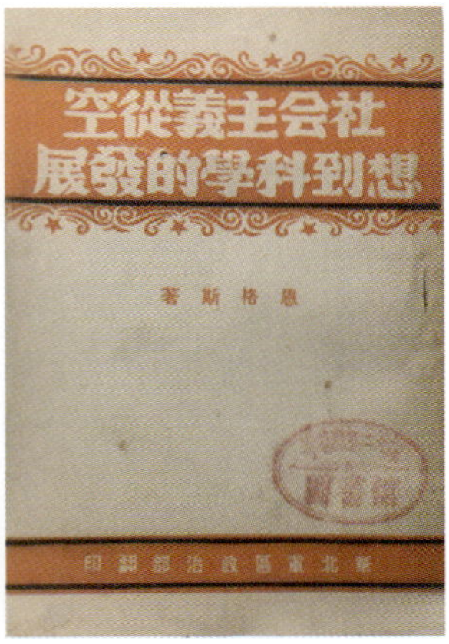

恩格斯《社会主义从空想到科学发展》

恩格斯《德国的革命与反革命》

列宁《国家与革命》

列宁《左派幼稚病》

1917年11月，俄国十月革命胜利的消息传到日本，马克思列宁主义的革命理论开始在日本传播。杨闇公与许多追求进步的青年一样，开始接触宣传马列主义的书籍。上图为马克思、恩格斯、列宁著作的几种中译版本。

日本陆军士官学校

1918年，杨闇公入日本陆军士官学校，攻读军事。日本陆军士官学校是明治维新时期开办的军官军校，蔡锷、蒋百里等皆毕业于此。上两图为日本陆军士官学校。右图为收录日本陆军士官学校留学生名册、名录的图书。

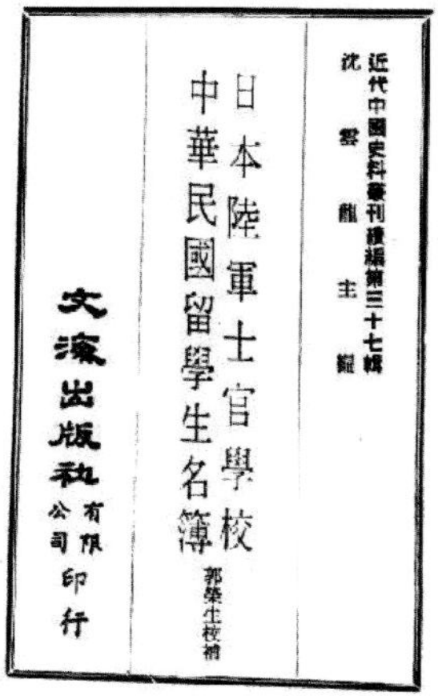
近代中國史料叢刊續編第三十七輯
沈雲龍 主編
日本陸軍士官學校
中華民國留學生名簿
郭榮生校補
文海出版社有限公司印行

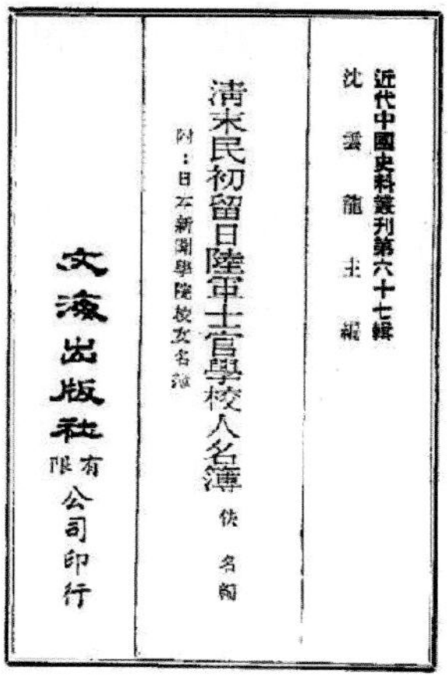
近代中國史料叢刊第六十七輯
沈雲龍 主編
清末民初留日陸軍士官學校人名簿
附：日本新潟學陸校友名簿
佚名 輯
文海出版社有限公司印行

收录日本陆军士官学校的名册、名录的图书

河上肇

河上肇（1879—1946），日本经济学家。日本马克思主义研究的先驱。京都帝国大学教授。有志于解决贫困等社会问题，从研究资产阶级政治经济学，逐渐转变为马克思主义的宣传和阐述者。创刊《社会问题研究》，发表多种政治经济学著作，对马克思主义在日本的传播有一定的影响。他曾参加无产阶级解放运动，一度被捕入狱。主要著作有《贫困物语》《社会组织与社会革命》《经济学大纲》《资本论入门》。

幸德秋水

幸德秋水（1871—1911），本名传次郎。日本社会主义运动活动家。1898 年参加社会问题研究会。1901 年与片山潜一起创立社会民主党。日俄战争前夕，组织平民社，创办《平民新闻》，从事反战活动。战后逃亡美国，接近无政府主义者。1907 年回国，在“大逆事件”中遭逮捕，次年 1 月被杀害。著有《二十世纪之怪物——帝国主义》《社会主义神髓》等。

河上肇《资本论入门》

幸德秋水《社会主义神髓》

马克思主义在日本的传播，影响着追求进步的中国留日学生。杨闇公开始阅读《资本论入门》和《社会主义神髓》等书，学习马克思主义的基本原理。上图为河上肇的《资本论入门》和幸德秋水的《社会主义神髓》。

五四运动中群众队伍在天安门前游行

我是旧社会的叛徒，新社会的催生者。

——杨闇公

1919年5月，五四运动的消息传到日本，杨闇公十分振奋。为声援国内的爱国运动，他连夜奔走，四处联络，与留日学生、爱国华侨一道，在中国驻日使馆门前请愿示威，并带头猛冲紧闭的使馆大门，抗议“巴黎和会”的无理决议，要求收回日本强占我国山东青岛的一切权利。

二、留法俭学

完成世界观的根本转变，真正走上革命道路的起步时期。革命的起点是永远难忘的。

——聂荣臻

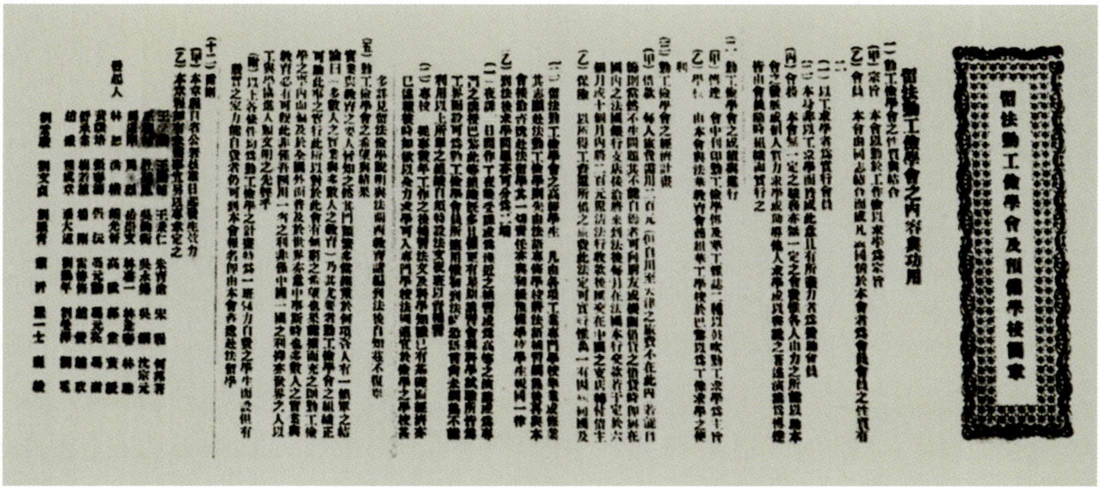
留法勤工儉學會及預備學校簡章

留法勤工儉學會之內容與功用

由吴玉章拟订的四川《留法勤工俭学会及预备学校简章》

位于重庆夫子池附近的重庆留法勤工俭学预备学校

1919年12月14日，成都留法勤工俭学会欢迎吴玉章回川时的合影（前排左二为吴玉章）

为寻找改变国家落后面貌的药方，越来越多有志青年在全国掀起了留法勤工俭学运动。经吴玉章热心倡导，四川成为留法勤工俭学学生最多的省份。

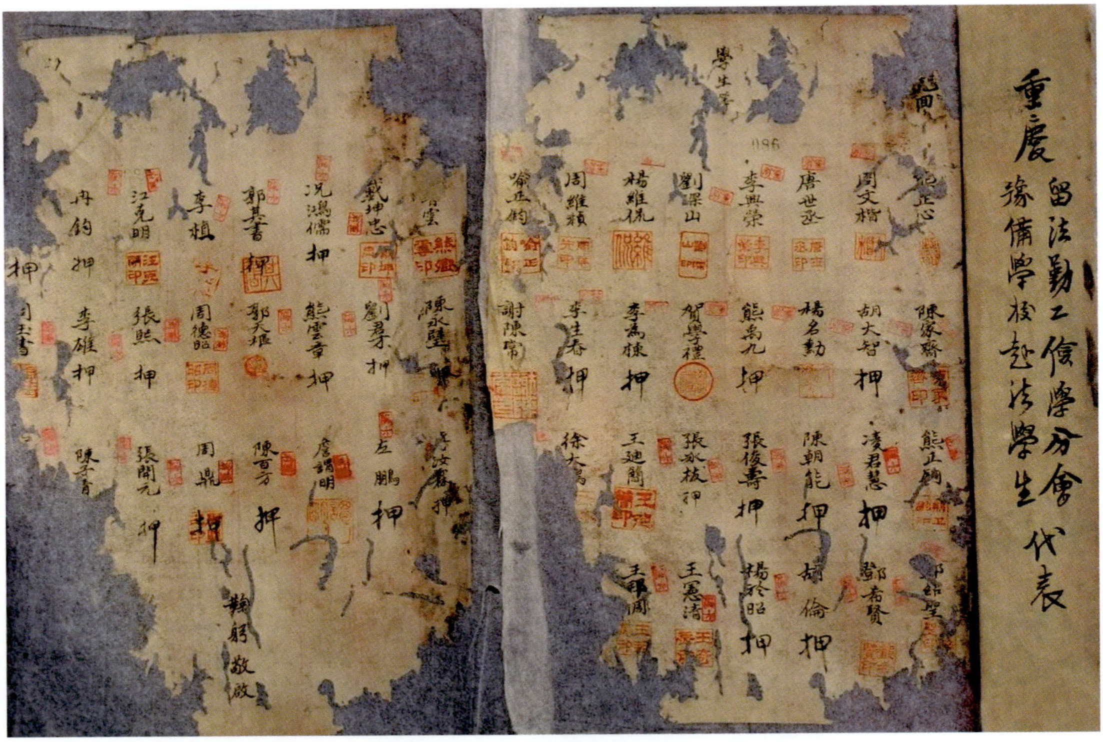

重庆巴县留法勤工俭学生名单，此档案现于藏重庆市巴南区档案馆

1919年秋，周贡植考入重庆留法勤工俭学预备学校。该校培养了邓小平(邓希贤)、冉钧等一大批青年学生留法勤工俭学。他们一起踏上了赴法国学习的道路。

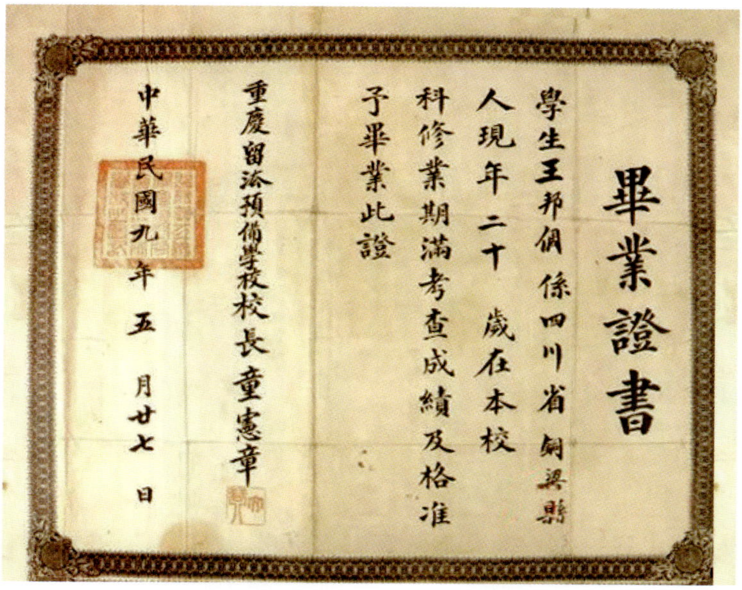

畢業證書

學生王邦倜係四川省銅梁縣
人現年二十歲在本校
科修業期滿考查成績及格准
予畢業此證

重慶留法預備學校校長童憲章

中華民國九年五月廿七日

重庆留法预备学校的毕业证书

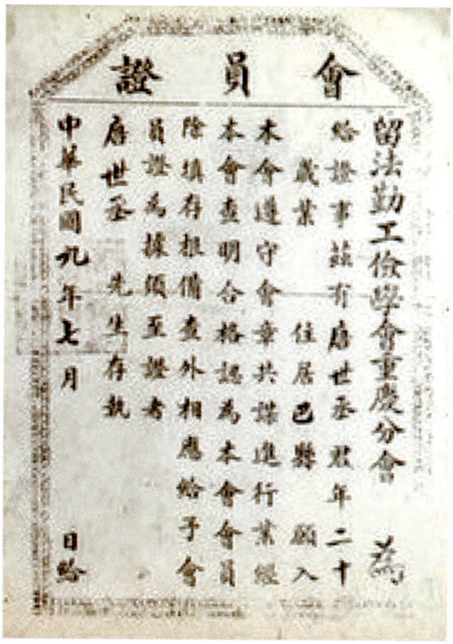

會員證

留法勤工儉學會重慶分會為
給證事茲有唐世丞君年二十
歲業　住居巴縣　願入
本會遵守會章共謀進行業經
本會查明合格認為本會會員
除填存根備查外相應給予會
員證為據須至證者
唐世丞先生存執

中華民國九年七月　日給

留法勤工俭学会重庆分会的会员证

上图分别为重庆留法预备学校发给学生王邦倜的毕业证和为留法勤工俭学重庆分会发给唐世丞的会员证。

重庆太平门

1920年8月27日，学生们整队在重庆太平门码头登上法商聚福洋行的“吉庆”号客轮，告别山城父老顺江东下。邓小平、冉钧和周贡植便是这批学生中的代表。

“盎特莱蓬”号邮轮

1920年9月11日，邓小平、冉钧和周贡植等从上海乘法国“盎特莱蓬”号邮轮，踏上留法勤工俭学的征途，经过44天航行，到达法国马赛。

重慶留法學生彙聞

留法學生刻由儉學會委託袁文慶王興智吳宥三三君爲代表辦理沿途交涉一切事宜計此次留法生共八十四名其姓名如左

吳宥三王興智袁文慶江克明杜奉璋郭其睿張文騤李雄戴坤忠邱少元吳鴻哲熊正鈞鄧紹聖沈士麟熊[illegible]詹謂明佘方體[illegible]陳[illegible]賀學禮冉鈞陳白方郭天[illegible]王建伯周玉[illegible]馮學宗周德熙周永生唐錦柏傅智淵鄧正和李興榮顏克玲劉[illegible]山楊爲侃廣大[illegible]陳朝龍熊禹九李生春李[illegible]棣張永拔羅振聲張熙[illegible]於昭發茂林周鼎賴[illegible]堯唐世丞羅年禧張開元周青馥士是華胡大智徐大[illegible]胡斯美胡楚才鄧希賢胡倫韓[illegible]劉登如王[illegible]清[illegible]君懸王邦偶陳家齊熊正心王迪[illegible]李紹淵劉世孝闞[illegible]杰鍾汝霖李[illegible]勳張俊壽周文楷賈岱周維楨呂松[illegible]劉君才李楨劉[illegible]訓陳[illegible]青喻正鈞楊泮池楊驊暉陳永壁楊銘勳

四川《国民公报》对重庆留法预备学校学生从重庆市启程赴法的报道

历届勤工俭学生赴法一览表

批次	从上海起程日期	船名	人数	抵法日期及地点	知名人物	备注
1	1919年3月17日	因幡丸(日)	89	1919年5月10日	林蔚、欧阳钦、沈宜甲	经英国
2	1919年3月31日	贺茂丸(日)	26	1919年5月20日	周世昌	经英国
3	1919年4月14日	伊豫丸(日)	2	1919年6月6日		经英国
4	1919年7月13日	三岛丸(日)	57	1919年9月2日	罗学瓒、齐连登、陈书乐、王贺棠	经英国
5	1919年8月14日	麦浪号(法)	78	1919年10月10日	陈毅	
6	1919年8月25日	盎特莱蓬号(法)	54	1919年10月1日	任光	
7	1919年9月29日	博尔多斯号(法)	9	1919年11月12日	徐特立、熊信吾	
8	1919年10月16日	斯隆号(美)	48	1919年11月25日	王若飞、李卓然	内有朝鲜6人
9	1919年10月31日	宝勒加号(法)	207	1919年12月7日	李维汉、李富春、李文三、张昆弟、贺果、李林、吴振环	从香港登轮58人
10	1919年11月22日	勒苏斯号(英)	40	1920年1月23日	黄齐生、熊芷维	
11	1919年12月9日	司芬克斯号(法)	158	1920年1月14日	聂荣臻、颜昌颐、钟汝梅、侯昌杰	
12	1919年12月25日	盎特莱蓬号(法)	92	1920年1月28日	蔡和森、向警予、蔡畅、葛健豪	从香港登轮40余人
13	1920年2月15日	博尔多斯号(法)	55	1920年3月25日	许德珩	内有朝鲜3人从香港登轮19人
14	1920年4月1日	宝勒加号(法)	110	1920年5月7日	王光祈	从香港登轮60余人
15	1920年5月9日	阿尔芒勃西号(法)	126	1920年6月15日	赵世炎、肖三、陈绍休、魏锐、傅烈、谢科	内有朝鲜5人
16	1920年6月25日	博尔多斯号(法)	220	1920年8月4日	刘伯坚、陈公培	从香港登轮120余人
17	1920年9月11日	盎特莱蓬号(法)	89	1920年10月19日	邓小平、江泽民、周文楷、冉钧、傅汝霖	
18	1920年11月7日	博尔多斯号(法)	197	1920年12月13日	周恩来、傅钟、郭隆真、王守义	
19	1920年11月24日	高尔地埃号(法)	22	1920年12月27日	张申府、刘清扬	
20	1920年12月15日	智利号(法)	134	1921年1月20日	何长工、穆青、李季达、肖朴生、何子建、高风、	从香港登轮6人

历届留法勤工俭学学生一览表

1919年初至1921年底，全国先后有18个省1600多人分20批留法勤工俭学。其中四川511人，居第一；湖南346人，居第二；全国留法女生60名。四川境内，重庆有190人。仅巴县即达58人，为全川赴法人数最多的县。上两图分别为1920年9月四川《国民公报》有关重庆留法预备学校学生邓小平、冉钧、周贡植等84人从重庆启程赴法留学的报道和历届勤工俭学学生赴法一览表。

三、游学欧洲

蔡元培

欧乐

华法教育会由蔡元培（1868—1940）、李煜瀛（1881—1973）、吴玉章、吴稚晖（1866—1953）及法国学者欧乐（F.A.Aulard）等创建。首任会长为欧乐和蔡元培，主要工作是翻译中法文书籍，联络中法学者和学术团体，介绍中国学生到法国留学，并介绍法国人游学中国，组织留法华工教育，在法国设立华文学校或华文讲习班。上图分别为华法教育会中方会长蔡元培和法方会长欧乐。

华法教育会会址

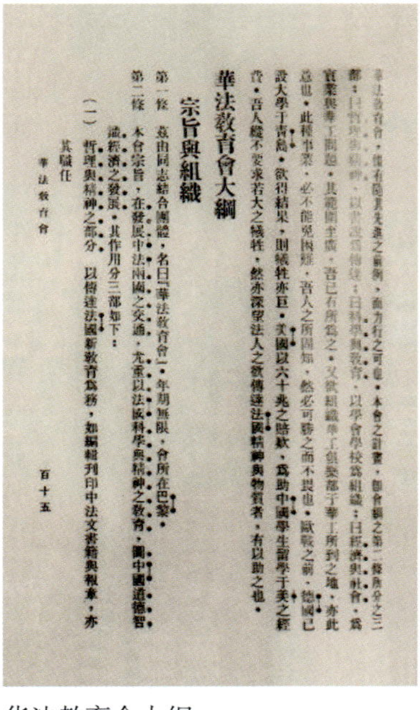

華法教育會，僅有簡其先進之前例，而力行之可也。本會之計畫，即會綱之第二條所分之三部：曰哲理與精神，以言說爲傳達；曰科學與教育，以學會學校爲組織；曰經濟與社會，爲實業與華工問題。其範圍至廣，吾已有所爲之。又欲組織華工俱樂部于華工所到之地，亦此意也。此種事業，必不能免困難，吾人之所困知，然必可勝之而不畏也。歐戰之前，德國已設大學于青島，欲得結果，則犧牲亦巨。美國以六十兆之賠款，爲助中國學生留學于美之經費。吾人縱不妄求若大之犧牲，然亦深望法人之欲傳達法國精神與物質者，有以助之也。

華法教育會大綱

宗旨與組織

第一條 茲由同志結合團體，名曰「華法教育會」。年期無限，會所在巴黎。

第二條 本會宗旨，在發展中法兩國之交通，尤重以法國科學與精神之教育，圖中國道德智識經濟之發展。其作用分三部如下：

（一）哲理與精神之部分 以傳達法國新教育爲務，如編輯刊印中法文書籍與報章，亦其職任

華法教育會 百十五

SC001

留法儉學會

華法教育會

留法勤工儉學會

民國六年初版

民國八年重印

華法教育會刊行

（崇內北京商務印字館承印）

华法教育会大纲

1916年6月22日，华法教育会在巴黎布热路8号巴黎自由教育会内正式成立，成为中法两国在文化教育方面交往的总机关。上图为华法教育会会址。左图为华法教育会大纲。

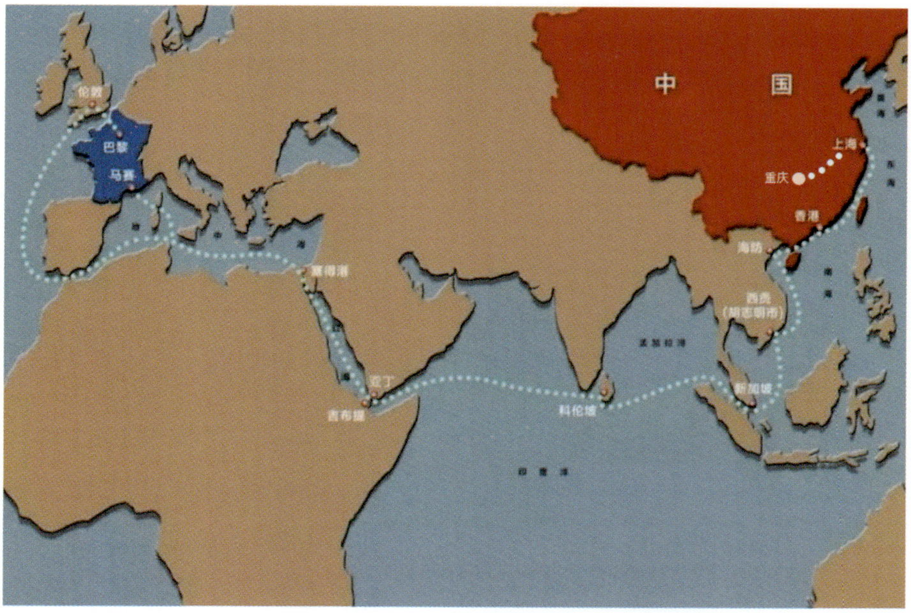

留法航行路线图（重庆—上海—马赛）

留法勤工俭学学生所在工厂分布图

留法勤工俭学学生所在学校分布图

北起第厄普，南抵尼斯，东起南锡，西至翁热，在55万平方公里的法兰西土地上，中国留法勤工俭学的川渝学生在学校、工厂学习知识，增长技能，也为了国家利益和个人生存权利与中法当局展开斗争。更为重要的是，他们中许多先进分子如邓小平、赵世炎、聂荣臻、周贡植、冉钧接受了马克思主义，坚定地走上了革命道路。

邓小平

邓小平（1904—1997），原名先圣，学名希贤，四川广安人。1918年考入广安县中学。1919年考入重庆勤工俭学留法预备学校。1920年到法国勤工俭学。在俄国十月社会主义革命的影响下，接受马克思主义而走上革命道路。1923年6月参加旅欧中国少年共产党（后改为中国社会主义青年团旅欧支部）。1924年转为中国共产党正式党员。他曾任青年团旅欧总支部领导成员，中共党组织里昂区特派员，旅欧青年团机关刊物《赤光》杂志编辑。

1920年10月21日，邓小平等一批学生在巴黎华法教育会的安排下，来到巴黎附近的小城巴耶，进入巴耶中学学习。邓小平等在巴耶中学“俭学”的日子异常艰苦。1921年3月13日，邓小平和邓绍圣、陈家齐等19名中国学生离开了巴耶中学。图为巴耶中学。

蒙达尔纪附近的哈金森橡胶工厂，邓小平、聂荣臻等很多留法勤工俭学学生曾在此做工

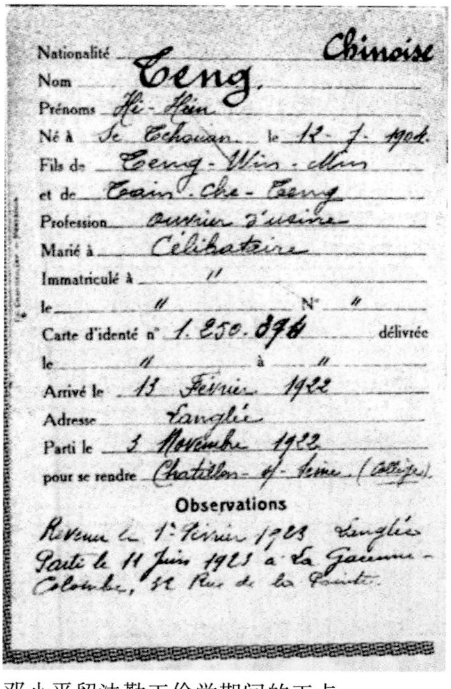

Nationalité Chinoise
Nom Teng.
Prénoms Hi-Hien
Né à Se Tchouan le 12-7-1904.
Fils de Teng-Wen-Min
et de Tsain-Che-Tseng
Profession ouvrier d'usine
Marié à Célibataire
Immatriculé à "
le " N° "
Carte d'identé n° 1.250.874 délivrée
le " à "
Arrivé le 13 Février 1922
Adresse Langlée
Parti le 3 Novembre 1922
pour se rendre Chatillon-s/-Seine (Côte-d'Or).

Observations

Revenu le 1er Février 1923 Langlée
Parti le 11 Juin 1923 à La Garenne-Colombe, 52 Rue de la Pointe.

邓小平留法勤工俭学期间的工卡

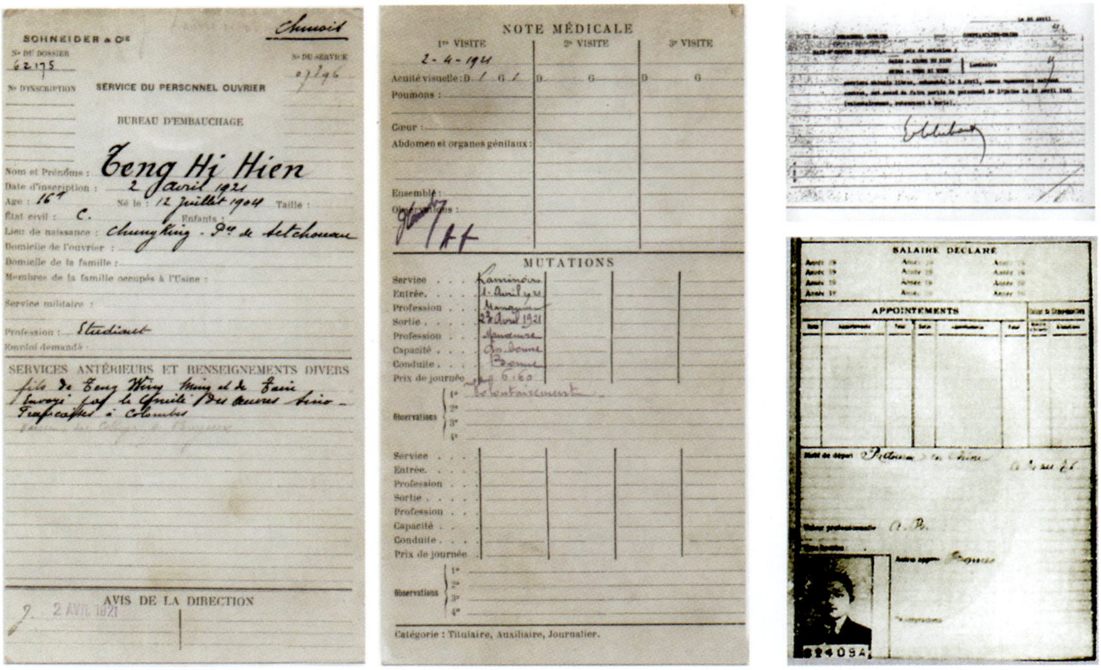
SCHNEIDER & Cie

N° DU DOSSIER 62175

N° DE SERVICE 07196

SERVICE DU PERSONNEL OUVRIER

BUREAU D'EMBAUCHAGE

Nom et Prénoms : Teng Hi Hien

Date d'inscription : 2 avril 1921

Age : 16

Né le : 12 juillet 1904

Taille :

État civil : C.

Enfants :

Lieu de naissance : Chungking · Pce de Setchouan

Domicile de l'ouvrier :

Domicile de la famille :

Membres de la famille occupés à l'Usine :

Service militaire :

Profession : Etudiant

Emploi demandé :

SERVICES ANTÉRIEURS ET RENSEIGNEMENTS DIVERS

AVIS DE LA DIRECTION

2 AVRIL 1921

NOTE MÉDICALE

1re VISITE 2-4-1921

2e VISITE

3e VISITE

Acuité visuelle :

Poumons :

Cœur :

Abdomen et organes génitaux :

Ensemble :

Observations :

MUTATIONS

Service Laminoir

Entrée 2 Avril 1921

Profession Manœuvre

Sortie 23 Avril 1921

Profession

Capacité

Conduite Bonne

Prix de journée 6.60

Observations

Catégorie : Titulaire, Auxiliaire, Journalier.

SALAIRE DÉCLARÉ

APPOINTEMENTS

邓小平在施耐德公司的档案卡及施耐德工厂财务科中国劳工通知单

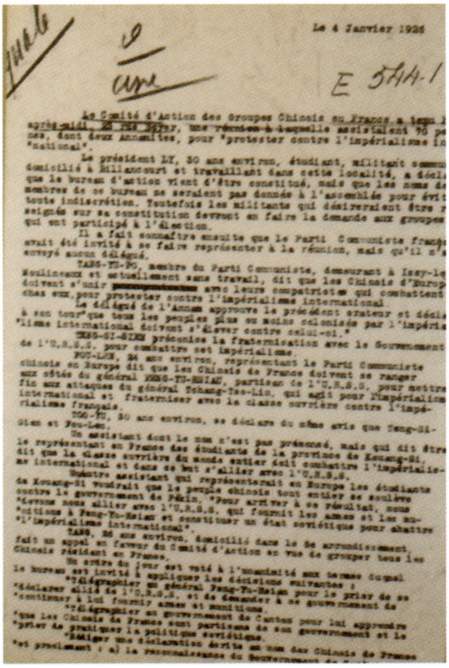
Le 4 Janvier 1926

E 544-1

邓希贤（邓小平）等人在“旅法华人援助上海反帝国主义运动行动委员会”会上的发言稿

1926年1月3日，“旅法华人援助上海反帝国主义运动行动委员会”在巴黎召开群众集会，抗议英美军舰派往中国。上图为施耐德公司的档案卡及施耐德工厂财务科中国劳工通知单，通知单中记载了邓希贤（邓小平）1921年4月2日进厂，4月23日离厂的情况。左图为法国外交部保存的有关档案，记载了邓希贤（邓小平）等人在“旅法华人援助上海反帝国主义运动行动委员会”会上的发言。

聂荣臻

聂荣臻（1899—1992），字福骈，重庆江津人。1919年11月留法勤工俭学，1922年8月参加旅欧中国少年共产党，1923年3月转入中国共产党。

留法勤工俭学部分川渝学生合影

上图为留法勤工俭学部分川渝学生合影，其中后排右一为聂荣臻。

冉钧

冉钧（1899—1927）原名高镒，重庆江津人。1920年留法勤工俭学，在法国加入中国社会主义青年团，1923年转入中国共产党。

周贡植

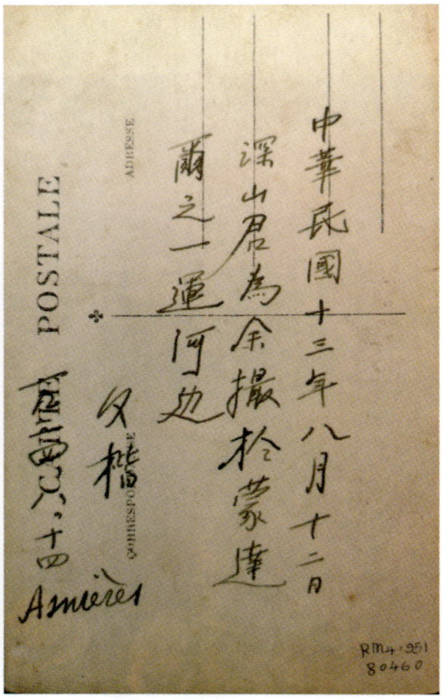

周贡植制作的一张明信片，此明信片由周永林保存，现已捐赠给重庆中国三峡博物馆

周贡植（1899—1928）又名周文楷，重庆巴县人。1920年留法勤工俭学。1922年经赵世炎、袁方庆介绍加入旅欧中国共产主义青年团，不久转为中共党员。上图右边为周贡植制作的一张明信片，背后有周贡植手书：中华民国十三年八月十二日深山君为余撮于蒙达尔之一运河边 文楷 一九二四.八.十四”。

留法勤工俭学学生合影（后排左二为周贡植）

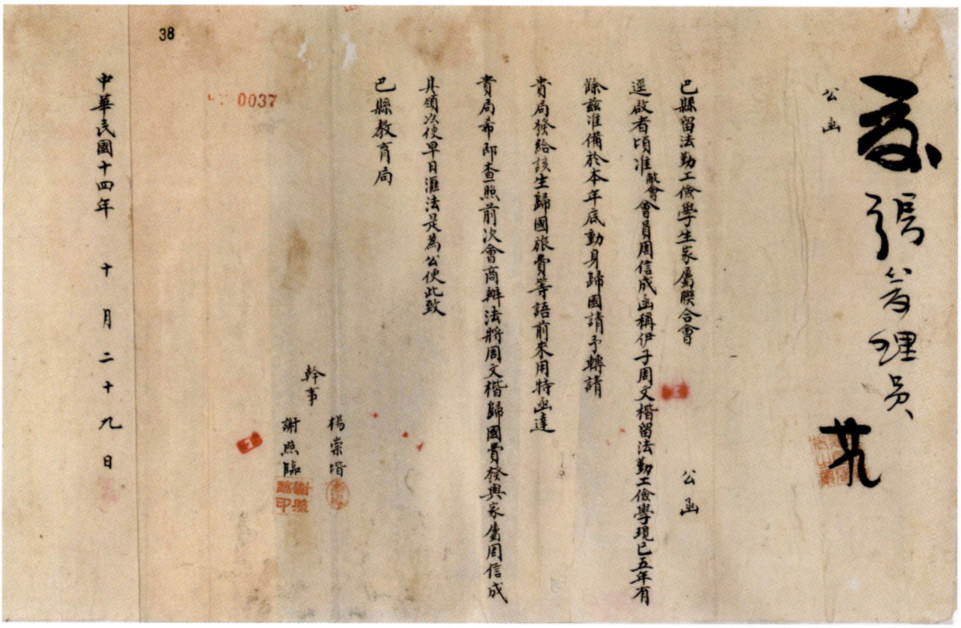

38

0037

公函

巴縣留法勤工儉學生家屬聯合會　公函

逕啟者頃准敝會會員周信成函稱伊子周文楷留法勤工儉學現已五年有

餘茲准備於本年底動身歸國請予轉請

貴局發給該生歸國旅費等語前來用特函達

貴局希即查照前次會商辦法將周文楷歸國費發與家屬周信成

具領以便早日滙法是為公便此致

巴縣教育局

幹事　楊崇堦　謝照臨

中華民國十四年　十月二十九日

巴县留法勤工俭学生家属联合会致巴县教育局公函。这批重庆留法勤工俭学档案，现藏于重庆市巴南区档案馆

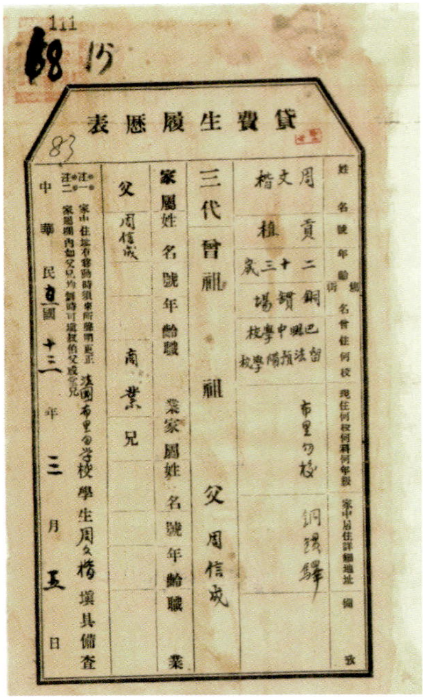
貸費生履歷表

法國布里句學校學生周文楷填具備查

周贡植贷费生履历表

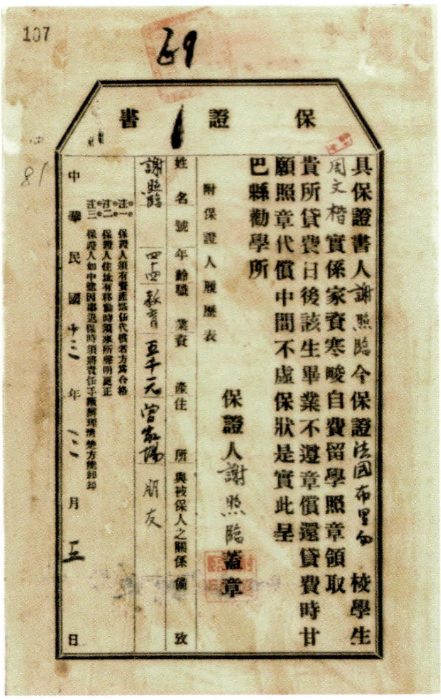
保證書

具保證書人謝照臨今保證法國布里句 校學生周文楷實係家貧寒畯自費留學照章領取貴所貸費日後該生畢業不遵章償還貸費時甘願照章代償中間不虛保狀是實此呈巴縣勸學所

保證人謝照臨蓋章

中華民國十二年三月五日

周贡植留法贷款保证书

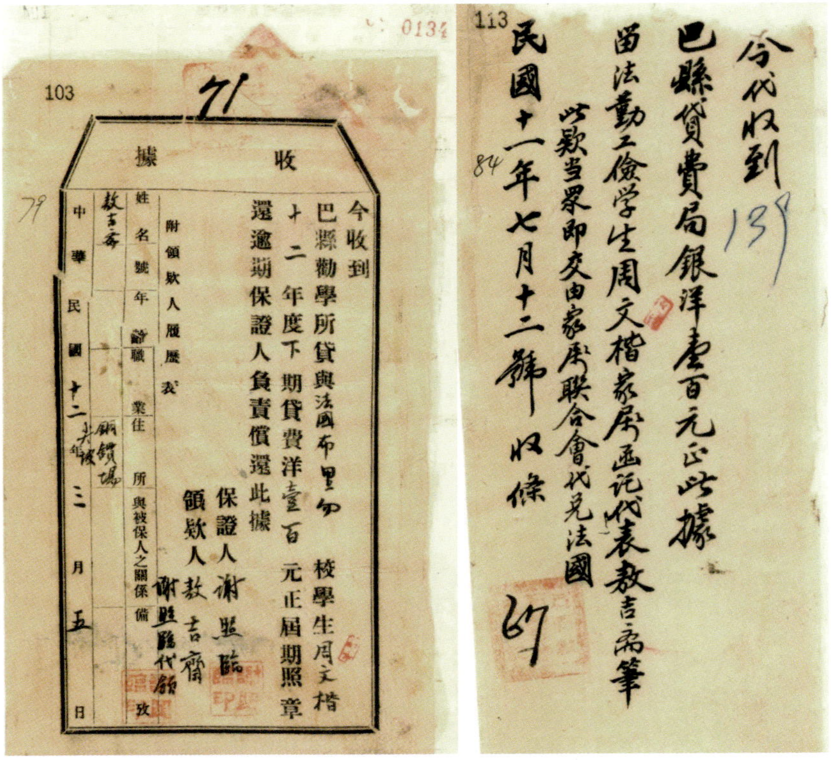
收據

今收到巴縣勸學所貸與法國布里句 校學生周文楷十二年度下期貸費洋壹百元正屆期照章還逾期保證人負責償還此據

保證人謝照臨

領款人教吉齋

中華民國十二年三月五日

今代收到巴縣貸費局銀洋壹百元正此據

留法勤工儉學生周文楷家屬函託代表教吉齋筆

此款當衆即交由家屬聯合會代兌法國

民國十一年七月十二號收條

周贡植留法贷款收据及支条存根

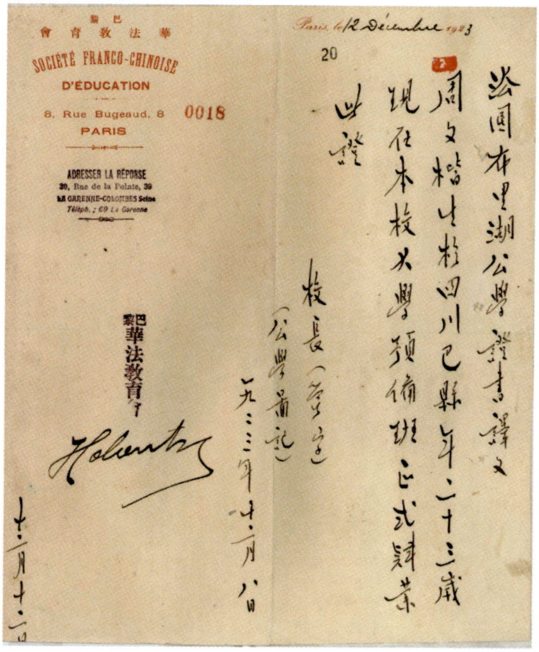
巴黎華法教育會
SOCIÉTÉ FRANCO-CHINOISE D'ÉDUCATION
8, Rue Bugeaud, 8　0018
PARIS
ADRESSER LA RÉPONSE
39, Rue de la Pointe, 39
LA GARENNE-COLOMBES Seine

Paris, le 12 Décembre 1923
20

法國布里湖公學證書譯文
周文楷生於四川巴縣年二十三歲
現在本校大學預備班正式肄業
此證
校長（簽字）
（公學圖記）
一九二三年十一月八日

巴黎華法教育會
十二月十二日

周贡植在法国布里湖公学大学预备班的肄业证明

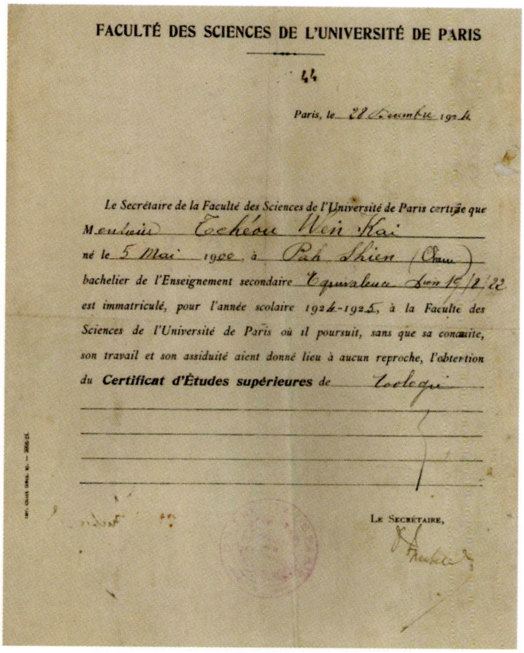
FACULTÉ DES SCIENCES DE L'UNIVERSITÉ DE PARIS

44

Paris, le 28 Novembre 1924

Le Secrétaire de la Faculté des Sciences de l'Université de Paris certifie que Monsieur Tchéou Wen Kai né le 5 Mai 1900 à Pah Shien (Chine) bachelier de l'Enseignement secondaire Equivalence est immatriculé, pour l'année scolaire 1924-1925, à la Faculté des Sciences de l'Université de Paris où il poursuit, sans que sa conduite, son travail et son assiduité aient donné lieu à aucun reproche, l'obtention du Certificat d'Études supérieures de Zoologie

Le Secrétaire,

华法教育会对巴黎大学关于周贡植学业证明的法文译文

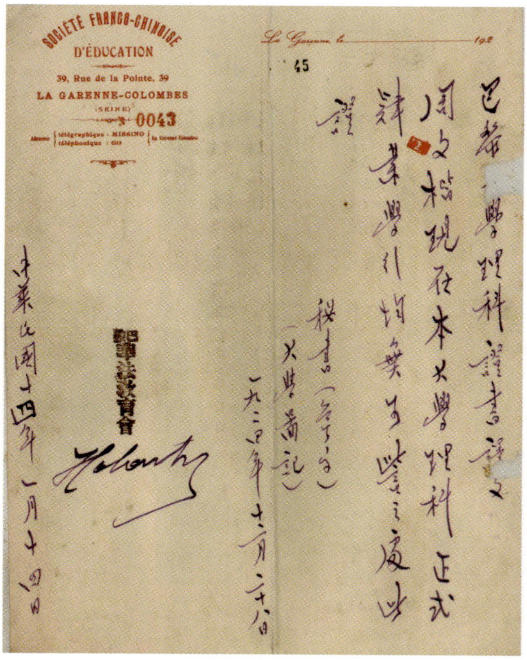
SOCIÉTÉ FRANCO-CHINOISE D'ÉDUCATION
39, Rue de la Pointe, 39
LA GARENNE-COLOMBES
(SEINE)
0043

La Garenne, le　192
45

巴黎大學理科證書譯文
周文楷現在本大學理科正式
肄業學行均無可訾之處此
證
秘書（簽字）
（大學圖記）
一九二四年十一月二十八日

巴黎華法教育會
中華民國十四年一月十四日

华法教育会对巴黎大学关于周贡植学业证明的中文译文

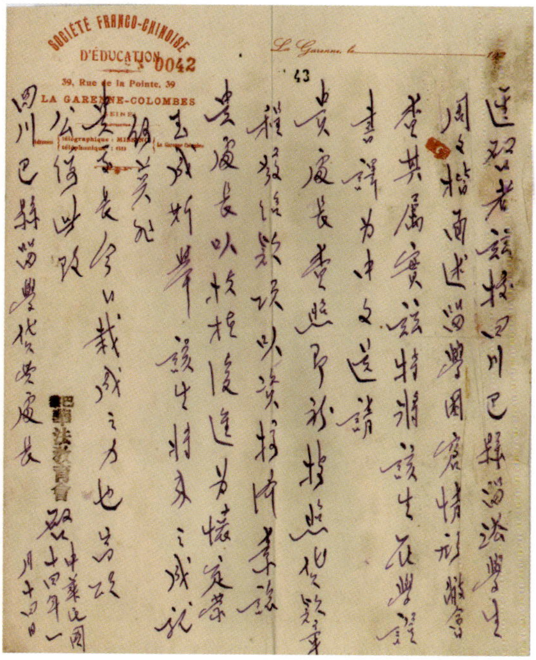
SOCIÉTÉ FRANCO-CHINOISE D'ÉDUCATION　0042
39, Rue de la Pointe, 39
LA GARENNE-COLOMBES

La Garenne, le　192
43

逕啟者茲據四川巴縣留法學生
周文楷函述留學困窘情形懇會
查其屬實茲特將該生在學證
書譯為中文送請
貴廳長查照即祈按照地點津
貼發給款項以資持續學業該
貴廳長以扶植後進為懷定荷
玉成於斯該生將來之成就
[illegible]
貴廳長今日栽成之力也專此
公頌
四川巴縣留學經費處長

巴黎華法教育會
中華民國十四年一月十四日

华法教育会为周贡植（周文楷）出具贷款申请信

华侨协社

华侨协社坐落在巴黎西郊拉卡莱纳戈隆勃浦安特街39号。勤工俭学学生初到法国时多聚集于此候工候学。1919年8月31日该社正式成立后，华法教育会、勤工俭学会、华工工会、华工杂志社、中法协进会、巴黎通讯社等十几个社团皆设办事机构于此地。

旅法中国共产党小组部分成员合影。其中三个人（左起）分别为张申府、刘清扬、周恩来。

旅法中国共产党小组部分成员合影

赵世炎

赵世炎在圣太田市警察局的注册登记档案

赵世炎（1901—1927），字琴荪，号国富，笔名施英，重庆酉阳人。1920年赴法勤工俭学，1921年参加旅欧中国共产党早期组织。1922年6月与周恩来等在巴黎发起成立旅欧中国少年共产党。同年任中共旅欧支部法国组书记。

中共旅欧支部办公处的周恩来

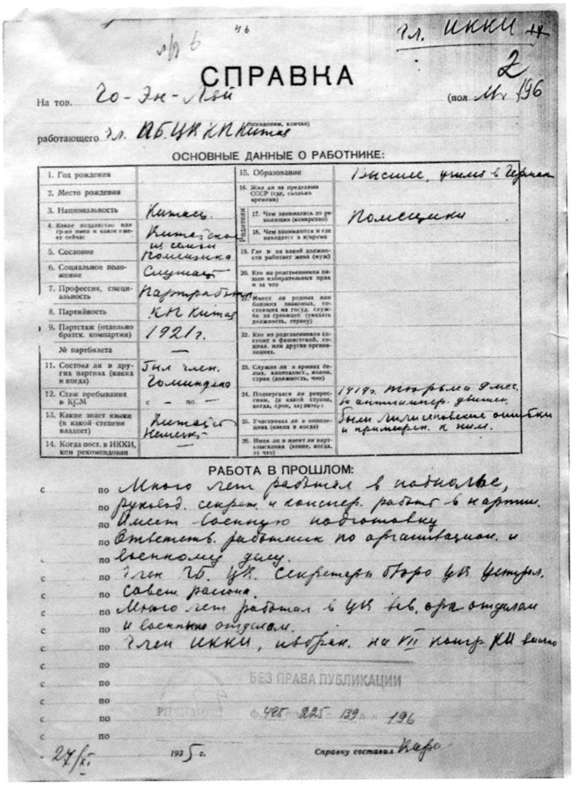

СПРАВКА

ОСНОВНЫЕ ДАННЫЕ О РАБОТНИКЕ:

РАБОТА В ПРОШЛОМ:

БЕЗ ПРАВА ПУБЛИКАЦИИ

1921年春，经张申府、刘清扬介绍，周恩来加入巴黎共产主义小组，开始从事党的创建活动。此表为周恩来为共产国际填写的履历表

1922年，根据中共中央指示，旅法国、德国、比利时的党员统一组成中共旅欧支部。党团机关合在一起，公开活动以团的名义出现。上图左边为1923年周恩来在巴黎戈德弗鲁瓦街17号中共旅欧党、团办公处兼住所的留影。

油画《旅欧中国少年共产党成立》

1922年6月，旅法、德的18名代表在巴黎西郊布罗尼森林召开大会，成立旅欧中国少年共产党，选举赵世炎、周恩来、李维汉3人组成中共执行委员会，赵世炎任书记，周恩来任宣传委员，李维汉任组织委员。旅欧少年共产党的诞生标志着统一的旅欧共产主义组织的成立，这是留法勤工俭学运动史上一个重要的里程碑。

聂荣臻

邓小平

1924年，中国社会主义青年团旅欧支部代表在法国巴黎合影，前排左一为聂荣臻，左四为周恩来，左六为李富春，后排右三为邓小平

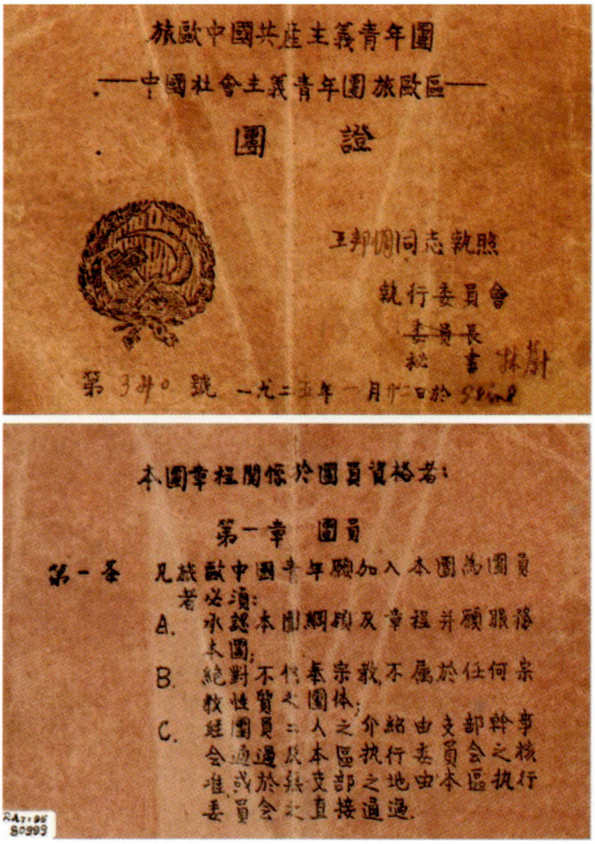

旅歐中國共產主義青年團

——中國社會主義青年團旅歐區——

團 證

王邦倜同志執照

執行委員會

委員長

秘 書 林蔚

第3340號 一九二五年一月廿二日於

本團章程關條於團員資格者：

第一章 團員

第一條 凡旅歐中國青年願加入本團為團員者必須：

A. 承認本團綱領及章程并願服務本團；

B. 絕對不信奉宗教不屬於任何宗教性質之團体；

C. 經團員二人之介紹由支部幹事会通過及本區執行委員会之核准或於無支部之地由本區執行委員会之直接通過。

王邦倜旅欧中国共产主义青年团团证

王邦倜（1900—1969），重庆铜梁人。中学毕业后，考入重庆留法预备学校，1920年同邓小平一同留法勤工俭学，他从法国带回一本有400多个标本的印染标本集，并运用在法国所学的专业知识在铜梁建立第一家印染厂。左图为王邦倜的旅欧中国共产主义青年团团证。

第三章　播火擎旗　立党为民

在十月革命和五四运动影响下，马克思主义在中国广泛传播。一批具有初步共产主义思想的知识分子，学习和宣传马克思主义，深入工人群众，投身到创建中国共产党早期组织的实践中。据中央档案馆档案显示，1920年3月12日，一群重庆青年成立了“四川省重庆共产主义组织”[①]；1922年至1924年，在川渝地区先后建立了中国社会主义青年团地方组织、中国青年共产党组织。川渝青年的追求和奋斗最终集聚在中国共产党的旗帜下，1926年，党中央决定成立中国共产党重庆地方执行委员会（简称“重庆地执委”），统一领导全川党组织。从此，巴蜀红潮汇入了中华民族实现伟大复兴中国梦的历史洪流之中。

BOHOU QINGQI

—

LIDANG WEIMIN

① 据中央档案馆编《中国共产党第一次全国代表大会档案资料》一书记载。该馆收藏有《四川省重庆共产主义组织的报告》，这批档案曾保存在苏联的共产国际档案馆里。20世纪50年代由苏共中央交还中共中央。档案中有《中国共产党第一个纲领》《中国共产党第一个决议》《中国共产党第一次代表大会》，和北京、广州、重庆三个地方共产主义组织报告的俄译稿，以及由英文译稿转译成中文的《中国共产党宣言》。后经反复考证确认，这批档案确系中共一大档案。1982年，中央档案馆编辑《中国共产党第一次全国代表大会档案资料》一书，由人民出版社出版。2010年，中央档案馆授权重庆日报发表《四川省重庆共产主义组织的报告》。本书所引用的《四川省重庆共产主义组织的报告》，均来自中央档案馆编《中国共产党第一次全国代表大会档案资料》，人民出版社1982年版。此文收录在国家重大文化工程《复兴文库》第二编第一卷《中国共产党的成立是开天辟地的大事变》第三册《中国共产党早期组织的建立》之中，中华书局2022年9月第一版，第185-191页。

一、川渝星火

共产主义是现在和未来与邪恶进行斗争的手段，重庆的共产主义组织对未来充满希望。

——《四川省重庆共产主义组织的报告》

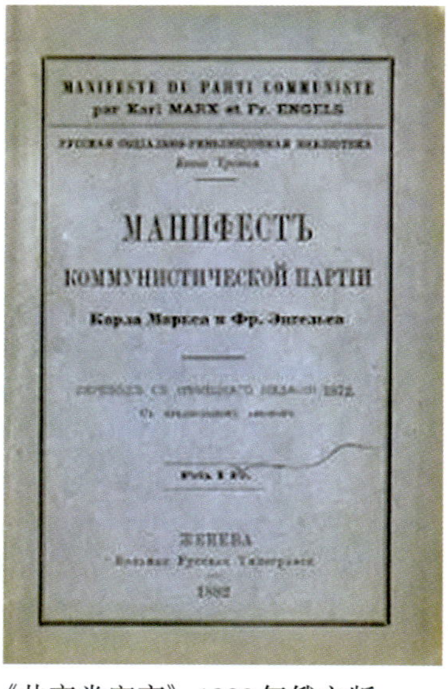

《共产党宣言》1882年俄文版

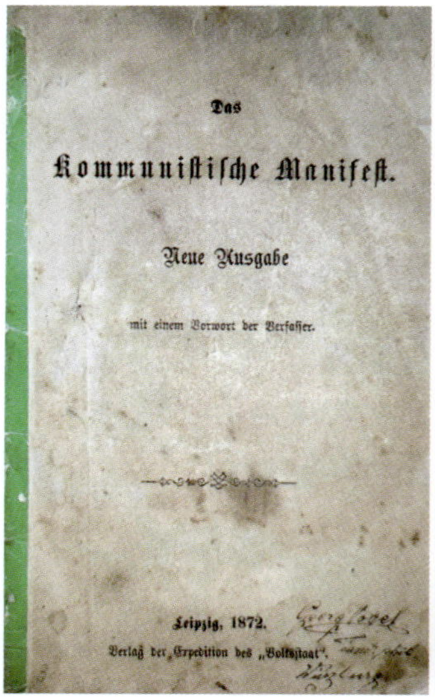

《共产党宣言》1872年德文版、1888年英文版

共产国际成立大会，右二为列宁

共产国际（俄语：Коммунистический интернационал，缩写为Коминтерн），通称第三国际（Третий интернационал），全世界共产党和共产主义组织的国际联合组织。第一次世界大战爆发后，第二国际破产，列宁为团结各国的革命左派和建立共产国际进行了一系列工作。1919 年 3 月 26 日，在莫斯科召开了国际共产主义者代表会议，即第三国际第一次代表大会，有来自 21 个国家的 35 个政党和团体的 52 名代表参加。列宁作了《关于资产阶级民主和无产阶级专政的提纲和报告》。会议通过列宁的报告作为共产国际的政治纲领，还通过列宁起草的《共产国际宣言》《共产国际行动纲领》等文件。第三国际宣告成立，总部设在莫斯科，其任务是宣传马克思主义，团结各国工人阶级和广大劳动群众，推翻帝国主义和资本主义统治，建立无产阶级专政，消灭剥削制度而斗争。凡参加共产国际的各国共产党都是它的支部。中国共产党的建立，得到了列宁领导和创建的共产国际的帮助。上图为 1919 年共产国际成立时的情景。

陈独秀

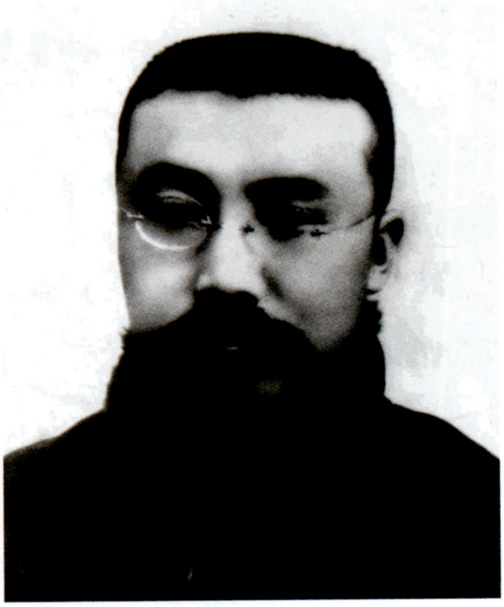

李大钊

毛泽东

五四时期，中国一大批先进分子，走上无产阶级革命道路。以上几张图分别为五四运动时期的陈独秀、李大钊和毛泽东。

陈望道

1920年春，陈望道翻译了《共产党宣言》第一个中文全译本，深刻影响了进步青年的思想转变。

《共产党宣言》1920年8月版

《共产党宣言》1920年9月版

上图分别为陈望道翻译的《共产党宣言》1920年8月第一版和9月第二版。

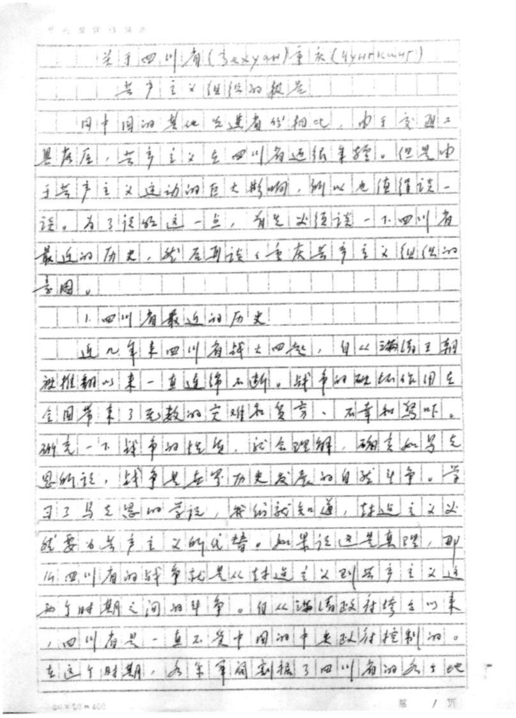

关于四川省(Зехуан)重庆(Чунгкинг)

共产主义组织的报告

同中国的其他先进省份相比，由于交通工具落后，共产主义在四川省还很年轻。但是由于共产主义运动的巨大影响，所以也值得谈一谈。为了说明这一点，首先必须谈一下四川省最近的历史，然后再谈谈重庆共产主义组织的意图。

1. 四川省最近的历史

近几年来四川省战火四起，自从满清王朝被推翻以来一直连绵不断。战争的破坏作用给全国带来了无数的灾难和贫穷、不幸和惊吓。研究一下战争的性质，就会理解，确实如马克思所说，战争是在历史发展的自然斗争。学习了马克思的学说，我们就知道，封建主义必然要为共产主义所代替。如果说这是真理，那么四川省的战争就是从封建主义到资本主义这两个时期之间的斗争。自从满清政权倒台以来，四川省是一直不受中国的中央政府控制的。在这个时期，各军军阀割据了四川省的各个地

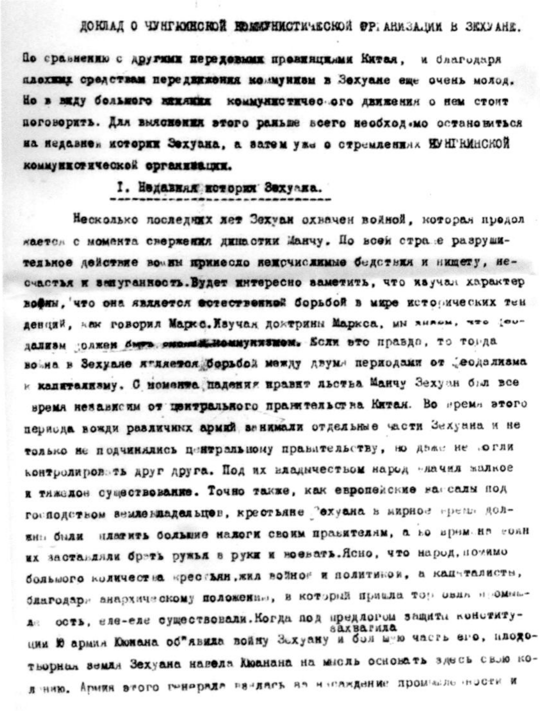

ДОКЛАД О ЧУНГКИНСКОЙ КОММУНИСТИЧЕСКОЙ ОРГАНИЗАЦИИ В ЗЕХУАНЕ.

По сравнению с другими передовыми провинциями Китая, и благодаря плохим средствам передвижения коммунизм в Зехуане еще очень молод. Но в виду большого влияния коммунистического движения о нем стоит поговорить. Для выяснения этого раньше всего необходимо остановиться на недавней истории Зехуана, а затем уже о стремлениях ЧУНГКИНСКОЙ коммунистической организации.

I. Недавняя история Зехуана.

Несколько последних лет Зехуан охвачен войной, которая продолжается с момента свержения династии Манчу. По всей стране разрушительное действие войны принесло неисчислимые бедствия и нищету, несчастья и запуганность. Будет интересно заметить, что изучая характер войны, что она является естественной борьбой в мире исторических тенденций, как говорил Маркс. Изучая доктрины Маркса, мы знаем, что феодализм должен быть сменен коммунизмом. Если это правда, то тогда война в Зехуане является борьбой между двумя периодами от феодализма к капитализму. С момента падения правительства Манчу Зехуан был все время независим от центрального правительства Китая. Во время этого периода вожди различных армий занимали отдельные части Зехуана и не только не подчинялись центральному правительству, но даже не могли контролировать друг друга. Под их владычеством народ влачил жалкое и тяжелое существование. Точно также, как европейские вассалы под господством землевладельцев, крестьяне Зехуана в мирное время должны были платить большие налоги своим правителям, а во время войн их заставляли брать ружья в руки и воевать. Ясно, что народ, помимо большого количества крестьян, жил войной и политикой, а капиталисты, благодаря анархическому положению, в который пришла торговля и промышленность, еле-еле существовали. Когда под предлогом защиты конституции Ю армия Юнана объявила войну Зехуану и (захватила) большую часть его, плодотворная земля Зехуана навела Юнанана на мысль основать здесь свою колонию. Армия этого генерала взялась за насаждение промышленности и

《四川省重庆共产主义组织的报告》及俄译本

据中央档案馆藏《四川省重庆共产主义组织的报告》记载，重庆共产主义组织于1920年3月12日成立。组织机构包括书记处和宣传、财务、出版三部，在川西、川西南、川东南、川北和川东建立了支部，而重庆组织是“总的组织”和“正式组织”。

中共一大会址（今上海市黄浦区兴业路76号）

中共一大会场

嘉兴南湖游船外景

南湖游船内景

中国共产党第一次全国代表大会于1921年7月23日在上海秘密召开，会议中途因遭到法租界巡捕的袭扰而被迫停会。最后一天转移到浙江嘉兴南湖一条游船上继续举行并胜利闭幕。这次会议宣告了中国共产党诞生。

中国共产党第一次全国代表大会日程①

7月23日	上海	开幕。拟定议事日程，听取各地小组活动情况的报告
7月24日	上海	成立起草《党纲》和《关于当前实际工作的决议》委员会
7月25日 7月26日	休会 休会	起草《党纲》和《关于当前实际工作的决议》
7月27日 7月28日 7月29日	上海 上海 上海	讨论《党纲》和《关于当前实际工作的决议》
7月30日	上海	因会场受到法租界巡捕的搜查，会议被迫停止
8月3日	嘉兴	讨论并通过《党纲》和《关于当前实际工作的决议》。 选举中央领导机关。闭幕

中国共产党第一次全国代表大会在南湖的会议议程

一、审议中国共产党纲领草案；

二、审议中国共产党关于当前实际工作决议草案；

三、审议中国共产党宣言草案；

四、选举中国共产党全国领导机构。

①本表引自嘉兴南湖革命纪念馆中国共产党第一次全国代表大会基本陈列。

南湖革命纪念馆《红船起航》展览中陈列的北京、广州和重庆报告

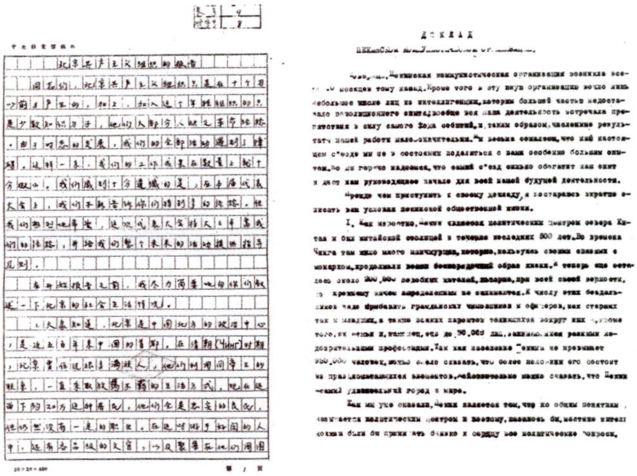

《北京共产主义组织的报告》（俄译稿、中译稿）

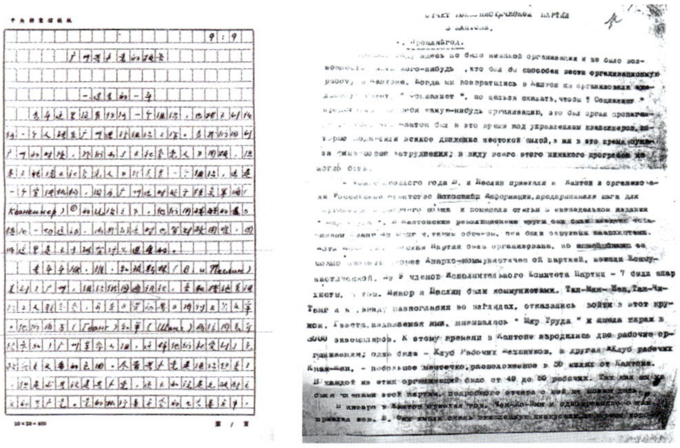

《广州共产党的报告》（俄译稿、中译稿）

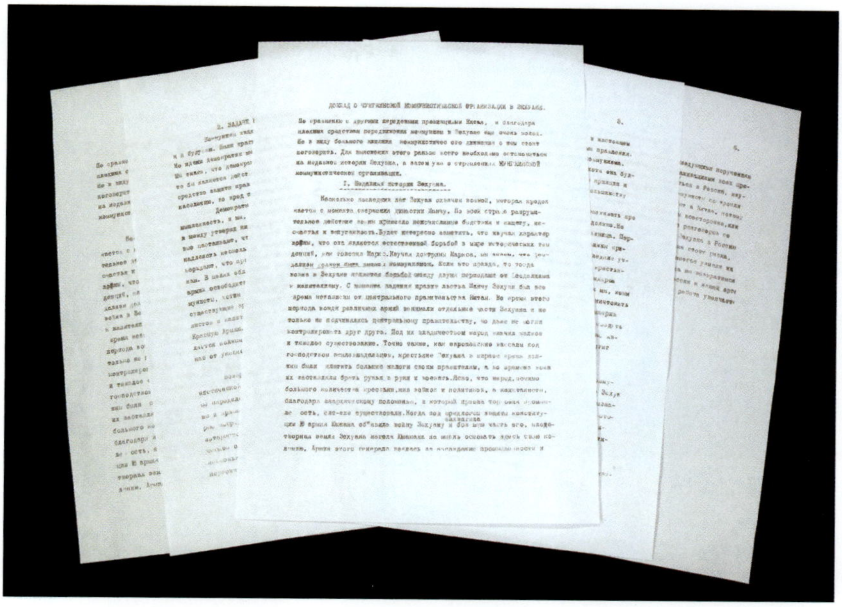

《四川省重庆共产主义组织的报告》（俄文稿）

“共产主义是现在和未来与邪恶进行斗争的手段”

“联合各省的一切共产主义组织”

“到俄国去……全面了解共产主义”

“将来回到四川，把在俄国获得的知识，运用于我们的组织。”

“改善人民的处境”

“发展工业”

“建立红军”

“打算在西藏建立一个组织”

——《四川省重庆共产主义组织的报告》

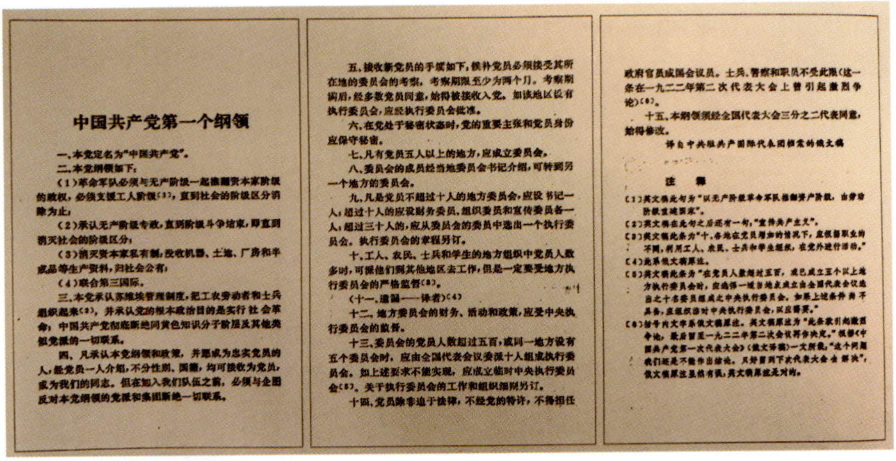

中国共产党第一个纲领

一、本党定名为"中国共产党"。

二、本党纲领如下：

（1）革命军队必须与无产阶级一起推翻资本家阶级的政权，必须支援工人阶级[1]，直到社会的阶级区分消除为止；

（2）承认无产阶级专政，直到阶级斗争结束，即直到消灭社会的阶级区分；

（3）消灭资本家私有制，没收机器、土地、厂房和半成品等生产资料，归社会公有；

（4）联合第三国际。

三、本党承认苏维埃管理制度，把工农劳动者和士兵组织起来[2]，并承认党的根本政治目的是实行社会革命；中国共产党彻底断绝同黄色知识分子阶层及其他类似党派的一切联系。

四、凡承认本党纲领和政策，并愿成为忠实党员的人，经党员一人介绍，不分性别、国籍，均可接收为党员，成为我们的同志。但在加入我们队伍之前，必须与企图反对本党纲领的党派和集团断绝一切联系。

五、接收新党员的手续如下：候补党员必须接受其所在地的委员会的考察，考察期限至少为两个月。考察期满后，经多数党员同意，始得被接收入党。如该地区设有执行委员会，应经执行委员会批准。

六、在党处于秘密状态时，党的重要主张和党员身份应保守秘密。

七、凡有党员五人以上的地方，应成立委员会。

八、委员会的成员经当地委员会书记介绍，可转到另一个地方的委员会。

九、凡是党员不超过十人的地方委员会，应设书记一人；超过十人的应设财务委员、组织委员和宣传委员各一人；超过三十人的，应从委员会的委员中选出一个执行委员会。执行委员会的章程另订。

十、工人、农民、士兵和学生的地方组织中党员人数多时，可派他们到其他地区去工作，但是一定要受地方执行委员会的严格监督[3]。

（十一、遗漏——译者）[4]

十二、地方委员会的财务、活动和政策，应受中央执行委员会的监督。

十三、委员会的党员人数超过五百，或同一地方设有五个委员会时，应由全国代表会议委派十人组成执行委员会。如上述要求不能实现，应成立临时中央执行委员会[5]。关于执行委员会的工作和组织细则另订。

十四、党员除非迫于法律，不经党的特许，不得担任政府官员或国会议员。士兵、警察和职员不受此限（这一条在一九二二年第二次代表大会上曾引起激烈争论）[6]。

十五、本纲领须经全国代表大会三分之二代表同意，始得修改。

译自中共驻共产国际代表团档案的俄文稿

注　释

〔1〕英文稿此句为"以无产阶级革命军队推翻资产阶级，由劳动阶级重建国家"。

〔2〕英文稿在此句之后还有一句，"宣传共产主义"。

〔3〕英文稿此条为"十、各地在党员增加的情况下，应根据职业的不同，利用工人、农民、士兵和学生组织，在党外进行活动。"

〔4〕此系俄文稿原注。

〔5〕英文稿此条为"在党员人数超过五百，或已成立五个以上地方执行委员会时，应选择一适当地点成立由全国代表会议选出之十名委员组成之中央执行委员会。如果上述条件尚不具备，应组织临时中央执行委员会，以应需要。"

〔6〕括号内文字系俄文稿原注。英文稿原注为"此条款引起激烈争论，最后留至一九二二年第二次会议再作决定。"根据《中国共产党第一次代表大会》（俄文译稿）一文所载，"这个问题我们还是不能作出结论，只好留到下次代表大会去解决"，俄文稿原注显然有误，英文稿原注是对的。

中国共产党第一个纲领（中译本）

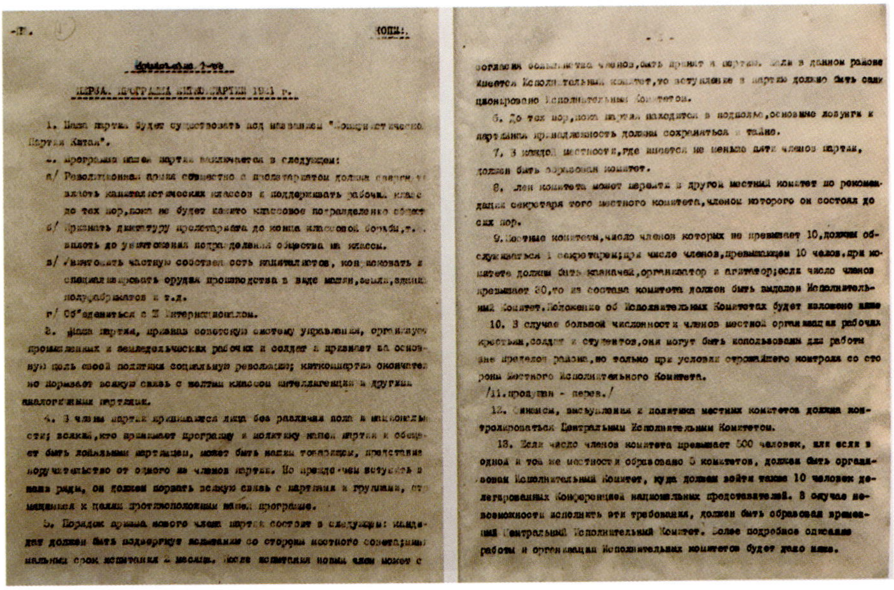

-1-　　　　　　　　　　　　　　　　　　　　КОПИЯ.

[illegible]

ПЕРВАЯ ПРОГРАММА [illegible] ПАРТИИ 1921 г.

1. Наша партия будет существовать под названием "Коммунистическая Партия Китая".

2. Программа нашей партии заключается в следующем:

а/ Революционная армия совместно с пролетариатом должна свергнуть власть капиталистических классов и поддерживать рабочий класс до тех пор, пока не будет [illegible] классовое подразделение [illegible]

б/ Признать диктатуру пролетариата до конца классовой борьбы, т.е. вплоть до уничтожения подразделения общества на классы.

в/ Уничтожить частную собственность капиталистов, конфисковать и специализировать орудия производства в виде машин, земли, зданий, полуфабрикатов и т.д.

г/ Объединиться с III Интернационалом.

3. Наша партия, признав советскую систему управления, организует промышленных и земледельческих рабочих и солдат и признает за основную цель своей политики социальную революцию; [illegible] окончательно порывает всякую связь с желтыми классом интеллигенции и другими аналогичными партиями.

4. В члены партии принимаются лица без различия пола и национальности; всякий, кто принимает программу и политику нашей партии и обещает быть лояльным партийцем, может быть нашим товарищем, представив поручительство от одного из членов партии. Но прежде чем вступить в наши ряды, он должен порвать всякую связь с партиями и группами, стремящимися к целям противоположным нашей программе.

5. Порядок приема нового члена партии состоит в следующем: кандидат должен быть подвергнут испытанию со стороны местного совета; [illegible] срок испытания 2 месяца. После испытания новый член может с

- 2 -

согласия большинства членов, быть принят в партию. Если в данном районе имеется Исполнительный комитет, то вступление в партию должно быть санкционировано Исполнительным Комитетом.

6. До тех пор, пока партия находится в подполье, основные лозунги и партийная принадлежность должны сохраняться в тайне.

7. В каждой местности, где имеется не меньше пяти членов партии, должен быть образован комитет.

8. Член комитета может перейти в другой местный комитет по рекомендации секретаря того местного комитета, членом которого он состоял до сих пор.

9. Местные комитеты, число членов которых не превышает 10, должны обслуживаться 1 секретарем; при числе членов, превышающем 10 челов. при комитете должны быть казначей, организатор и агитатор; если число членов превышает 30, то из состава комитета должен быть выделен Исполнительный Комитет. Положение об Исполнительных Комитетах будет изложено ниже.

10. В случае большой численности членов местной организации рабочих, крестьян, солдат и студентов, они могут быть использованы для работы вне пределов района, но только при условии строжайшего контроля со стороны Местного Исполнительного Комитета.

/11. пропущен - перев./

12. Финансы, выступления и политика местных комитетов должны контролироваться Центральным Исполнительным Комитетом.

13. Если число членов комитета превышает 500 человек, или если в одной и той же местности образовано 5 комитетов, должен быть организован Исполнительный Комитет, куда должны войти также 10 человек делегированных Конференцией национальных представителей. В случае невозможности исполнить эти требования, должен быть образован временный Центральный Исполнительный Комитет. Более подробное описание работы и организации Исполнительных комитетов будет дано ниже.

中国共产党第一个纲领（俄文本）

中国共产党第一次全国代表大会讨论通过了中国共产党第一个纲领，旗帜鲜明地把实现社会主义，共产主义作为自己的奋斗目标。纲领还规定和说明了组织原则以及共产党与其他政党的关系。上图分别为纲领的中文本和俄文本。

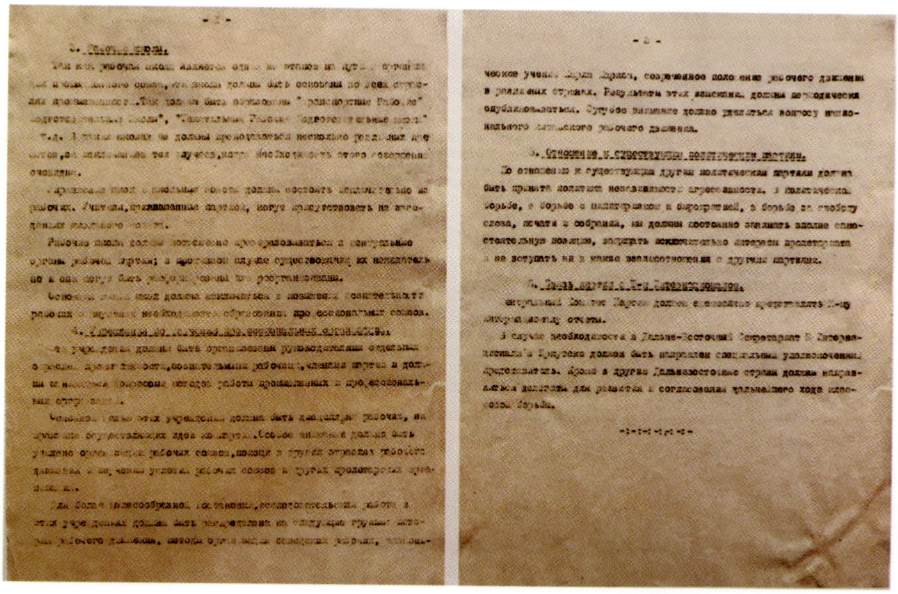

中国共产党第一个决议（俄文本）

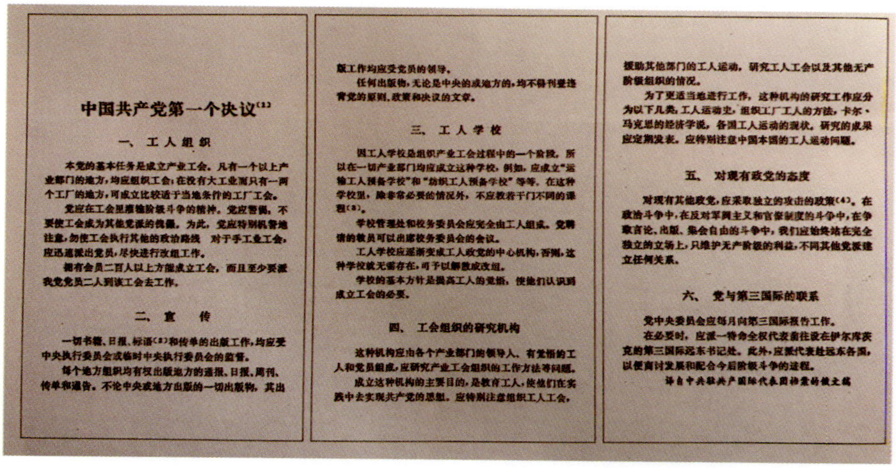

中国共产党第一个决议[1]

一、工人组织

本党的基本任务是成立产业工会。凡有一个以上产业部门的地方，均应组织工会；在没有大工业而只有一两个工厂的地方，可成立比较适于当地条件的工厂工会。

党应在工会里灌输阶级斗争的精神。党应警惕，不要使工会成为其他党派的傀儡。为此，党应特别机警地注意，勿使工会执行其他的政治路线　对于手工业工会，应迅速派出党员，尽快进行改组工作。

拥有会员二百人以上方能成立工会，而且至少要派我党党员二人到该工会去工作。

二、宣　传

一切书籍、日报、标语[2]和传单的出版工作，均应受中央执行委员会或临时中央执行委员会的监督。

每个地方组织均有权出版地方的通报、日报、周刊、传单和通告。不论中央或地方出版的一切出版物，其出版工作均应受党员的领导。

任何出版物，无论是中央的或地方的，均不得刊登违背党的原则、政策和决议的文章。

三、工人学校

因工人学校是组织产业工会过程中的一个阶段，所以在一切产业部门均应成立这种学校，例如，应成立"运输工人预备学校"和"纺织工人预备学校"等等。在这种学校里，除非常必要的情况外，不应教若干门不同的课程[3]。

学校管理处和校务委员会应完全由工人组成。党聘请的教员可以出席校务委员会的会议。

工人学校应逐渐变成工人政党的中心机构，否则，这种学校就无需存在，可予以解散或改组。

学校的基本方针是提高工人的觉悟，使他们认识到成立工会的必要。

四、工会组织的研究机构

这种机构应由各个产业部门的领导人、有觉悟的工人和党员组成，应研究产业工会组织的工作方法等问题。

成立这种机构的主要目的，是教育工人，使他们在实践中去实现共产党的思想。应特别注意组织工人工会，援助其他部门的工人运动，研究工人工会以及其他无产阶级组织的情况。

为了更适当地进行工作，这种机构的研究工作应分为以下几类：工人运动史，组织工厂工人的方法，卡尔·马克思的经济学说，各国工人运动的现状。研究的成果应定期发表。应特别注意中国本国的工人运动问题。

五、对现有政党的态度

对现有其他政党，应采取独立的攻击的政策[4]。在政治斗争中，在反对军阀主义和官僚制度的斗争中，在争取言论、出版、集会自由的斗争中，我们应始终站在完全独立的立场上，只维护无产阶级的利益，不同其他党派建立任何关系。

六、党与第三国际的联系

党中央委员会应每月向第三国际报告工作。

在必要时，应派一特命全权代表前往设在伊尔库茨克的第三国际远东书记处。此外，应派代表驻远东各国，以便商讨发展和配合今后阶级斗争的进程。

译自中央驻共产国际代表团档案的俄文稿

中国共产党第一个决议（中译本）

中国共产党第一次全国代表大会讨论通过了中国共产党第一个决议，规定了党在当前实际工作中的主要任务，并提出了开展工作的原则、方法和要求。上图分别为决议的俄文本和中文本。

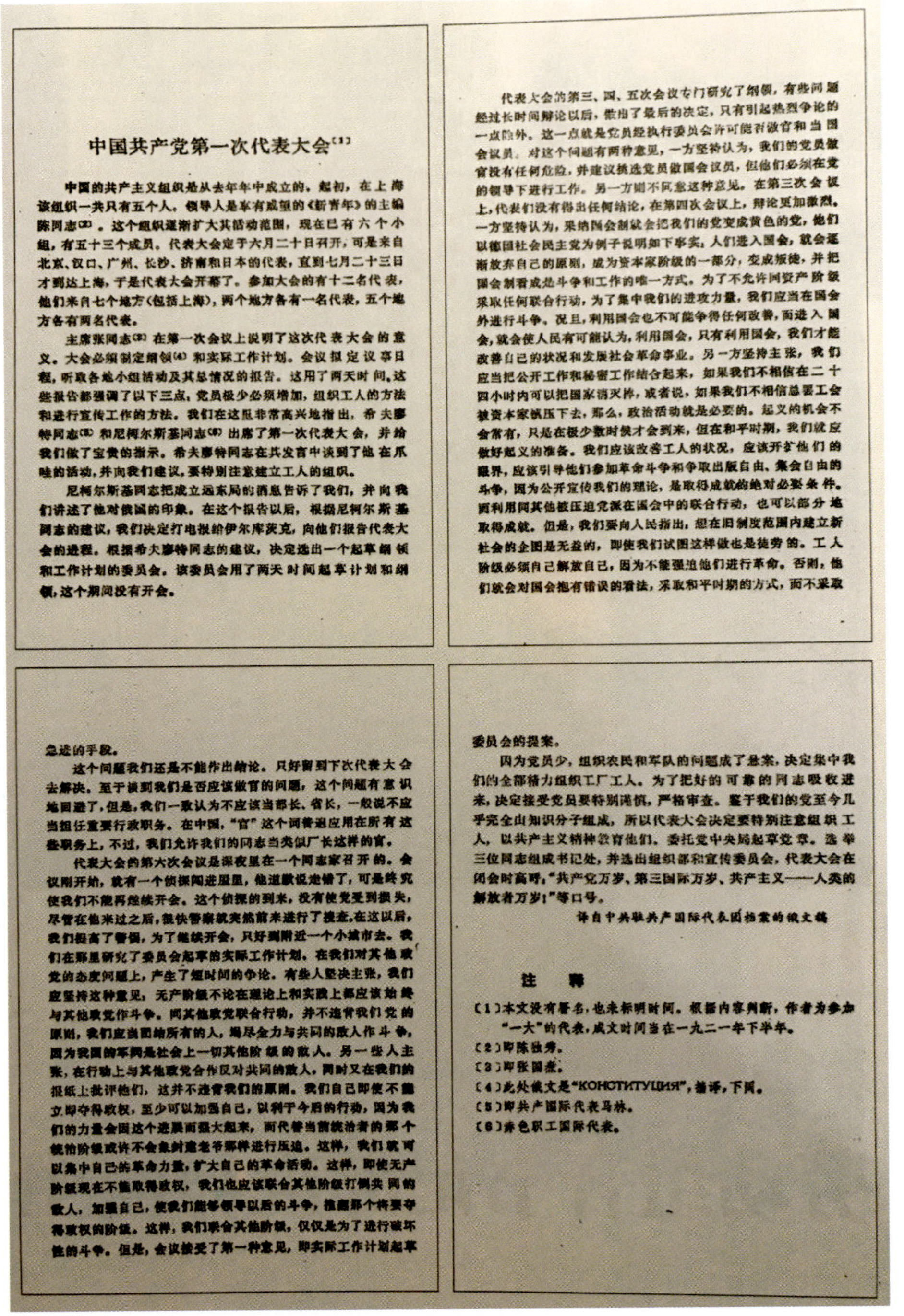

中国共产党第一次代表大会[1]

中国的共产主义组织是从去年年中成立的。起初，在上海该组织一共只有五个人。领导人是享有威望的《新青年》的主编陈同志[2]。这个组织逐渐扩大其活动范围，现在已有六个小组，有五十三个成员。代表大会定于六月二十日召开，可是来自北京、汉口、广州、长沙、济南和日本的代表，直到七月二十三日才到达上海，于是代表大会开幕了。参加大会的有十二名代表，他们来自七个地方（包括上海），两个地方各有一名代表，五个地方各有两名代表。

主席张同志[3]在第一次会议上说明了这次代表大会的意义。大会必须制定纲领[4]和实际工作计划。会议拟定议事日程，听取各地小组活动及其总情况的报告。这用了两天时间。这些报告都强调了以下三点，党员极少必须增加，组织工人的方法和进行宣传工作的方法。我们在这里非常高兴地指出，希夫廖特同志[5]和尼柯尔斯基同志[6]出席了第一次代表大会，并给我们做了宝贵的指示。希夫廖特同志在其发言中谈到了他在爪哇的活动，并向我们建议，要特别注意建立工人的组织。

尼柯尔斯基同志把成立远东局的消息告诉了我们，并向我们讲述了他对俄国的印象。在这个报告以后，根据尼柯尔斯基同志的建议，我们决定打电报给伊尔库茨克，向他们报告代表大会的进程。根据希夫廖特同志的建议，决定选出一个起草纲领和工作计划的委员会。该委员会用了两天时间起草计划和纲领，这个期间没有开会。

代表大会的第三、四、五次会议专门研究了纲领，有些问题经过长时间辩论以后，做出了最后的决定，只有引起热烈争论的一点除外。这一点就是党员经执行委员会许可能否做官和当国会议员。对这个问题有两种意见，一方坚持认为，我们的党员做官没有任何危险，并建议挑选党员做国会议员，但他们必须在党的领导下进行工作。另一方则不同意这种意见。在第三次会议上，代表们没有得出任何结论，在第四次会议上，辩论更加激烈。一方坚持认为，采纳国会制就会把我们的党变成黄色的党，他们以德国社会民主党为例子说明如下事实，人们进入国会，就会逐渐放弃自己的原则，成为资本家阶级的一部分，变成叛徒，并把国会制看成是斗争和工作的唯一方式。为了不允许同资产阶级采取任何联合行动，为了集中我们的进攻力量，我们应当在国会外进行斗争。况且，利用国会也不可能争得任何改善，而进入国会，就会使人民有可能认为，利用国会，只有利用国会，我们才能改善自己的状况和发展社会革命事业。另一方坚持主张，我们应当把公开工作和秘密工作结合起来，如果我们不相信在二十四小时内可以把国家消灭掉，或者说，如果我们不相信总罢工会被资本家镇压下去，那么，政治活动就是必要的。起义的机会不会常有，只是在极少数时候才会到来，但在和平时期，我们就应做好起义的准备。我们应该改善工人的状况，应该开扩他们的眼界，应该引导他们参加革命斗争和争取出版自由、集会自由的斗争，因为公开宣传我们的理论，是取得成就的绝对必要条件。而利用同其他被压迫党派在国会中的联合行动，也可以部分地取得成就。但是，我们要向人民指出，想在旧制度范围内建立新社会的企图是无益的，即使我们试图这样做也是徒劳的。工人阶级必须自己解放自己，因为不能强迫他们进行革命。否则，他们就会对国会抱有错误的看法，采取和平时期的方式，而不采取急进的手段。

这个问题我们还是不能作出结论。只好留到下次代表大会去解决。至于谈到我们是否应该做官的问题，这个问题有意识地回避了，但是，我们一致认为不应该当部长、省长，一般说不应当担任重要行政职务。在中国，“官”这个词普遍应用在所有这些职务上，不过，我们允许我们的同志当类似厂长这样的官。

代表大会的第六次会议是深夜里在一个同志家召开的。会议刚开始，就有一个侦探闯进屋里，他道歉说走错了，可是终究使我们不能再继续开会。这个侦探的到来，没有使党受到损失，尽管在他来过之后，很快警察就突然前来进行了搜查。在这以后，我们提高了警惕，为了继续开会，只好到附近一个小城市去。我们在那里研究了委员会起草的实际工作计划。在我们对其他政党的态度问题上，产生了短时间的争论。有些人坚决主张，我们应坚持这种意见，无产阶级不论在理论上和实践上都应该始终与其他政党作斗争。同其他政党联合行动，并不违背我们党的原则，我们应当团结所有的人，竭尽全力与共同的敌人作斗争，因为我国的军阀是社会上一切其他阶级的敌人。另一些人主张，在行动上与其他政党合作反对共同的敌人，同时又在我们的报纸上批评他们，这并不违背我们的原则。我们自己即使不能立即夺得政权，至少可以加强自己，以利于今后的行动，因为我们的力量会因这个进展而强大起来，而代替当前统治者的那个统治阶级或许不会象封建老爷那样进行压迫。这样，我们就可以集中自己的革命力量，扩大自己的革命活动。这样，即使无产阶级现在不能取得政权，我们也应该联合其他阶级打倒共同的敌人，加强自己，使我们能够领导以后的斗争，推翻那个将要夺得政权的阶级。这样，我们联合其他阶级，仅仅是为了进行破坏性的斗争。但是，会议接受了第一种意见，即实际工作计划起草委员会的提案。

因为党员少，组织农民和军队的问题成了悬案，决定集中我们的全部精力组织工厂工人。为了把好的可靠的同志吸收进来，决定接受党员要特别谨慎，严格审查。鉴于我们的党至今几乎完全由知识分子组成，所以代表大会决定要特别注意组织工人，以共产主义精神教育他们。委托党中央局起草党章。选举三位同志组成书记处，并选出组织部和宣传委员会，代表大会在闭会时高呼：“共产党万岁、第三国际万岁、共产主义——人类的解放者万岁！”等口号。

译自中共驻共产国际代表团档案的俄文稿

注　释

〔1〕本文没有署名，也未标明时间。根据内容判断，作者为参加“一大”的代表，成文时间当在一九二一年下半年。

〔2〕即陈独秀。

〔3〕即张国焘。

〔4〕此处俄文是“КОНСТИТУЦИЯ”，音译，下同。

〔5〕即共产国际代表马林。

〔6〕赤色职工国际代表。

《中国共产党第一次全国代表大会》报告（中译本）

上图为1921年下半年，中国共产党给共产国际关于《中国共产党第一次全国代表大会》的报告。

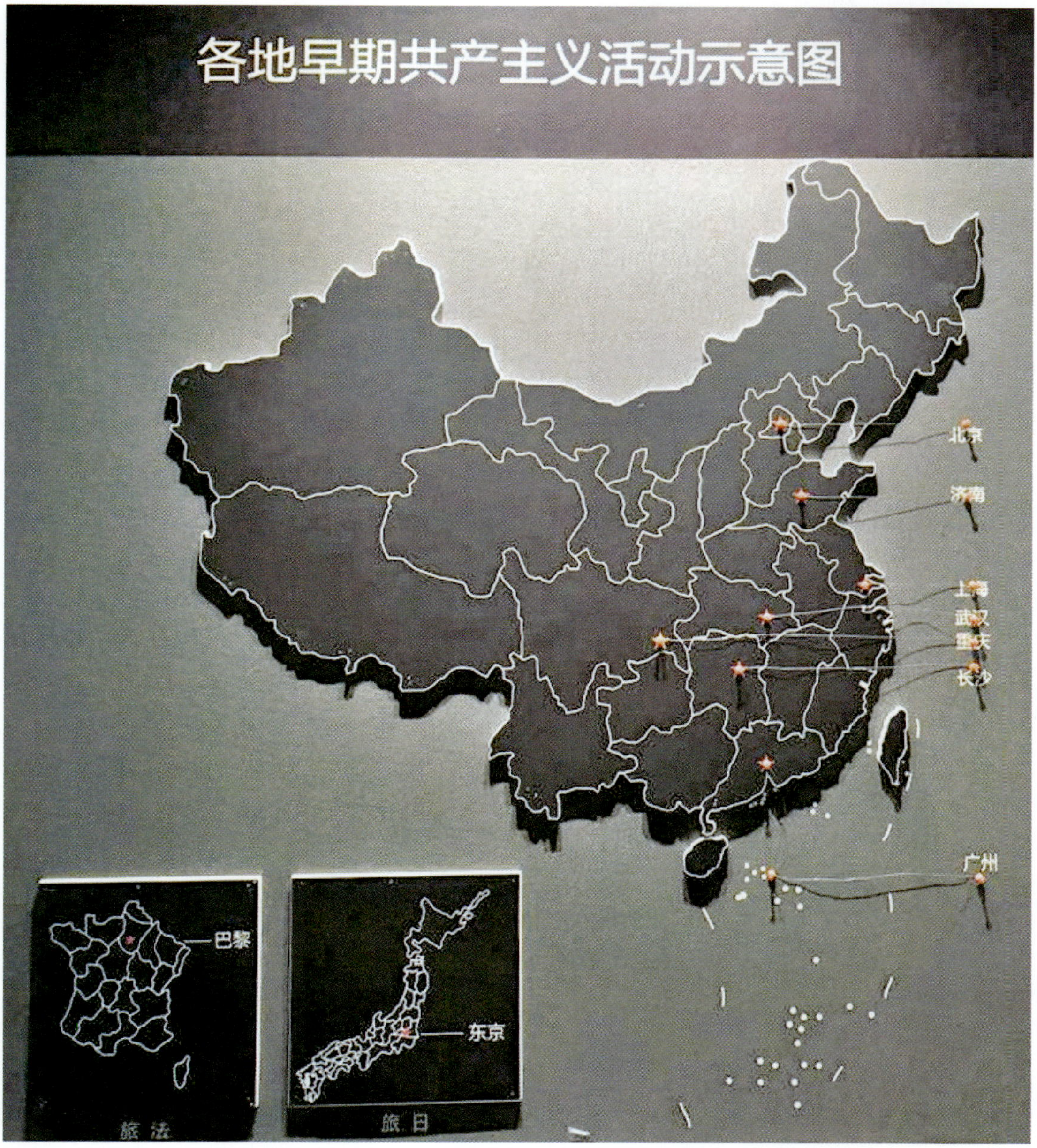

各地早期共产主义活动示意图

邓中夏、黄日葵在重庆讲学时的合影

1921年至1925年，邓中夏（1894–1933）、黄日葵（1898–1930）、恽代英、萧楚女、陈毅、张闻天等革命先驱先后来重庆活动，进一步推动了马克思主义在重庆地区的广泛传播。左图为1921年暑期，北京早期共产主义组织成员邓中夏、黄日葵在重庆讲学时的合影。

恽代英

恽代英（1895—1931），又名蘧轩，字子毅，江苏武进（今常州市武进区）人。1918年武昌中华大学毕业。1920年创办利群书社。1921年10月，恽代英赴重庆讲学，宣传马克思主义。1921年底加入中国共产党。

陈毅（1901—1972），字仲弘，四川乐至人。1919年赴法国勤工俭学。1922年秋加入中国社会主义青年团。1922年至1923年陈毅两赴重庆，任《新蜀报》主笔。右图为陈毅与《新蜀报》社同仁合影（右二为陈毅）。1923年秋陈毅入北京中法大学学习，不久转入中国共产党，并担任中法大学中共支部书记。

陈毅与《新蜀报》社同仁合影

萧楚女与四川省立第二女子师范学校学生合影

萧楚女（1893—1927），湖北汉阳（今武汉市汉阳区）人，原名树烈，字秋。早年参加武昌起义。1920年参加利群书社。1922年加入中国共产党。1922年至1925年，萧楚女在重庆从事革命活动，先后在重庆联中、重庆公学、万县四师、四川省立第二女子师范学校任教，被誉为“青年群众的明星，刻苦忠实的革命家”。

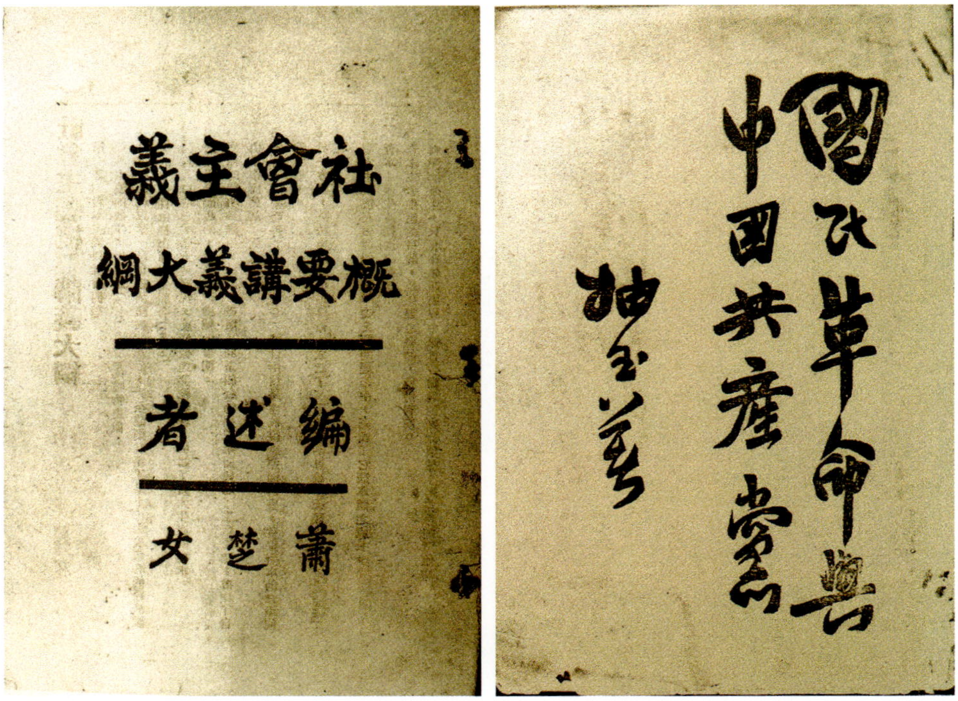

萧楚女所著《社会主义概要讲义大纲》和《国民革命与中国共产党》

张闻天

张闻天（1900—1976），又名洛甫，江苏南汇（今属上海）人。1919年在南京河海工程专门学校求学，投身五四运动，发表《社会问题》一文，不仅谈到了马克思的唯物史观，且在文章最后全文摘录了《共产党宣言》的十条纲领，是马克思主义在中国的早期传播者之一。后参加少年中国学会。1920年留学日本。1922年在美国旧金山任华文《大同日报》编辑。1924年回国任中华书局编辑。1924年张闻天在重庆，宣传革命思想。1925年加入中国共产党。

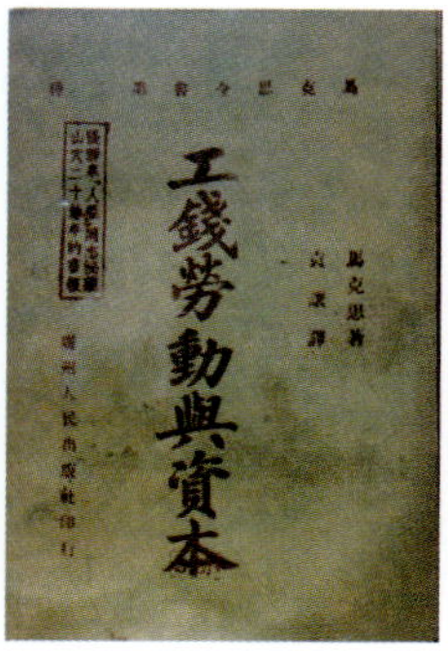

《工钱劳动与资本》

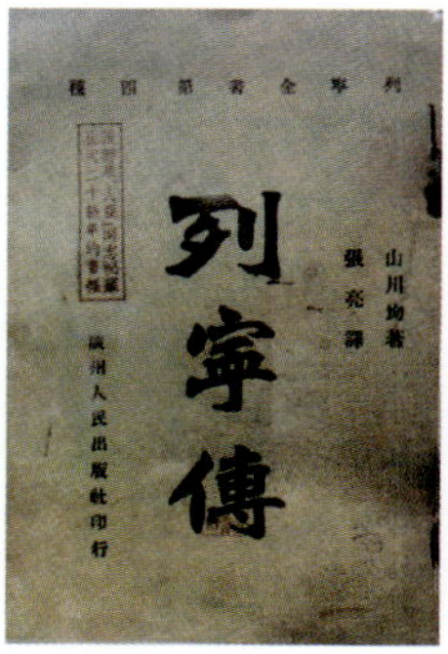

《列宁传》

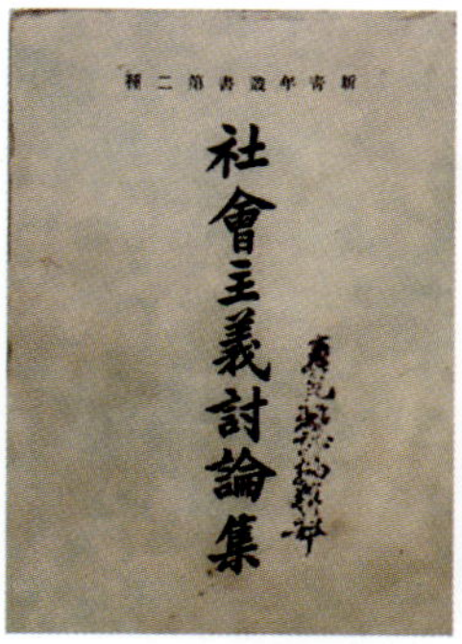

《社会主义讨论集》

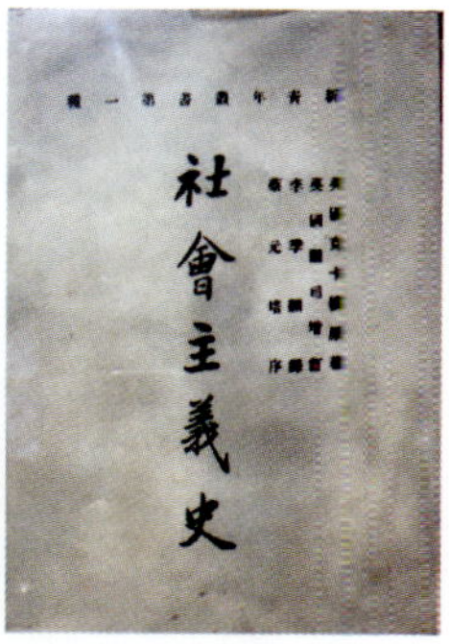

《社会主义史》

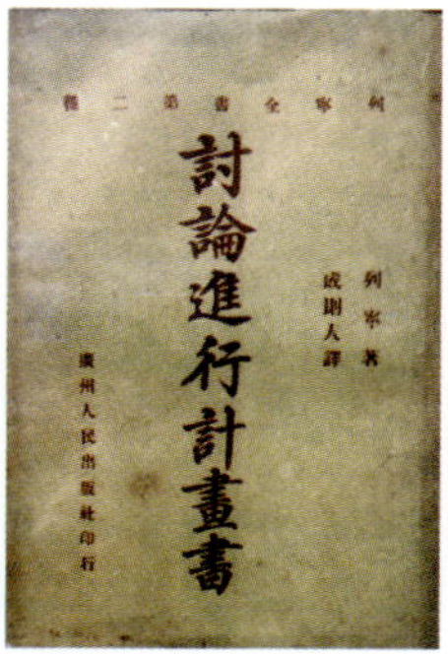

《讨论进行计划书》

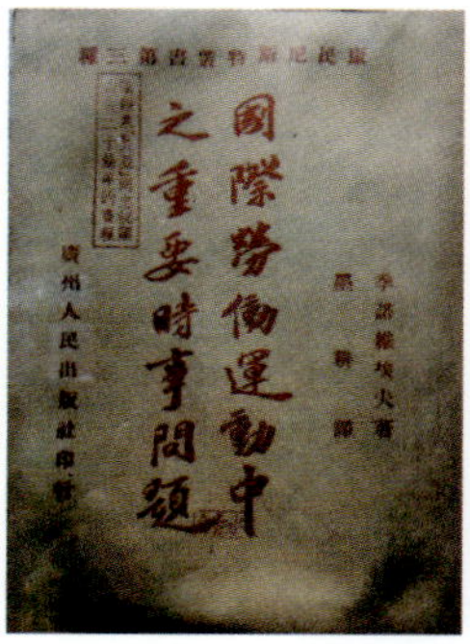

《国际劳动运动中之重要时事问题》

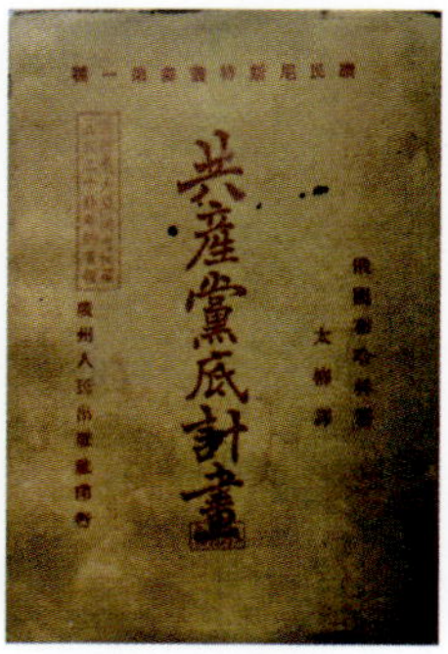

《共产党底计划》

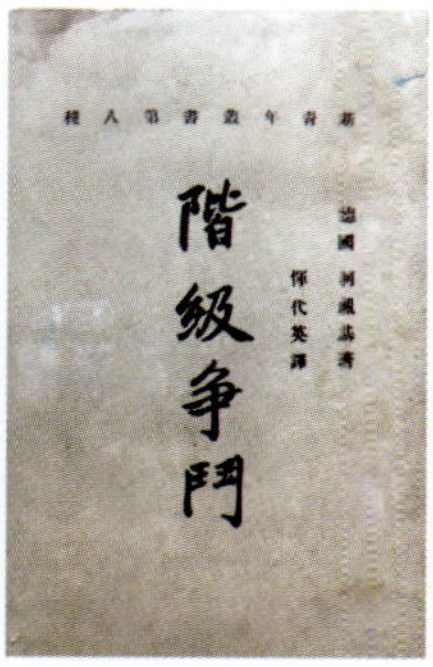

《阶级斗争》

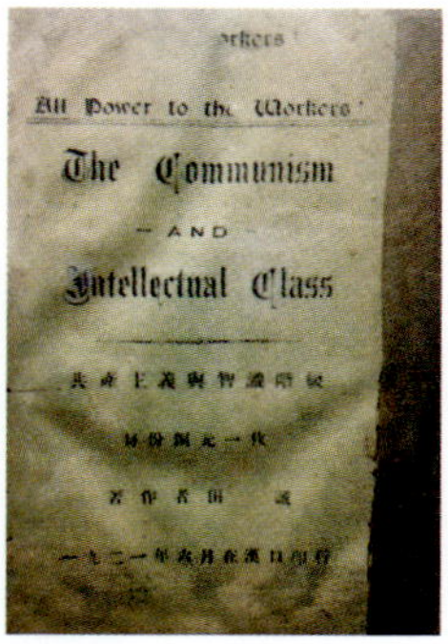

《共产主义与知识阶级》

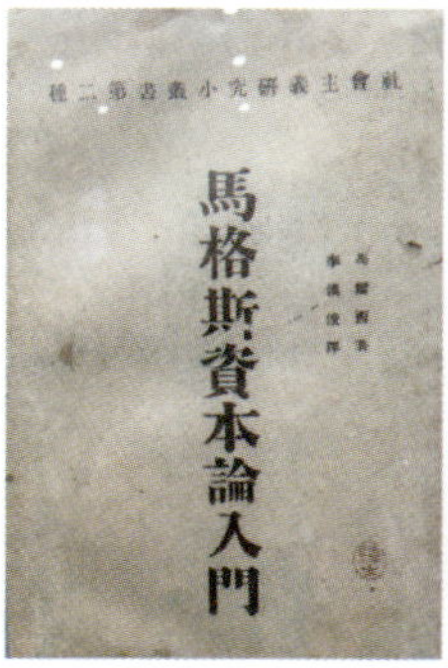

《马克思资本论入门》

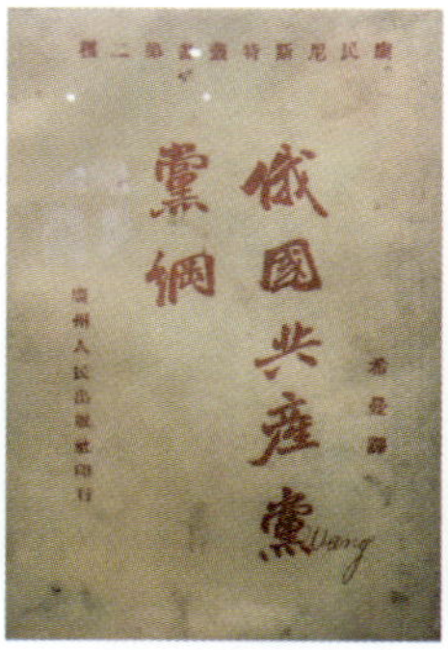

《俄国共产党党纲》

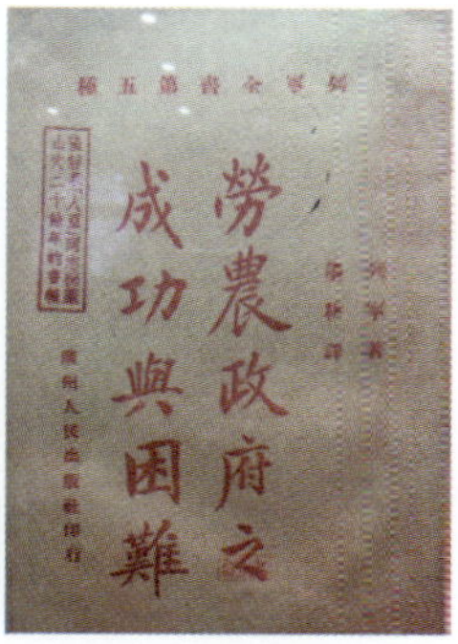

《劳农政府之成功与困难》

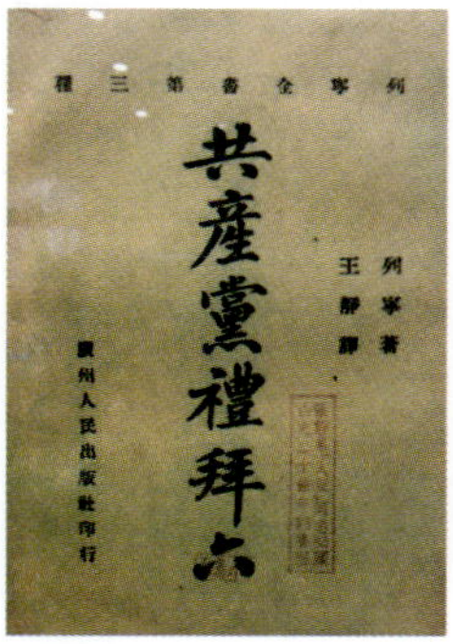

《共产党礼拜六》

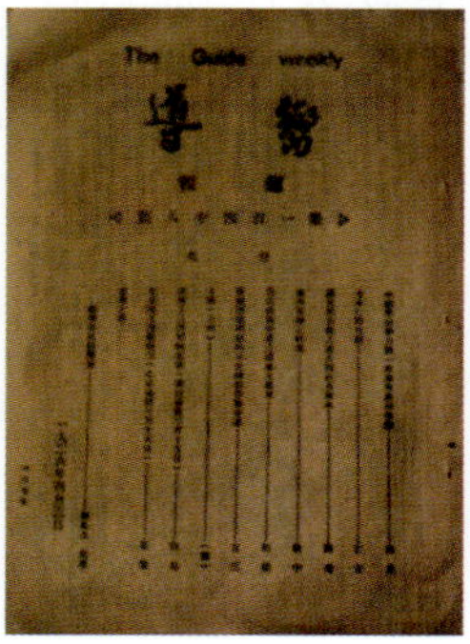

《向导》

《共产主义的ABC》

《马克思主义浅说》

上图分别为宣传马列主义的一系列著作

新蜀报社

中共党员周钦岳、萧楚女等人先后在《新蜀报》任总编辑或主笔，在他们的努力推动下，《新蜀报》成为重庆地区传播新思想新文化的主要舆论阵地。左图为位于重庆城区白象街的新蜀报社。

二、青年先锋

王右木

王右木（1887—1924）原名王丕昌，四川江油人。四川马克思主义运动先驱者、四川党团组织主要创始人之一。早年留学日本，1918年回国，投身五四运动，组织马克思主义读书会，创办《新四川旬刊》《人声》报宣传马克思主义。1922年10月，他发起成立了中国社会主义青年团成都地方团。

《人声》报创刊号

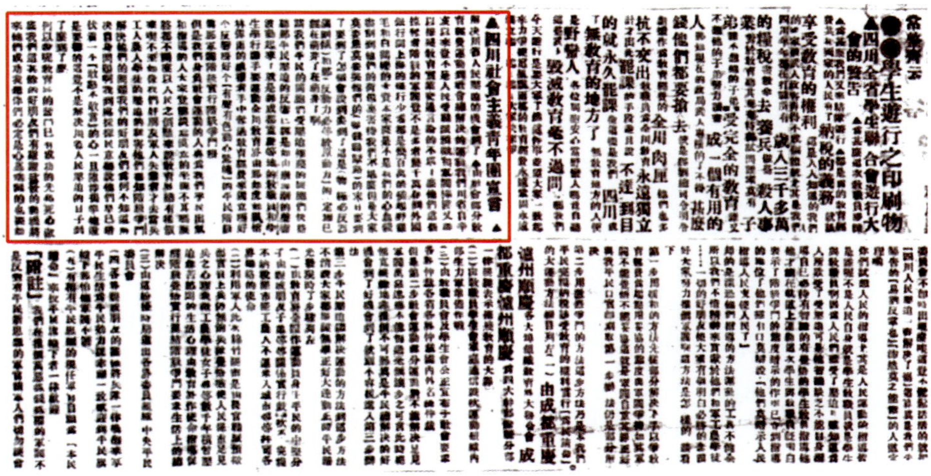

关于《四川社会主义青年团宣言》的报道

1922年《人声》报创刊，由王右木创办。在“本社宣言”一栏里，可以清楚看到王右木开宗明义提出的口号：“直接以马克思的基本要义、解释社会上一切问题。”《人声报》是四川第一份全新的公开系统宣传马克思主义、宣传社会主义运动的革命刊物，在成都培养了一批社会主义革命运动的实践者，唤醒民众的觉醒。1922年10月15日，在王右木的指导下，中国社会主义青年团成都地方团组织成立，童庸生任书记。上图为《人声》报创刊号档案孤本，和关于《四川社会主义青年团宣言》的报道。

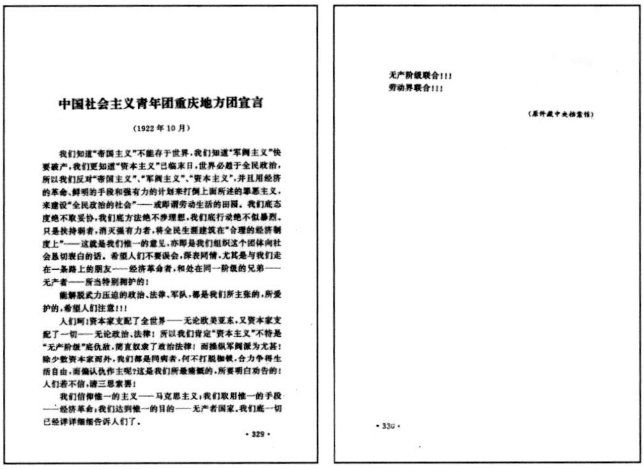

中国社会主义青年团重庆地方团宣言

（1922年10月）

我们知道"帝国主义"不能存于世界，我们知道"军阀主义"快要破产，我们更知道"资本主义"已临末日，世界必趋于全民政治，所以我们反对"帝国主义"、"军阀主义"、"资本主义"，并且用经济的革命、鲜明的手段和强有力的计划来打倒上面所述的罪恶主义，来建设"全民政治的社会"——或即谓劳动生活的田园。我们底态度绝不取妥协，我们底方法绝不涉理想，我们底行动绝不似暴烈。只是扶持弱者，消灭强有力者，将全民生涯建筑在"合理的经济制度上"——这就是我们惟一的意见，亦即是我们组织这个团体向社会恳切表白的话。希望人们不要误会，深表同情，尤其是与我们走在一条路上的朋友——经济革命者，和处在同一阶级的兄弟——无产者——所当特别拥护的！

能解脱武力压迫的政治、法律、军队，都是我们所主张的，所爱护的，希望人们注意！！！

人们呵！资本家支配了全世界——无论欧美亚东，又资本家支配了一切——无论政治、法律！所以我们肯定"资本主义"不特是"无产阶级"底仇敌，简直奴隶了政治法律！而操纵军阀派为尤甚！除少数资本家而外，我们都是同病者，何不打脱枷锁，合力争得生活自由，而偏认仇作主呢？这是我们所最痛慨的，所要明白劝告的！人们若不信，请三思索罢！

我们信仰惟一的主义——马克思主义；我们取用惟一的手段——经济革命；我们达到惟一的目的——无产者国家。我们底一切已经详详细细告诉人们了。

·329·

无产阶级联合！！！
劳动界联合！！！

（原件藏中央档案馆）

·330·

《中国社会主义青年团重庆地方团宣言》①

1922年10月，中国社会主义青年重庆地方团在重庆城区正式成立。随后，团组织逐步扩展到内江、宜宾、涪陵、綦江、南充、万县等地。

上图为1922年10月发表的《中国社会主义青年团重庆地方团宣言》："我们信仰惟一的主义——马克思主义；我们取用惟一的手段——经济革命；我们达到惟一的目的——无产者国家。我们底一切已经详详细细告诉人们了。无产阶级联合！！！劳动界联合！！！"

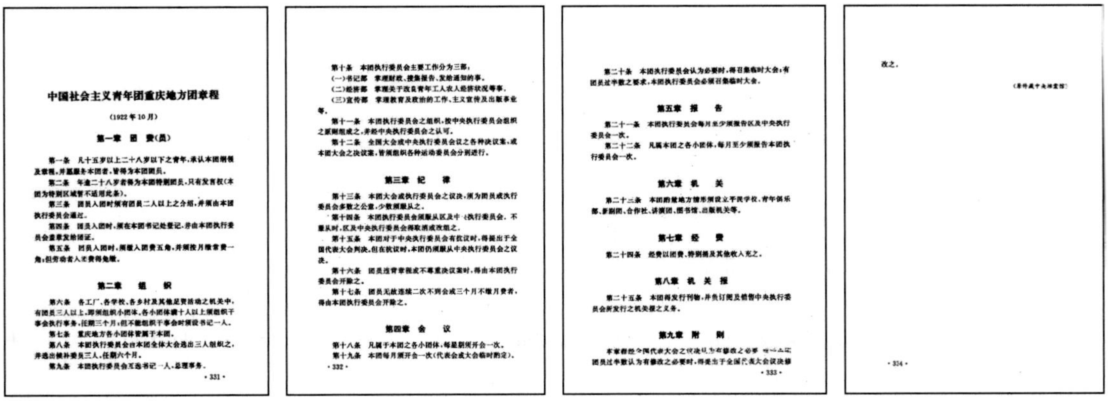

中国社会主义青年团重庆地方团章程

（1922年10月）

第一章　团　费（员）

第一条　凡十五岁以上二十八岁以下之青年，承认本团纲领及章程，并愿服务本团者，皆得为本团团员。

第二条　年逾二十八岁者得为本团特别团员，只有发言权（本团为特别区域暂不适用此条）。

第三条　团员入团时须有团员二人以上之介绍，并须由本团执行委员会通过。

第四条　团员入团时，须在本团书记处登记，并由本团执行委员会盖章发给团证。

第五条　团员入团时，须缴入团费五角，并须按月缴常费一角；但劳动者入团费得免缴。

第二章　组　织

第六条　各工厂、各学校、各乡村及其他足资活动之机关中，有团员三人以上，即须组织小团体。各小团体满十人以上须组织干事会执行事务，任期三个月；但不能组织干事会时须设书记一人。

第七条　重庆地方各小团体皆属于本团。

第八条　本团执行委员会由本团全体大会选出三人组织之，并选出候补委员三人，任期六个月。

第九条　本团执行委员会互选书记一人，总理事务。

·331·

第十条　本团执行委员会主要工作分为三部：

（一）书记部　掌理财政、搜集报告、发给通知的事。

（二）经济部　掌理关于改良青年工人农人经济状况等事。

（三）宣传部　掌理教育及政治的工作、主义宣传及出版事业等。

第十一条　本团执行委员会之组织，按中央执行委员会组织之原则组成之，并经中央执行委员会之认可。

第十二条　全国大会或中央执行委员会议之各种决议案，或本团大会之决议案，皆须组织各种运动委员会分别进行。

第三章　纪　律

第十三条　本团大会或执行委员会之议决，须为团员或执行委员会多数之公意，少数须服从之。

第十四条　本团执行委员会须服从区及中央执行委员会。不服从时，区及中央执行委员会得取消或改组之。

第十五条　本团对于中央执行委员会有抗议时，得提出于全国代表大会判决。但在抗议时，本团仍须服从中央执行委员会之议决。

第十六条　团员违背章程或不尊重决议案时，得由本团执行委员会开除之。

第十七条　团员无故连续二次不到会或三个月不缴月费者，得由本团执行委员会开除之。

第四章　会　议

第十八条　凡属于本团之各小团体，每星期须开会一次。

第十九条　本团每月须开会一次（代表会或大会临时酌定）。

·332·

第二十条　本团执行委员会认为必要时，得召集临时大会；有团员过半数之要求，本团执行委员会必须召集临时大会。

第五章　报　告

第二十一条　本团执行委员会每月至少须报告区及中央执行委员会一次。

第二十二条　凡属本团之各小团体，每月至少须报告本团执行委员会一次。

第六章　机　关

第二十三条　本团酌量地方情形须设立平民学校、青年俱乐部、新剧团、合作社、讲演团、图书馆、出版机关等。

第七章　经　费

第二十四条　经费以团费、特别捐及其他收入充之。

第八章　机　关　报

第二十五条　本团得发行刊物，并负订阅及销售中央执行委员会所发行之机关报之义务。

第九章　附　则

本章程经全国代表大会之议决认为有修改之必要 [illegible] 团员过半数认为有修改之必要时，得提出于全国代表大会议决修

·333·

改之。

（原件藏中央档案馆）

·334·

《中国社会主义青年团重庆地方团章程》②

①《中国社会主义青年团重庆地方团宣言》，中央档案馆、四川省档案馆编：《四川革命历史文件汇集（群团文件）》1922年—1925年，（馆存本），四川省雅安地区印刷厂，1986年，第29页。

②《中国社会主义青年团重庆地方团章程》，中央档案馆、四川省档案馆编：《四川革命历史文件汇集（群团文件）》1922年—1925年，（馆存本），四川省雅安地区印刷厂，1986年，第30页。

周钦岳

周钦岳（1899—1984），重庆巴县人。1919年10月留法勤工俭学，1922年任《新蜀报》主笔、总编辑，宣传马克思主义。是重庆社会主义青年团首任书记，主要发起者之一。

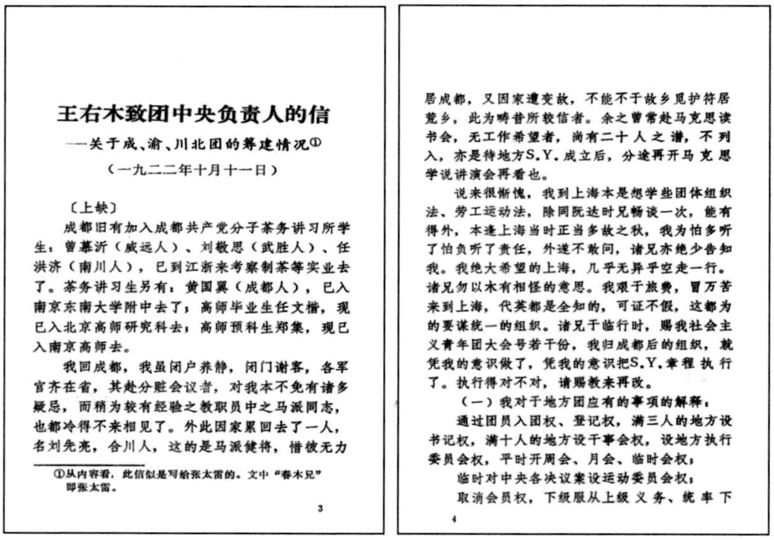

王右木致团中央负责人的信

——关于成、渝、川北团的筹建情况①

（一九二二年十月十一日）

〔上缺〕

成都旧有加入成都共产党分子茶务讲习所学生：曾慕沂（威远人）、刘敬恩（武胜人）、任洪济（南川人），已到江浙来考察制茶等实业去了。茶务讲习生另有：黄国翼（成都人），已入南京东南大学附中去了；高师毕业生任文楷，现已入北京高师研究科去；高师预科生郑集，现已入南京高师去。

我回成都，我虽闭户养静，闭门谢客，各军官齐在省，其赴分赃会议者，对我本不免有诸多疑忌，而稍为较有经验之教职员中之马派同志，也都冷得不来相见了。外此因家累回去了一人，名刘先亮，合川人，这的是马派健将，惜彼无力

①从内容看，此信似是写给张太雷的。文中“春木兄”即张太雷。

3

居成都，又因家遭变故，不能不于故乡见护符居荒乡，此为畴昔所较信者。余之曾常赴马克思读书会，无工作希望者，尚有二十人之谱，不列入，亦是待地方S.Y.成立后，分途再开马克思学说讲演会再看也。

说来很惭愧，我到上海本是想学些团体组织法、劳工运动法，除同阮达时兄畅谈一次，能有得外，本逢上海当时正当多故之秋，我为怕多听了怕负听了责任，外遂不敢问，诸兄亦绝少告知我。我绝大希望的上海，几乎无异乎空走一行。诸兄勿以木有相怪的意思。我艰于旅费，冒万苦来到上海，代英都是全知的，可证不假，这都为的要谋统一的组织。诸兄于临行时，赐我社会主义青年团大会号若干份，我归成都后的组织，就凭我的意识做了，凭我的意识把S.Y.章程执行了。执行得对不对，请赐教来再改。

（一）我对于地方团应有的事项的解释：

通过团员入团权、登记权，满三人的地方设书记权，满十人的地方设干事会权，设地方执行委员会权，平时开周会、月会、临时会权；

临时对中央各决议案设运动委员会权；

取消会员权，下级服从上级义务、统率下

4

《王右木致团中央负责人的信——关于成、渝、川北团的筹建情况》

1922年10月11日，王右木致团中央负责人的信，内容主要是关于成、渝、川北团的筹建情况。①

①《王右木致团中央负责人的信——关于团重庆执委的成立情况》，中央档案馆、四川省档案馆编：《四川革命历史文件汇集（群团文件）》1922年—1925年，（馆存本），四川省雅安地区印刷厂，1986年，第3页。

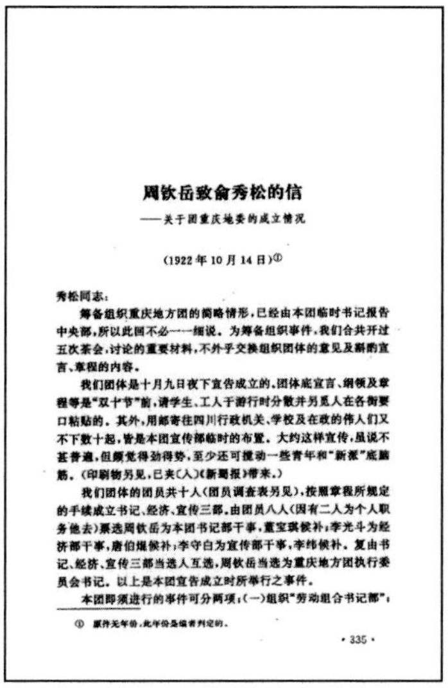
周钦岳致俞秀松的信

——关于团重庆地委的成立情况

(1922年10月14日)①

秀松同志：

筹备组织重庆地方团的简略情形，已经由本团临时书记报告中央部，所以此回不必一一细说。为筹备组织事件，我们合共开过五次茶会，讨论的重要材料，不外乎交换组织团体的意见及斟酌宣言、章程的内容。

我们团体是十月九日夜下宣告成立的。团体底宣言、纲领及章程等是"双十节"前，请学生、工人于游行时分散并另觅人在各街要口粘贴的。其外，用邮寄往四川行政机关、学校及在政的伟人们又不下数十起，皆是本团宣传部临时的布置。大约这样宣传，虽说不甚普遍，但颇觉得劲得势，至少还可撞动一些青年和"新派"底脑筋。(印刷物另见，已夹〔入〕《新蜀报》带来。)

我们团体的团员共十人(团员调查表另见)，按照章程所规定的手续成立书记、经济、宣传三部。由团员八人(因有二人为个人职务他去)票选周钦岳为本团书记部干事，董宝琪候补；李光斗为经济部干事，唐伯焜候补；李守白为宣传部干事，李纬候补。复由书记、经济、宣传三部当选人互选，周钦岳当选为重庆地方团执行委员会书记。以上是本团宣告成立时所举行之事件。

本团即须进行的事件可分两项：(一)组织"劳动组合书记部"；

① 原件无年份，此年份是编者判定的。

·335·

《周钦岳致俞秀松的信——关于团重庆执委的成立情况》①

1922年10月14日，周钦岳致俞秀松的信，内容主要是关于团重庆地委的成立情况。

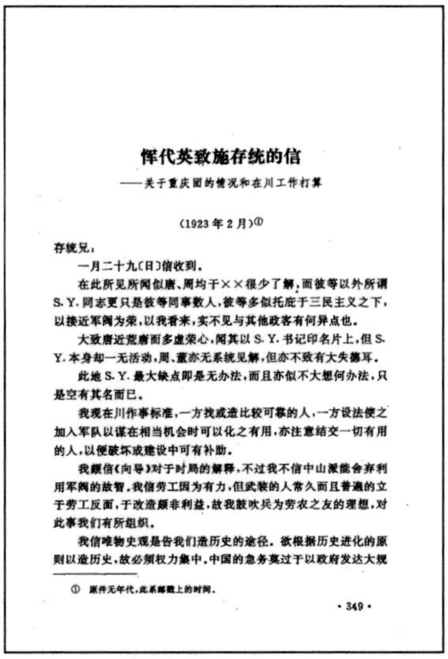
恽代英致施存统的信

——关于重庆团的情况和在川工作打算

(1923年2月)①

存统兄：

一月二十九〔日〕信收到。

在此所见所闻似唐、周均于××很少了解，而彼等以外所谓S.Y.同志更只是彼等同事数人，彼等多似托庇于三民主义之下，以接近军阀为荣，以我看来，实不见与其他政客有何异点也。

大致唐近荒唐而多虚荣心，闻其以S.Y.书记印名片上，但S.Y.本身却一无活动，周、董亦无系统见解，但亦不致有大失德耳。

此地S.Y.最大缺点即是无办法，而且亦似不大想何办法，只是空有其名而已。

我现在川作事标准，一方找或造比较可靠的人，一方设法使之加入军队以谋在相当机会时可以化之有用，亦注意结交一切有用的人，以便破坏或建设中可有补助。

我颇信《向导》对于时局的解释，不过我不信中山派能舍弃利用军阀的故智。我信劳工因为有力，但武装的人常久而且普遍的立于劳工反面，于改造颇非利益，故我鼓吹兵为劳农之友的理想，对此事我们有所组织。

我信唯物史观是告我们造历史的途径。欲根据历史进化的原则以造历史，故必须权力集中。中国的急务莫过于以政府发达大规

① 原件无年代，此系邮戳上的时间。

·349·

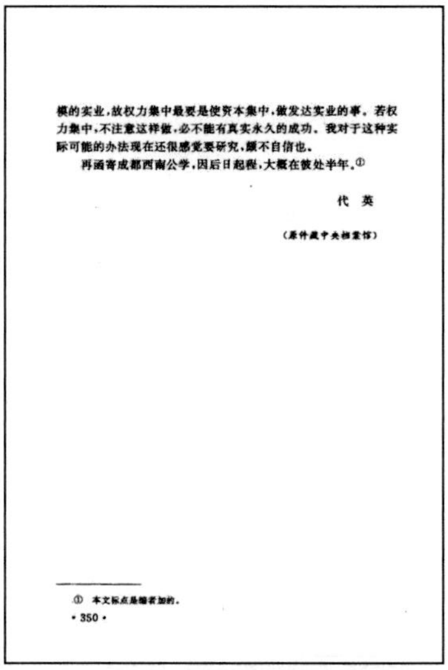
模的实业，故权力集中最要是使资本集中，做发达实业的事。若权力集中，不注意这样做，必不能有真实永久的成功。我对于这种实际可能的办法现在还很感觉要研究，颇不自信也。

再函寄成都西南公学，因后日起程，大概在彼处半年。①

代　英

(原件藏中央档案馆)

① 本文标点是编者加的。

·350·

《恽代英致施存统的信——关于重庆团的情况和在川工作打算》②

1923年2月，恽代英致施存统的信，内容主要是关于重庆团的情况和在川工作打算。

①《周钦岳致俞秀松的信——关于团重庆地委的成立情况》，中央档案馆、四川省档案馆编：《四川革命历史文件汇集(群团文件)》1922年-1925年，(馆存本)，四川省雅安地区印刷厂，1986年，第24页。

②《恽代英致施存统的信——关于重庆团的情况和在川工作打算》，中央档案馆、四川省档案馆编：《四川革命历史文件汇集(群团文件)》1922年-1925年，(馆存本)，四川省雅安地区印刷厂，1986年，第57页。

王右木与《人声》报同仁及马克思主义读书会部分成员合影

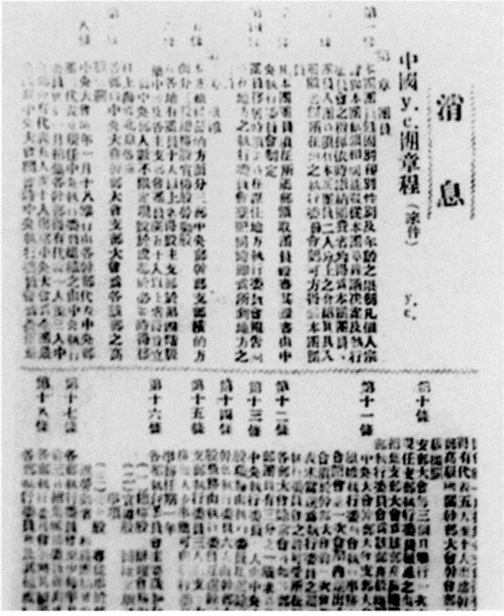

消息

中國y.c.團章程（續件）

y.c.

第十條

第十一條

第十二條

第十三條

第十四條

第十五條

第十六條

第十七條

第十八條

《中国YC团（中国青年共产党）章程》

THE SINCERE HEART

赤心評論

週刊

第二期

為聯合戰線

論

中国YC团（中国青年共产党）机关刊物《赤心评论》

1924年1月，杨闇公和吴玉章等人在四川成都娘娘庙24号杨闇公寓所成立了中国YC团（中国青年共产党），作为领导革命斗争的机构，发行《赤心评论》作为机关报。上图为中国YC团（中国青年共产党）章程和中国YC团（中国青年共产党）机关刊物《赤心评论》。

国际资本帝国主义对于中国的侵略

——杨闇公在成都追悼列宁大会上的演讲

（1924年5月1日）

创造俄罗斯苏维埃联邦社会主义共和国的列宁，于一月二十一日逝世。世界人类得此噩耗，莫不痛悼。这是什么原因呢？不是因为列宁是实行经济革命世界革命成功者第一人吗？换句话说，就是因为列宁是为我们人类推倒资本主义帝国主义的急先锋。我们人类现尚憔悴呻吟于资本主义帝国主义压迫之下，急盼解放倒悬。忽然失此救星，安得不为之痛哭？

资本帝国主义为什么应该推倒呢？因为他是吸收人类血汗的毒蛇，侵略弱小民族的猛兽。他的方法极阴险猾诈，很不容易看得出来，尤其是我们僻陋的四川，更不容易感觉。

现在我们想把国际资本、帝国主义，尤其是英美帝国主义对于中国的侵略事实，大略举点出来作一个证据。论到现在世界的列强除苏俄外，都是行的资本的帝国主义，其侵略手段的利害都是一样的，当然不只是英美两国才这样狠毒。现在单说这两国，也是举一反三的意思。况且资本帝国主义的侵略，是因为他本国的产业发达到了一定程度以上，资本丰富了的结果，遂生出投资海外的要求；出产丰富的结果，遂生出售货海外的要求；于是列强同时发展，遂争夺殖民地，争夺新市场；资本主义的帝国主义化，遂变成侵略的资本主义、好战的资本帝国主义。

·241·

欧洲大战的原因，实英德产业发达，竞争殖民地，竞争市场的结果。欧战的时候，美国得了无限的好处，现在遂代替德国兴起来。他原来是资本主义最盛的国家，得此暴利，就成了债权国的债权国。所以现在国际帝国主义侵略中国的舞台，要看英美两国正脚的戏了。

英国自鸦片战争以后，割据香港，强迫开通商口岸，租借威海卫，划定长江流域两广等省为其势力范围，握我海关权盐税权，其侵略中国之势力，久已为国人所共悉。

至于美国，是最近三十年其商业资本大膨胀，始有要求海外市场之需要。又鉴于武力侵略，功辄引起国民的抗争，而促民族的觉悟，其国是又标榜的门罗主义，于是就换一付温和手段，愚弄中国人民。当各国瓜分中国之说盛行时，他倡保全领土开放门户之说来抵制，中国得以苟延残喘。各国正追偿赔款之际，他退还庚子赔款，兴办学校，革新中国文化，遂使中国人民感激美国，恩同再造。而不知他文化侵略的狠毒，甚于各国。现在一般国民，吃了他的麻醉剂，一时尚难觉醒。我们不能不大声疾呼，惊此迷梦。

欧战之后，世界资本主义经过一次大危机。世界市场缩小，生产事业破坏，革命潮流，到处泛滥。只剩得中国还是一个好市场。各参战国中，欧洲只有英国受伤较小，然而已经负债不少，失业工人有加无已，经济力已显薄弱。至于日本美国都坐收渔人之利。于是美国以世界第一的资本国家，财政资本发达至于沸点。全世界都是他的债务国。他要恢复欧洲经济，欧洲又太残破，况且绝不能像中国这样容易欺侮，所以只得注全力于东亚，以来复兴全世界的资本主义。

日本资本主义本来幼稚，是个暴发户，外强中干。欧战的时候，偏又在中国占了些便宜，国内经济力暴涨，生活程度加高，极力想猛力侵略中国。趁欧战期间，穷形尽相的垄断全中国，遂急急提出所谓二十一条，此后继续向中央投资，也是急于见效，专做政治的

·242·

投机，安福借款等公然收买中国政府。凡此一切更显而易见其侵略之阴谋，足以为中国民族运动最明显的标目。他既以强力夺取山东而未成，随后又被英美派的武人赶出中央政府。他剑拔弩张的举动，往往极易授列强以口实，尤其是美国宣传的资料，藉以引起中国仇日亲美之心。日本现虽极力从事于文化侵略一方面，但步人后尘，仍不得中国人的好感。

所以只有美国特别利害。他在战后一跃而为世界第一工业国，本有魄力极伟大的财政资本，他投资的最终目标，是在经营工业于中国境内，运用财政资本于生产。如新银行团的大计划，就是近采取原料，使用廉价的工力，决不带着美国有工会的工人来。如美国财团与中国周自齐、王正廷、张謇等组织的大公司，特订契约“用中国工人”。他现在所输入中国的货物因成本大不宜于中国人的购买力，或者所运都是大工业生产（机器、火车、铁轨）等的附件及奢侈品，凡此一切都与中国现实小小的商业资产阶级利益冲突不甚显著。而又能收买汇集中国的官僚资本。他代英国而起握世界金融的总枢纽，即使不立刻取得中国政府的财政权，也已经能置全中国商业资本于股掌之上，很可以从容不迫看风色放稳债。他的财政资本力能把持全国，他不得不要外债统一，关税整理，掌握财政实权，不屑轻于冒险，况且他因此必须打破势力范围，辄制军阀就范。俾得和平发展，放统一后方借债的谣言，倡点名即裁兵的论调。凡此一切都是暗昧不明的政策，欺罔中国平民，诱惑大资产阶级的假民主运动。他能有这么大的度量放弃庚子赔款，无意中造成亲美派留学生的政治势力。遍地设立教会学校，办他那假猩猩的慈善事业，不但现时他能控制中央政府，做侵略中国的事业，而且还能改造中国人的心肝，贿买整个儿的阶级，预备作他将来的代理统治者。他能有很大很多的机关报。洋大人的舆论，每每足以影响中国日常的政治生活。凡此一切都大足以威临中国的人心，挟制日本，卸罪于日本，诬蔑赤俄，减杀中国真民主派的势力。

·243·

英国近来地渐渐觉得文化侵略的必要，遂同美国竞争。英美帝国主义强盛之趋势，较之日本帝国主义可怕万倍。

文化侵略，可谓帝国主义最新的形式，比军事的侵略还狠毒得多。譬如华盛顿会议，在美国帝国主义和英国帝国主义的对华政策上说，真是一种惊人的大成功。他的效力不仅等于万斛麻醉剂，麻醉得中国人民神智昏昏。他的效力不仅打破日本独霸远东的雄图，而代以英美共霸远东的诡计。他的效力尤在利用中国人民的昏瞶，给中国立根一种共同宰制，共同管理的根本大法，使他们以后的侵略，皆有所根据而成为法律化。

由华盛顿会议到现在，为时不为不久，中国得到什么好处，中国国际地位有什么变迁呢？当英美帝国主义者在华盛顿会议发出增加关税，退回租借地，考查撤销治外法权的国惠时，中国幼稚无识的资产阶级，何等的讴歌，何等的感戴。然而事实怎么样呢？直到现在，不仅旅大退回无望，而威海卫反有永远被鲸吞之势，不仅考查撤废治外法权为欺人的鬼话，即二五附加税也要千方百计拖延打消。至于国际地位，不仅没有丝毫增进，而其危殆奴化之日趋严重，尤足令人太息痛恨。

以常理论，中国国民受了这样可耻的欺骗，似应翻然觉悟，而发挥排斥外国帝国主义的民族精神，然而事实不然，他们不仅没有这种觉悟，没有这种精神，反而因此增加崇拜外力，迷信英美的程度。他们只知道把华会决议不能实现的原因归罪于军阀，而不知中国军阀，实完全依仗外力而存在，更不知华会决议是灭亡中国的陷阱。

然而中国人民这样的昏瞶，决不是偶然的事体。在十三年以前的半世纪中，中国人民实富有爱国的精神和排外的思想，每次外交问题发生都足以激起国人的注目与呼号。对于外国人（尤其是对于英美国）用武力与流血手段强迫中国人吃洋烟、信洋教，买洋货等无礼残暴的欺凌，莫不泣血饮恨而思报复于万一。彼时中国人之视

·244·

《国际资本帝国主义对中国的侵略——杨闇公在成都追悼列宁大会上的演讲》①

上图为1924年5月1日，杨闇公在成都追悼列宁大会上演讲的《国际资本帝国主义对中国的侵略》。

---

①杨闇公：《国际资本帝国主义对中国的侵略》，1924年5月，转引自周勇主编：《杨闇公纪念集》，重庆出版社1993年版，第241页。

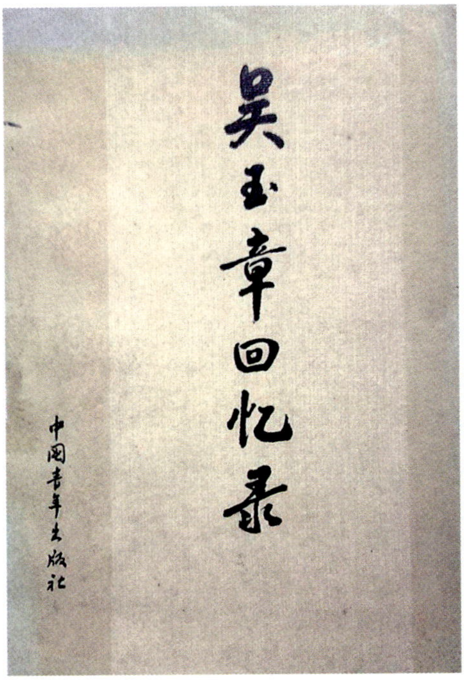

《吴玉章回忆录》

1925年初，中国青年共产党成员以个人名义加入中国共产党，该组织后来解散。中国青年共产党的解散和成员以个人名义加入中国共产党表明，建立全国统一的无产阶级政党来领导中国革命，是当时革命先驱的共同愿望。重庆团地委已有9个团支部、45名团员，其中包括学生团员24人。

1924年5月，杨闇公代表中国青年共产党，离开成都赴上海，与中共中央和团中央联系合作事宜，未果。

杨闇公

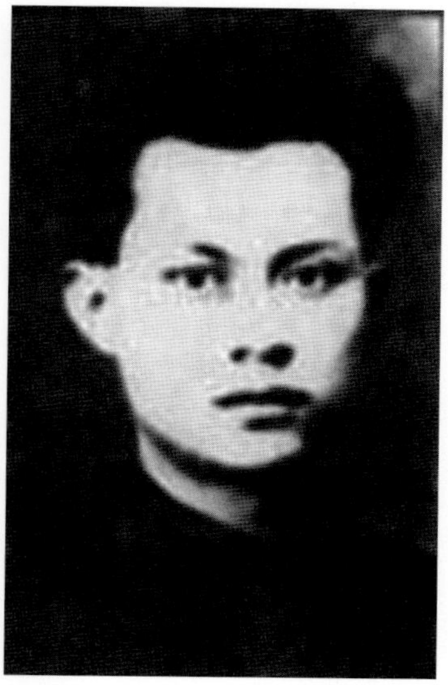

罗世文

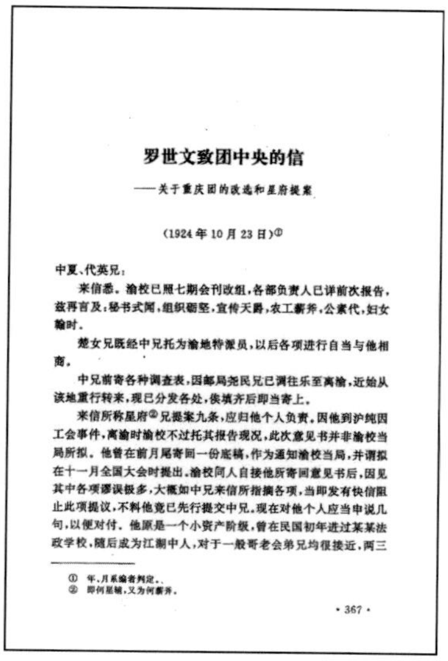

罗世文致团中央的信

——关于重庆团的改选和星府提案

(1924年10月23日)①

中夏、代英兄：

来信悉。渝校已照七期会刊改组，各部负责人已详前次报告，兹再言及：秘书式闻，组织砺坚，宣传天爵，农工薪斧，公素代，妇女输时。

楚女兄既经中兄托为渝地特派员，以后各项进行自当与他相商。

中兄前寄各种调查表，因邮局尧民兄已调往乐至离渝，近始从该地重行转来，现已分发各处，俟填齐后即当寄上。

来信所称星府②兄提案九条，应归他个人负责。因他到沪纯因工会事件，离渝时渝校不过托其报告现况，此次意见书并非渝校当局所拟。他曾在前月尾寄回一份底稿，作为通知渝校当局，并谓拟在十一月全国大会时提出。渝校同人自接他所寄回意见书后，因见其中各项谬误极多，大概如中兄来信所指摘各项，当即发有快信阻止此项提议，不料他竟已先行提交中兄。现在对他个人应当申说几句，以便对付。他原是一个小资产阶级，曾在民国初年进过某某法政学校，随后成为江湖中人，对于一般哥老会弟兄均很接近，两三

① 年、月系编者判定。

② 即何星槎，又为何薪斧。

· 367 ·

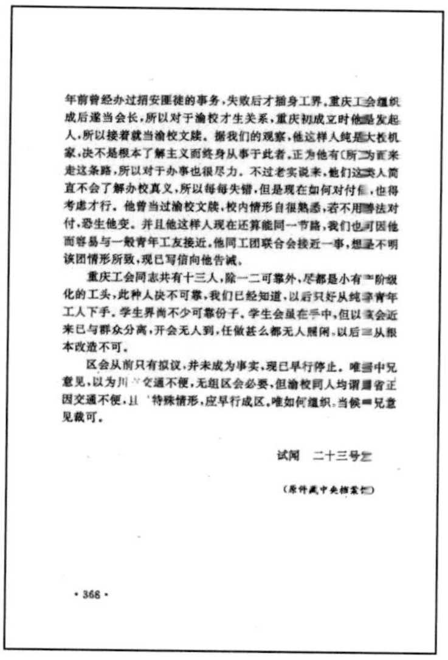

年前曾经办过招安匪徒的事务，失败后才插身工界。重庆工会组织成后遂当会长，所以对于渝校才生关系，重庆初成立时他是发起人，所以接着就当渝校文牍。据我们的观察，他这样人纯是大投机家，决不是根本了解主义而终身从事于此者。正为他有〔所〕为而来走这条路，所以对于办事也很尽力。不过老实说来，他们这类人简直不会了解办校真义，所以每每失错，但是现在如何对付他，也得考虑才行。他曾当过渝校文牍，校内情形自很熟悉，若不用善法对付，恐生他变。并且他这样人现在还算能同一节路，我们也可因他而容易与一般青年工友接近。他同工团联合会接近一事，想是不明该团情形所致，现已写信向他告诫。

重庆工会同志共有十三人，除一二可靠外，尽都是小有产阶级化的工头，此种人决不可靠，我们已经知道，以后只好从纯粹青年工人下手。学生界尚不少可靠份子。学生会虽在手中，但以该会近来已与群众分离，开会无人到，任做甚么都无人睬闲。以后非从根本改造不可。

区会从前只有拟议，并未成为事实，现已早行停止。唯当中兄意见，以为川省交通不便，无组区会必要，但渝校同人均谓川省正因交通不便，且有特殊情形，应早行成区。唯如何组织，当候中兄意见裁可。

试闻　二十三号

(原件藏中央档案馆)

· 368 ·

《罗世文致团中央的信——关于重庆团的改选和星府提案》①

重庆团地委成立后，处于初创阶段的重庆团地委不仅团员人数少，而且组织较为涣散，工作局面难以打开。1924年9月，团中央驻川特派员萧楚女来渝，指导团地委改组工作。上图为罗世文（1904—1946）的照片和罗世文致团中央的信，内容主要是关于重庆团的改选和星府提案。

① 《罗世文致团中央的信——关于重庆团的改选和星府提案》，中央档案馆、四川省档案馆编：《四川革命历史文件汇集（群团文件）》1922年-1925年，（馆存本），四川省雅安地区印刷厂，1986年，第199页。

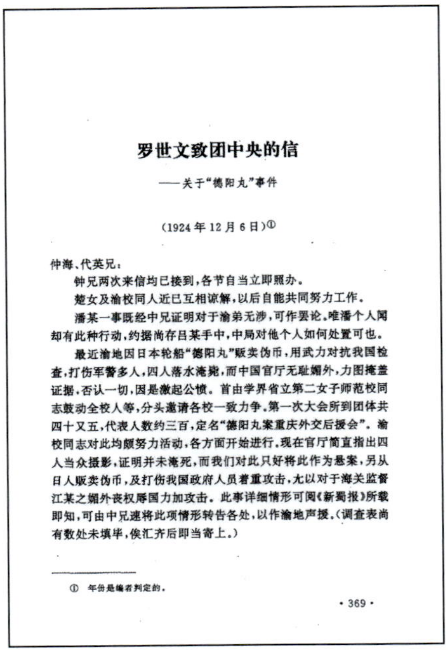

罗世文致团中央的信

——关于“德阳丸”事件

（1924年12月6日）①

仲海、代英兄：

钟兄两次来信均已接到，各节自当立即照办。

楚女及渝校同人近已互相谅解，以后自能共同努力工作。

潘某一事既经中兄证明对于渝弟无涉，可作罢论。唯潘个人闻却有此种行动，约据尚存吕某手中，中局对他个人如何处置可也。

最近渝地因日本轮船“德阳丸”贩卖伪币，用武力对抗我国检查，打伤军警多人，四人落水淹毙，而中国官厅无耻媚外，力图掩盖证据，否认一切，因是激起公愤。首由学界省立第二女子师范校同志鼓动全校人等，分头邀请各校一致力争。第一次大会所到团体共四十又五，代表人数约三百，定名“德阳丸案重庆外交后援会”。渝校同志对此均颇努力活动，各方面开始进行。现在官厅简直指出四人当众摄影，证明并未淹死，而我们对此只好将此作为悬案，另从日人贩卖伪币，及打伤我国政府人员着重攻击，尤以对于海关监督江某之媚外丧权辱国力加攻击。此事详细情形可阅《新蜀报》所载即知，可由中兄速将此项情形转告各处，以作渝地声援。（调查表尚有数处未填毕，俟汇齐后即当寄上。）

① 年份是编者判定的。

· 369 ·

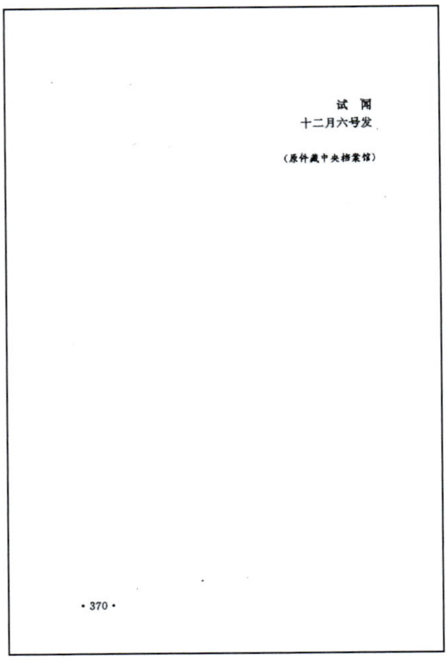

试 闻

十二月六号发

（原件藏中央档案馆）

· 370 ·

《罗世文致团中央的信——关于“德阳丸”事件》①

上图为1924年12月6日，罗世文致团中央的信，内容主要是关于“德阳丸”事件。

章庸生、杨闇公、吴玉章、廖划平的合影

经过两次改组，1925年1月，在杨闇公等人领导下，重庆团地委逐渐成为四川革命的核心，为重庆成立统一领导全川的党组织奠定了基础。

① 《罗世文给团中央的信——关于“德阳丸”事件》，中央档案馆、四川省档案馆编：《四川革命历史文件汇集（群团文件）》1922年-1925年，（馆存本），四川省雅安地区印刷厂，1986年，第202页。

霍步青（1902—1933），又名霍仁云，重庆綦江人，1920年加入綦江县青年砥砺会，接触进步书刊，参加了反帝反封建的斗争。1925年加入中国共产党，曾任红军学校政治部宣传部部长。

霍步青

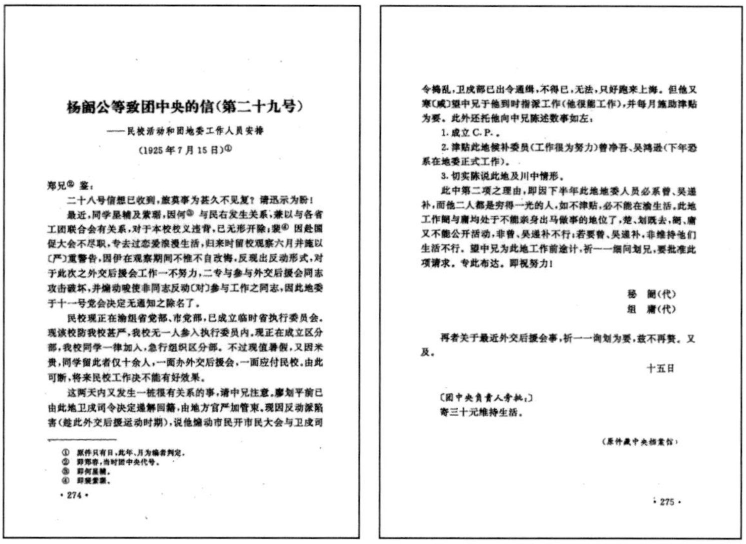

杨闇公等致团中央的信(第二十九号)

——民校活动和团地委工作人员安排

(1925年7月15日)①

郑兄② 鉴：

二十八号信想已收到，敝莫事为甚久不见复？请迅示为盼！

最近，同学屋辅及紫琚，因何③ 与民右发生关系，兼以与各省工团联合会有关系，对于本校校义违背，已无形开除；裴④ 因赴国促大会不尽职，专去过恋爱浪漫生活，归来时留校观察六月并施以〔严〕重警告，因伊在观察期间不惟不自改悔，反现出反动形式，对于此次之外交后援会工作一不努力，二专与参与外交后援会同志攻击破坏，并煽动唆使非同志反动〔对〕参与工作之同志，因此地委于十一号党会决定无通知之除名了。

民校现正在渝组省党部、市党部，已成立临时省执行委员会。现该校防我校甚严，我校无一人参入执行委员内。现正在成立区分部，我校同学一律加入，急行组织区分部。不过现值暑假，又因米贵，同学留此者仅十余人，一面办外交后援会，一面应付民校。由此可断，将来民校工作决不能有好效果。

这两天内又发生一桩很有关系的事，请中兄注意。廖划平前已由此地卫戍司令决定递解回籍，由地方官严加管束。现因反动派陷害（趁此外交后援运动时期），说他煽动市民开市民大会与卫戍司令捣乱，卫戍部已出令通缉，不得已，无法，只好跑来上海。但他又寒〔威〕望中兄于他到时指派工作（他很能工作），并每月施助津贴为要。此外还托他向中兄陈述数事如左：

1. 成立C. P.。

2. 津贴此地候补委员（工作很为努力）曾净吾、吴鸿逊（下年恐系在地委正式工作）。

3. 切实陈说此地及川中情形。

此中第二项之理由，即因下半年此地地委人员必系曾、吴递补，而他二人都是穷得一光的人，如不津贴，必不能在渝生活。此地工作闇与庸均处于不能亲身出马做事的地位了，楚、刘既去，闇、庸又不能公开活动，非曾、吴递补不行；若要曾、吴递补，非维持他们生活不行。望中兄为此地工作前途计，祈一一细问划兄，要批准此项请求。专此布达。即祝努力！

杨　闇(代)

组　庸(代)

再者关于最近外交后援会事，祈一一询划为要，兹不再赘。又及。

十五日

〔团中央负责人旁批：〕

寄三十元维持生活。

(原件藏中央档案馆)

① 原件只有日，此年、月为编者判定。
② 即郑春，当时团中央代号。
③ 即何屋辅。
④ 即裴紫琚。

·274·

·275·

《杨闇公等致团中央的信（第二十九号）——民校活动和团地委工作人员安排》①

1925年3月，根据召开的中共四大通过的《对于组织问题之议决案》的精神，杨闇公等一批团的优秀分子率先加入中国共产党，为党组织的建立打下了良好的组织基础。上图为1925年7月15日，杨闇公等致团中央的信，内容主要是关于民校和团地委工作人员安排。

① 《杨闇公、童庸生致团中央的信（第二十九号）——民校活动和团地委工作人员安排》，中央档案馆、四川省档案馆编：《四川革命历史文件汇集（群团文件）》1922年—1925年，（馆存本），四川省雅安地区印刷厂，1986年，第293页。

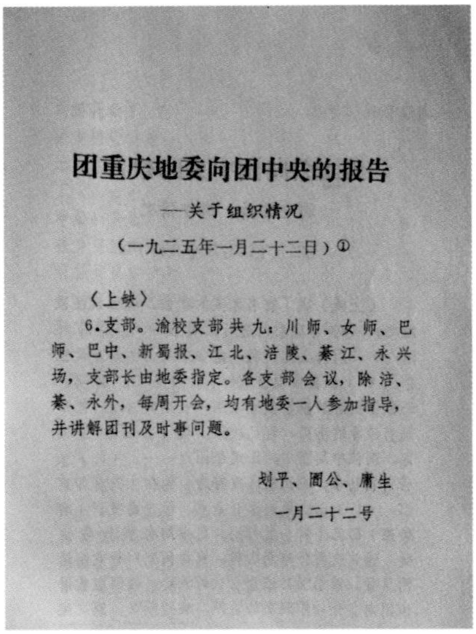
团重庆地委向团中央的报告

——关于组织情况

（一九二五年一月二十二日）①

（上缺）

6．支部。渝校支部共九：川师、女师、巴师、巴中、新蜀报、江北、涪陵、綦江、永兴场，支部长由地委指定。各支部会议，除涪、綦、永外，每周开会，均有地委一人参加指导，并讲解团刊及时事问题。

划平、阇公、肃生

一月二十二号

《团重庆地委向团中央的报告——关于组织情况》①

左图为1925年1月22日，杨闇公致团中央关于组织情况的报告。

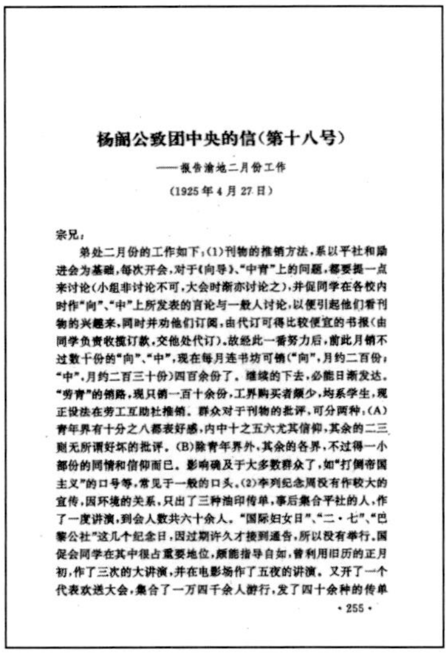
杨闇公致团中央的信（第十八号）

——报告渝地二月份工作

（1925年4月27日）

宗兄：

弟处二月份的工作如下：(1)刊物的推销方法，系以平社和励进会为基础，每次开会，对于《向导》、“中青”上的问题，都要提一点来讨论（小组非讨论不可，大会时渐亦讨论之），并促同学在各校内时作“向”、“中”上所发表的言论与一般人讨论，以便引起他们看刊物的兴趣来，同时并劝他们订阅，由代订可得比较便宜的书报（由同学负责收揽订款，交他处代订）。故经此一番努力后，前此月销不过数十份的“向”、“中”，现在每月连书坊可销（“向”，月约二百份；“中”，月约二百三十份）四百余份了。继续的下去，必能日渐发达。“劳青”的销路，现只销一百十余份，工界购买者颇少，均系学生，现正设法在劳工互助社推销。群众对于刊物的批评，可分两种：(A)青年界有十分之八都表好感，内中十之五六尤其信仰，其余的二三则无所谓好坏的批评。(B)除青年界外，其余的各界，不过得一小部份的同情和信仰而已。影响确及于大多数群众了，如“打倒帝国主义”的口号等，常见于一般的口头。(2)李列纪念周没有作较大的宣传，因环境的关系，只出了三种油印传单，事后集合平社的人，作了一度讲演，到会人数共六十余人。“国际妇女日”、“二・七”、“巴黎公社”这几个纪念日，因过期许久才接到通告，所以没有举行。国促会同学在其中很占重要地位，颇能指导自如，曾利用旧历的正月初，作了三次的大讲演，并在电影场作了五夜的讲演。又开了一个代表欢送大会，集合了一万四千余人游行，发了四十余种的传单

・255・

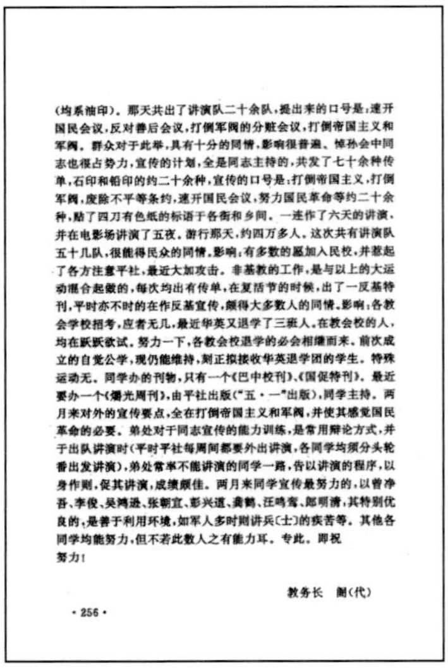
（均系油印）。那天共出了讲演队二十余队，提出来的口号是：速开国民会议，反对善后会议，打倒军阀的分赃会议，打倒帝国主义和军阀。群众对于此举，具有十分的同情，影响很普遍。悼孙会中同志也很占势力，宣传的计划，全是同志主持的，共发了七十余种传单，石印和铅印的约二十余种，宣传的口号是：打倒帝国主义，打倒军阀，废除不平等条约，速开国民会议，努力国民革命等约二十余种，贴了四刀有色纸的标语于各街和乡间。一连作了六天的讲演，并在电影场讲演了五夜。游行那天，约四万多人。这次共有讲演队五十几队，很能得民众的同情。影响：有多数的愿加入民校，并惹起了各方注意平社，最近大加攻击。非基教的工作，是与以上的大运动混合起做的，每次均出有传单，在复活节的时候，出了一反基特刊，平时亦不时的在作反基宣传，颇得大多数人的同情。影响：各教会学校招考，应者无几，最近华英又退学了三班人。在教会校的人，均在跃跃欲试。努力一下，各教会校退学的必会相继而来。前次成立的自觉公学，现仍能维持，刻正拟接收华英退学团的学生。特殊运动无。同学办的刊物，只有一个《巴中校刊》、《国促特刊》。最近要办一个《曙光周刊》，由平社出版（“五・一”出版），同学主持。两月来对外的宣传要点，全在打倒帝国主义和军阀，并使其感觉国民革命的必要。弟处对于同志宣传的能力训练，是常用辩论方式，并于出队讲演时（平时平社每周间都要外出讲演，各同学均须分头轮番出发讲演），弟处常率不能讲演的同学一路，告以讲演的程序，以身作则，促其讲演，成绩颇佳。两月来同学宣传最努力的，以曾净吾、李俊、吴鸿逊、张朝宜、彭兴道、龚鹤、汪鸣鸾、郎明清，其特别优良的，是善于利用环境，如军人多时则讲兵〔士〕的疾苦等。其他各同学均能努力，但不若此数人之有能力耳。专此。即祝

努力！

教务长　阁（代）

・256・

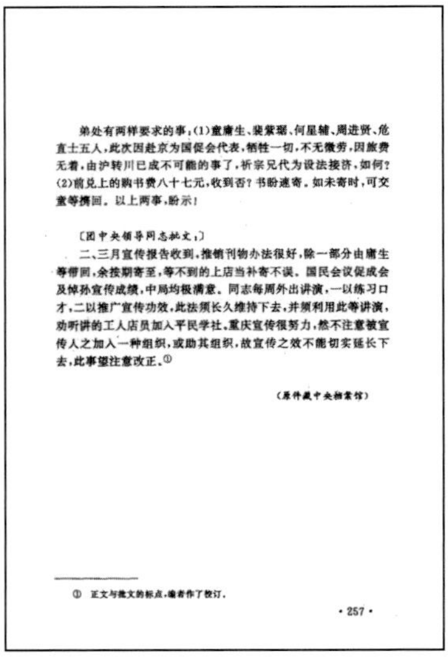
弟处有两样要求的事：(1)童庸生、裴紫琚、何星辅、周进贤、危直士五人，此次因赴京为国促会代表，牺牲一切，不无微劳，因旅费无着，由沪转川已成不可能的事了，祈宗兄代为设法接济，如何？(2)前兑上的购书费八十七元，收到否？书盼速寄。如未寄时，可交童等携回。以上两事，盼示！

〔团中央领导同志批文：〕

二、三月宣传报告收到，推销刊物办法很好，除一部分由庸生等带回，余按期寄至，等不到的上店当补寄不误。国民会议促成会及悼孙宣传成绩，中局均极满意。同志每周外出讲演，一以练习口才，二以推广宣传功效，此法须长久维持下去，并须利用此等讲演，劝听讲的工人店员加入平民学社。重庆宣传很努力，然不注意被宣传人之加入一种组织，或助其组织，故宣传之效不能切实延长下去，此事望注意改正。①

（原件藏中央档案馆）

① 正文与批文的标点，编者作了校订。

・257・

《杨闇公致团中央的信（第十八号）——报告渝地二月份工作》②

上图为1925年4月27日，杨闇公致团中央的信，报告了渝地二月份工作，并附有团中央领导同志批文。

---

①《团重庆地委向团中央的报告——关于组织情况》，中央档案馆、四川省档案馆编：《四川革命历史文件汇集（群团文件）》1922年—1925年，（馆存本），四川省雅安地区印刷厂，1986年，第221页。

②《杨闇公致团中央的信（第十八号）——关于渝地二月份工作》，中央档案馆、四川省档案馆编：《四川革命历史文件汇集（群团文件）》1922年—1925年，（馆存本），四川省雅安地区印刷厂，1986年，第243页。

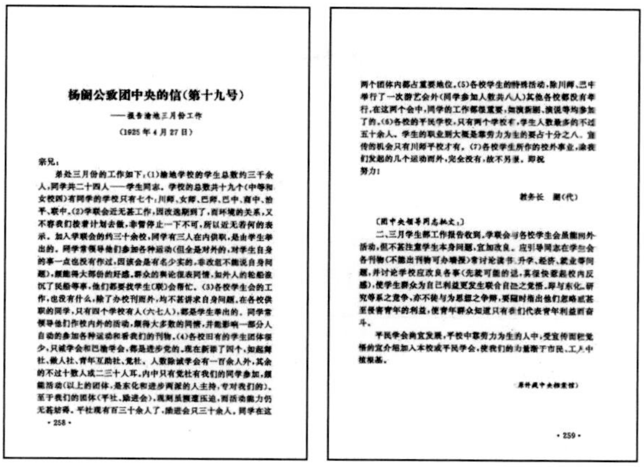

杨闇公致团中央的信(第十九号)
——报告渝地三月份工作
(1925年4月27日)

《杨闇公致团中央的信（第十九号）——报告渝地三月份工作》①

右图为1925年4月27日，杨闇公致团中央的信，报告了渝地三月份工作。信后附有团中央领导同志批文。

杨闇公致团中央的信(第二十一号)
——重庆最近形势及五月工作情况
(1925年5月27日)

《杨闇公致团中央的信（第二十一号）——重庆最近形势及五月工作情况》②

右图为1925年5月27日，杨闇公致团中央的信，内容主要是关于重庆最近形势及五月工作情况。信后附有团中央领导同志批文。

①《杨闇公致团中央的信（第十九号）——关于渝地三月份工作》，中央档案馆、四川省档案馆编：《四川革命历史文件汇集（群团文件）》1922年–1925年，（馆存本），四川省雅安地区印刷厂，1986年，第248页。

②《杨闇公致团中央的信（第二十一号）——重庆最近形势及五月工作情况》，中央档案馆、四川省档案馆编：《四川革命历史文件汇集（群团文件）》1922年–1925年，（馆存本），四川省雅安地区印刷厂，1986年，第270页。

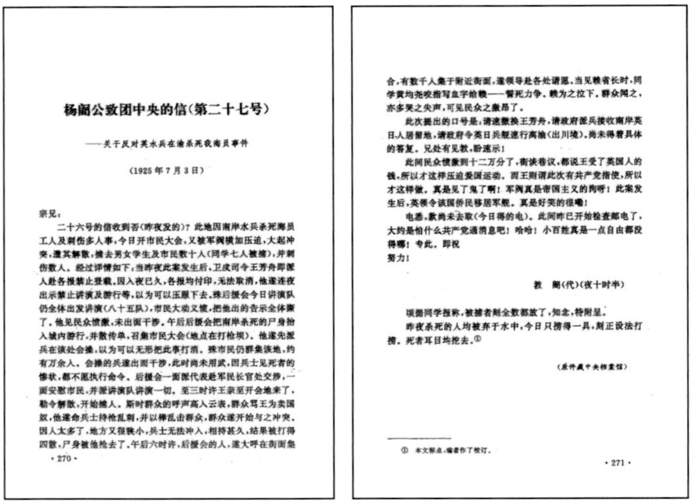

杨闇公致团中央的信（第二十七号）

——关于反对英水兵在渝杀死我海员事件

（1925年7月3日）

宗兄：

二十六号的信收到否（昨夜发的）？此地因南岸水兵杀死海员工人及刺伤多人事，今日开市民大会，又被军阀横加压迫，大起冲突，遭其解散，捕去男女学生及市民数十人（同学七人被捕），并刺伤数人。经过详情如下：当昨夜此案发生后，卫戍司令王芳舟即派人赴各报禁止登载，因入夜已久，各报均付印，无法取消，他遂连夜出示禁止讲演及游行等，以为可以压服下去。殊后援会今日讲演队仍全体出发讲演（八十五队），市民大动义愤，把他出的告示全体撕了。他见民众愤激，未出面干涉。午后后援会把南岸杀死的尸身抬入城内游行，并散传单，召集市民大会（地点在打枪坝）。他遂先派兵在该处会操，以为可以无形把此事打消。殊市民仍群集该地，约有万余人。会操的兵遂出而干涉，此时尚未用武，因兵士见死者的惨状，都不愿执行命令。后援会一面派代表赴军民长官处交涉，一面安慰市民，并派讲演队讲演一切。至三时许王亲至开会地来了，勒令解散，开始捕人。斯时群众的呼声高入云表，群众骂王为卖国奴，他遂命兵士持枪乱刺，并以棒乱击群众，群众遂开始与之冲突。因人太多了，地方又很狭小，兵士无法冲入，相持甚久，结果被打得四散，尸身被他抢去了。午后六时许，后援会的人，遂大呼在街面集

·270·

合，有数千人集于附近街面，遂领导赴各处请愿。当见赖省长时，同学黄均尧咬指写血字给赖——誓死力争。赖为之泣下。群众闻之，亦多哭之失声，可见民众之激昂了。

此次提出的口号是：请速撤换王芳舟，请政府派兵接收南岸英日人居留地，请政府令英日兵舰速行离渝（出川境）。尚未得着具体的答复。兄处有见教，盼速示！

此间民众愤激到十二万分了，街谈巷议，都说王受了英国人的钱，所以才这样压迫爱国运动。而王则谓此次有共产党指使，所以才这样做。真是见了鬼了啊！军阀真是帝国主义的狗呀！此案发生后，英领令该国侨民移居军舰。真是好笑的很嘛！

电悉，款尚未去取（今日得的电）。此间昨已开始检查邮电了，大约是怕什么共产党通消息吧！哈哈！小百姓真是一点自由都没得哪！专此，即祝

努力！

教　闇（代）（夜十时半）

顷据同学报称，被捕者刻全数都放了，知念，特附呈。

昨夜杀死的人均被弃于水中，今日只捞得一具，刻正设法打捞。死者耳目均挖去。①

（原件藏中央档案馆）

① 本文标点，编者作了校订。

·271·

《杨闇公致团中央的信（第二十七号）——关于反对英水兵在渝杀死我海员事件》①

上图为1925年7月3日，杨闇公致团中央的信，内容主要是关于反对英水兵在渝杀死我海员事件。

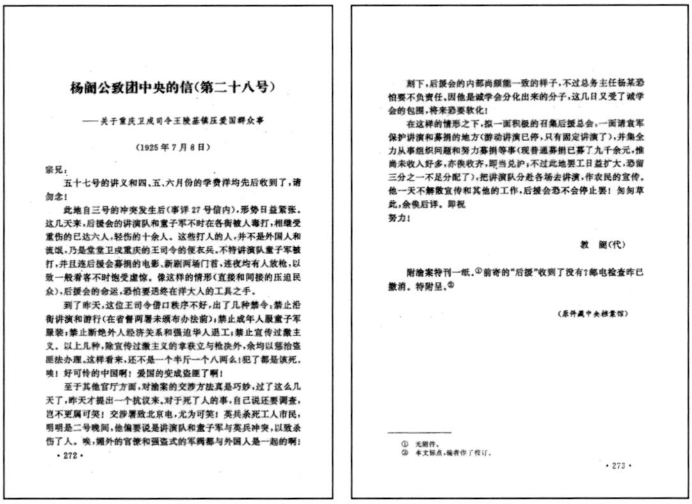

杨闇公致团中央的信（第二十八号）

——关于重庆卫戍司令王陵基镇压爱国群众事

（1925年7月8日）

宗兄：

五十七号的讲义和四、五、六月份的学费洋均先后收到了，请勿念！

此地自三号的冲突发生后（事详27号信内），形势日益紧张。这几天来，后援会的讲演队和童子军不时在各街被人毒打，相继受重伤的已达六人，轻伤的十余人。这些打人的人，并不是外国人和流氓，乃是堂堂卫戍重庆的王司令的便衣兵。不特讲演队童子军被打，并且连后援会募捐的电影、新剧两场门首，连夜均有人放枪，以致一般看客不时饱受虚惊。像这样的情形（直接和间接的压迫民众），后援会的命运，恐怕要送终在洋大人的工具之手。

到了昨天，这位王司令借口秩序不好，出了几种禁令：禁止沿街讲演和游行（在省督两署未颁布办法前）；禁止成年人服童子军服装；禁止断绝外人经济关系和强迫华人退工；禁止宣传过激主义。以上几种，除宣传过激主义的拿获立与枪决外，余均以惩治盗匪法办理。这样看来，还不是一个半斤一个八两么！犯了都是该死。唉！好可怜的中国啊！爱国的变成盗匪了啊！

至于其他官厅方面，对渝案的交涉方法真是巧妙，过了这么几天了，昨天才提出一个抗议来。对于死了人的事，自己说还要调查，岂不更属可笑！交涉署致北京电，尤为可笑！英兵杀死工人市民，明明是二号晚间，他偏要说是讲演队和童子军与英兵冲突，以致杀伤了人。唉，媚外的官僚和强盗式的军阀都与外国人是一起的啊！

·272·

刻下，后援会的内部尚颇能一致的样子，不过总务主任杨某恐怕要不负责任，因他是诚学会分化出来的分子，这几日又受了诚学会的包围，将来恐要软化！

在这样的情形之下，拟一面积极的召集后援总会，一面请宣军保护讲演和募捐的地方（游动讲演已停，只有固定讲演了），并集全力从事组织问题和努力募捐等事（现普通募捐已募了九千余元，惟尚未收入好多，亦俟收齐，即当兑沪；不过此地罢工日益扩大，恐留三分之一不足分配了），把讲演队分赴各场去讲演，作农民的宣传。他一天不解散宣传和其他的工作，后援会恐不会停止罢！匆匆草此，余俟后详。即祝

努力！

教　闇（代）

附渝案特刊一纸。①前寄的"后援"收到了没有？邮电检查昨已撤消。特附呈。②

（原件藏中央档案馆）

① 无附件。
② 本文标点，编者作了校订。

·273·

《杨闇公致团中央的信（第二十八号）——关于重庆卫戍司令王陵基镇压爱国群众事》

上图为1925年7月8日，杨闇公致团中央的信，内容主要是关于重庆卫戍司令王陵基镇压爱国群众事。

① 《杨闇公致团中央的信（第二十八号）——关于重庆卫戍司令王陵基镇压爱国群众事》，中央档案馆、四川省档案馆编：《四川革命历史文件汇集（群团文件）》1922年-1925年，（馆存本），四川省雅安地区印刷厂，1986年，第288页。

右图为1925年9月14日，杨闇公致团中央的信，报告了团重庆地委改选情况。

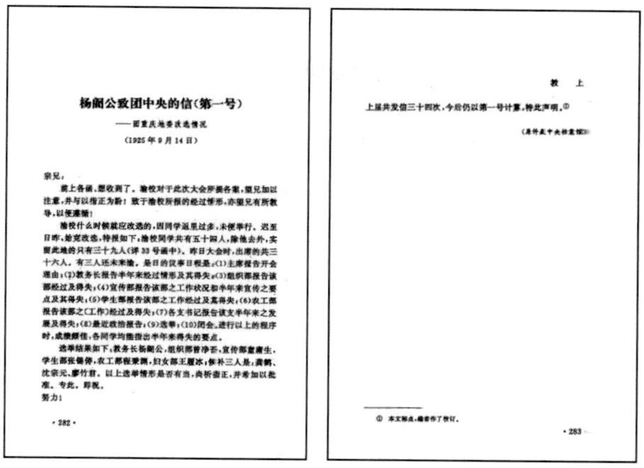

杨闇公致团中央的信(第一号)

——团重庆地委改选情况

(1925年9月14日)

宗兄：

寄上各函，想收到了。渝校对于此次大会所提各案，望兄加以注意，并与以指正为盼！致于渝校所报的经过情形，亦望兄有所教导，以便遵循！

渝校什么时候就应改选的，因同学返里过多，未便举行。迟至日昨，始克改选，特报如下：渝校同学共有五十四人，除他去外，实留此地的只有三十九人(详33号函中)。昨日大会时，出席的共三十六人。有三人还未来渝。是日的议事日程是：(1)主席报告开会理由；(2)教务长报告半年来经过情形及其得失；(3)组织部报告该部经过及得失；(4)宣传部报告该部之工作状况和半年来宣传之要点及其得失；(5)学生部报告该部之工作经过及其得失；(6)农工部报告该部之〔工作〕经过及得失；(7)各支书记报告该支半年来之发展及得失；(8)最近政治报告；(9)选举；(10)闭会。进行以上的程序时，成绩颇佳，各同学均能指出半年来得失的要点。

选举结果如下：教务长杨闇公，组织部曾净吾，宣传部童庸生，学生部张锡俦，农工部程秉渊，妇女部王履冰；候补三人是：龚鹤、沈宗元、廖竹君。以上选举情形是否有当，尚祈当正，并希加以批准。专此。即祝。

努力！

·282·

教 上

上届共发信三十四次，今后仍以第一号计算，特此声明。①

(原件藏中央档案馆)

① 本文标点，编者作了校订。

·283·

《杨闇公致团中央的信团（第一号）——团重庆地委改选情况》①

右图为1925年10月8日，杨闇公等致团中央的信，报告了拟于“双十节”举行大游行，拟出口号：中华民族解放万岁！中华民族独立自由运动万岁！打倒封建军阀，打倒国际帝国主义！继续完成中国国民革命！

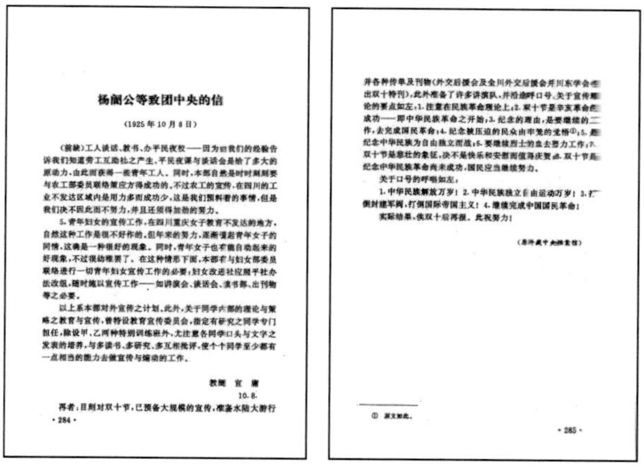

杨闇公等致团中央的信

(1925年10月8日)

(前缺)工人谈话、教书、办平民夜校——因为由我们的经验告诉我们知道劳工互助社之产生、平民夜课与谈话会是给了多大的原动力，由此而获得一些青年工人。同时，本部自然是时时刻刻要与农工部委员联络策应方得成功的。不过农工的宣传，在四川的工业不发达区域内是用力多而成功少，这是我们预料着的事情，但是我们决不因此而不努力，并且还须得加劲的努力。

5.青年妇女的宣传工作，在四川重庆女子教育不发达的地方，自然这种工作是很不好作的，但年来的努力，逐渐惹起青年女子的同情，这确是一种很好的现象。同时，青年女子也有能自动起来的好现象，不过很幼稚罢了。在这种情形下面，本部有与妇女部委员联络进行一切青年妇女宣传工作的必要；妇女改进社应照平社办法改组，随时施以宣传工作——如讲演会、谈话会、读书部、出刊物等之必要。

以上系本部对外宣传之计划。此外，关于同学内部的理论与策略之教育与宣传，曾特设教育宣传委员会，指定有研究之同学专门担任，除设甲、乙两种特别训练班外，尤注意各同学口头与文字之发表的培养，与多读书、多研究、多互相批评，使个个同学至少都有一点相当的能力去做宣传与煽动的工作。

教闇 宣 庸

10.8.

再者：目刻对双十节，已预备大规模的宣传，准备水陆大游行

·284·

并各种传单及刊物(外交后援会及全川外交后援会并川东学会出双十特刊)，此外准备了许多讲演队，并沿途呼口号。关于宣传理论的要点如左：1.注意在民族革命理论上；2.双十节是辛亥革命成功——即中华民族革命之开始；3.纪念的理由，是要继续的工作，去完成国民革命；4.纪念被压迫的民众由牢笼的觉悟①；5.是纪念中华民族为自由独立而战；6.要继续烈士的血去努力工作；7.双十节是悲壮的象征，决不是快乐和安慰而值得庆贺；8.双十节是纪念中华民族革命尚未成功，国民应当继续努力。

关于口号的呼喊如左：

1.中华民族解放万岁！2.中华民族独立自由运动万岁！3.打倒封建军阀，打倒国际帝国主义！4.继续完成中国国民革命！

实际结果，俟双十后再报。此祝努力！

(原件藏中央档案馆)

① 原文如此。

·285·

《杨闇公等致团中央的信》②

右图为1925年10月11日，杨闇公等致团中央的信，报告了“双十节”在打枪坝集会，遇军阀阻止及游行情况。

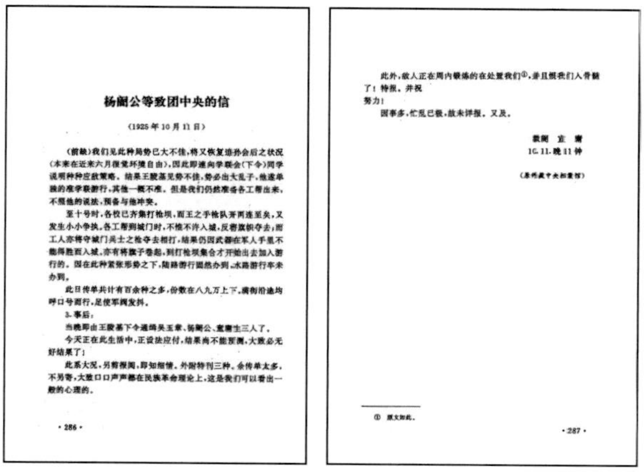

杨闇公等致团中央的信

(1925年10月11日)

(前缺)我们见此种局势已大不佳，将又恢复惨杀会后之状况(本来在近来六月很觉环境自由)，因此即速向学联会(下令)同学说明种种应敌策略。结果王陵基见势不佳，势必出大乱子，他遂单独的准学联游行，其他一概不准。但是我们仍然准备各工帮出来，不照他的说法，预备与他冲突。

至十号时，各校已齐集打枪坝，而王之手枪队亦同连至矣，又发生小小争执。各工帮到城门时，不惟不许入城，反将旗帜夺去；而工人亦将守城门兵士之枪夺去相打，结果仍因武器在军人手里不能得胜而入城，亦有将旗子卷起，到打枪坝集合才开始出去加入游行的。因在此种紧张形势之下，陆路游行固然办到，水路游行卒未办到。

此日传单共计有百余种之多，份数在八九万上下，满街沿途均呼口号而行，足使军阀发抖。

3.事后：

当晚即由王陵基下令通缉吴玉章、杨闇公、童庸生三人了。

今天正在此生活中，正设法应付，结果尚不能预测，大致必无好结果了！

此系大况，另剪报阅，即知细情。外附特刊三种。余传单太多，不另寄，大致口口声声都在民族革命理论上，这是我们可以看出一般的心理的。

·286·

此外，敌人正在用内锻炼的在处置我们①，并且恨我们入骨髓了！特报。并祝

努力！

因事多，忙乱已极，故未详报。又及。

教闇 宣 庸

10.11.晚11钟

(原件藏中央档案馆)

① 原文如此。

·287·

《杨闇公等致团中央的信》③

---

①《杨闇公致团中央的信（第一号）——团重庆地委改选情况》，中央档案馆、四川省档案馆编：《四川革命历史文件汇集（群团文件）》1922年–1925年，（馆存本），四川省雅安地区印刷厂，1986年，第320页。

②《杨闇公等致团中央的信》，1925年10月，转引自周勇主编：《杨闇公纪念集》，重庆出版社1993年版，第284页。

③《杨闇公等致团中央的信》，1925年10月，转引自周勇主编：《杨闇公纪念集》，重庆出版社1993年版，第286页。

各地社会主义青年团的建立情况表（1920—1922年）

名　称	成立时间	发起人	先后参加团组织人名	负责人
上海社会主义青年团	1920年8月	俞秀松 杨明斋 袁振英	刘少奇　任弼时　肖劲光 罗亦农　任作民　王一飞 许之祯　傅大庆　彭述之 柯庆施　周兆秋　梁百达 叶天底　庄文恭　谢文锦 汪寿华　王会悟　梁柏台 施存统等	俞秀松 （书记）
广东社会主义青年团	1920年8月	谭平山	阮啸仙　刘尔崧　周其鉴 杨匏安	谭平山
北京社会主义青年团	1920年11月初	邓中夏 罗章龙 刘仁静 张国焘	高尚德　何孟雄　缪伯英 李　实　罗　汉　朱务善 黄日葵　杨人杞　李　骏 王有德　范鸿劼　吴汝明 郑振铎等40人左右	张国焘（书记） 高尚德（组织委员） 刘仁静（会计委员）
湖南社会主义青年团	1920年12月下旬	毛泽东	何叔衡　夏　曦　郭　亮等 （至1921年春已有团员40多名）	毛泽东（书记） （以后罗君强、肖述凡、田波扬先后任书记）
湖北社会主义青年团	1921年秋冬	董必武 陈潭秋 包惠僧	张国恩　郑凯卿　赵子健 赵子俊　刘子通　黄负生 刘昌祥　何　恐　恽代英 林育南　施　洋等20人左右	刘昌祥 何　恐
四川社会主义青年团①	1921年冬	童庸生	童庸生　李硕勋　阳翰笙 等数十人	童庸生　李硕勋 阳翰笙
山东社会主义青年团	1921年下半年开始筹建，1922年正式成立	王尽美	贾逍甫　王翔千　王复元 王用章　马馥塘　马克先 王　辩　侯玉兰　于佩贞 牛淑琴　李　周　王志坚 王克捷　张洛书等数十人	王尽美 （后由贾逍甫负责）
旅欧中国社会主义青年团	1922年6月3日	赵世炎 周恩来 张申府	李维汉　王若飞　陈延年 陈乔年　刘伯坚　余立亚 袁庆云　傅　钟　王凌汉 肖子暲　汪泽楷　郑超麟 肖朴生　尹　宽　任卓宣等	赵世炎（书记） 周恩来（宣传委员） 李维汉（组织委员）

①1921年冬成立的四川社会主义青年团，没有得到团中央的批准。然而1922年10月，四川社会主义青年团得到团中央批准成立。通过这个变化，可以看出当时川渝革命形势的快速发展。

三、渝潮入海

重庆中法学校，这里曾诞生了重庆城区最早的党支部——中共重庆支部（原址位于重庆大溪沟懋园，今址位于渝中区人民路117号）

中共綦江支部成立于綦江古南镇万寿亭县立第一女子小学

1925年1月，中共第四次全国代表大会决定在全国范围内建立和加强中共组织，指示尚未有中共组织的重庆“应努力开始党的组织”。1926年1月，在重庆、綦江先后建立中共支部，冉钧任中共重庆支部书记，邹进贤任中共綦江支部书记。

邹进贤

邹进贤（1899—1930），重庆綦江人，1919年夏加入綦江县青年砥砺会，参加了反对当地反动势力的斗争。1923年6月在成都加入社会主义青年团，参加学生励进会，1925年春加入中国共产党。回綦江后，建立了中国共产主义青年团綦江县特别支部，任书记。1926年1月建立中共綦江县特别支部，任书记。

周贡植

1925年秋，周贡植回到重庆铜罐驿家乡，开展宣传，发动群众，发展党员。1925年冬，他介绍同乡牟万宗入党，并与西彭镇的党员袁川平接上组织关系。1926年2月初，他们三人在铜罐驿龙脑山发展共产党员。

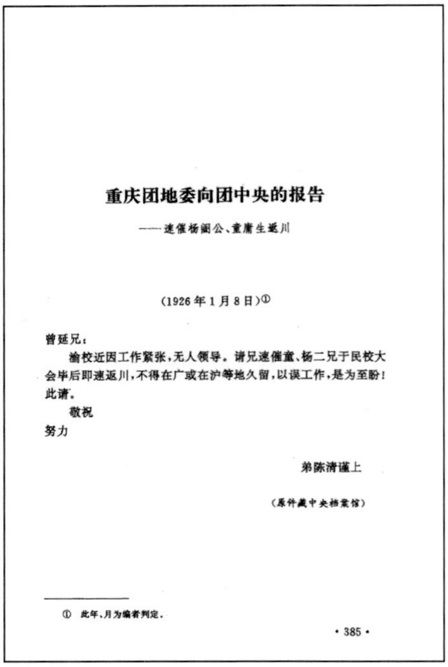

重庆团地委向团中央的报告

——速催杨闇公、童庸生返川

(1926年1月8日)①

曾延兄：

渝校近因工作紧张，无人领导。请兄速催童、杨二兄于民校大会毕后即速返川，不得在广或在沪等地久留，以误工作，是为至盼！此请。

敬祝

努力

弟陈清谨上

(原件藏中央档案馆)

① 此年、月为编者判定。

·385·

《重庆团地委向团中央的报告——速催杨闇公、童庸生返川》①

1926年1月，出席中国国民党第二次代表大会的共青团重庆团地委领导成员杨闇公、童庸生及四川在沪的中共党员，由共青团中央召集，研究四川的工作。左图为1926年1月8日，重庆团地委给团中央的报告，催促杨闇公、童庸生迅速返川。

1926年2月24日，杨闇公、童庸生回到重庆，与中共重庆支部书记冉钧开会研究中共地方组织建立问题。2月底，在中共中央的直接领导和指示下，建立了中共重庆地方执行委员会，杨闇公任书记。

右图为1926年2月3日，重庆团地委给团中央的报告，内容主要是关于召开反日出兵市民大会的情形。

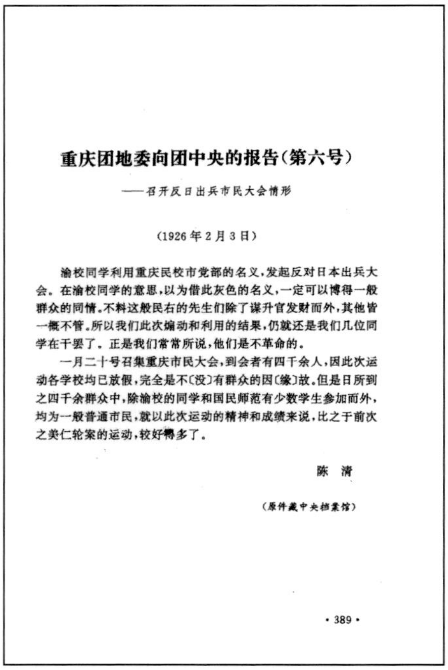

重庆团地委向团中央的报告(第六号)

——召开反日出兵市民大会情形

(1926年2月3日)

渝校同学利用重庆民校市党部的名义，发起反对日本出兵大会。在渝校同学的意思，以为借此灰色的名义，一定可以博得一般群众的同情。不料这般民右的先生们除了谋升官发财而外，其他皆一概不管。所以我们此次煽动和利用的结果，仍就还是我们几位同学在干罢了。正是我们常常所说，他们是不革命的。

一月二十号召集重庆市民大会，到会者有四千余人，因此次运动各学校均已放假，完全是不〔没〕有群众的因〔缘〕故。但是日所到之四千余群众中，除渝校的同学和国民师范有少数学生参加而外，均为一般普通市民，就以此次运动的精神和成绩来说，比之于前次之美仁轮案的运动，较好得多了。

陈　清

(原件藏中央档案馆)

·389·

《重庆团地委向团中央的报告（第六号）——召开反日出兵市民大会情形》②

① 《团重庆地委致团中央报告——速催杨闇公、童庸生返川》，中央档案馆、四川省档案馆编：《四川革命历史文件汇集（群团文件）》1926年—1932年5月，（馆存本），四川省雅安地区印刷厂，1986年，第11页。

② 《团重庆地委致团中央报告（第六号）——召开反日出兵市民大会情形》，中央档案馆、四川省档案馆编：《四川革命历史文件汇集（群团文件）》1926年—1932年5月，（馆存本），四川省雅安地区印刷厂，1986年，第43页。

杨闇公（1898—1927），重庆潼南人，中共重庆地方执行委员会书记、军事委员会书记。

冉钧（1899—1927），重庆江津人，中共重庆地方执行委员会委员，负责组织工作。

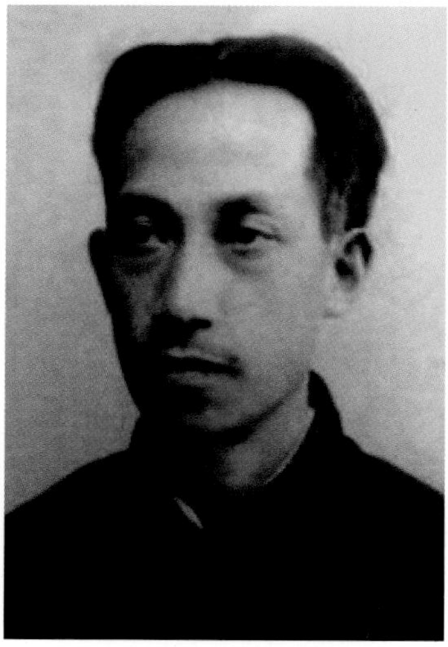

吴玉章（1878—1927），四川荣县人，中国共产党重庆地方执行委员会委员，负责宣传工作。吴玉章未到任，由钟梦侠代理。

李嘉仲（1900—1981），重庆人，中国共产党重庆地方执行委员会候补委员。

程秉渊（1902—1973），又名程子健，四川荥经人，中国共产党重庆地方执行委员会候补委员、工人运动委员会书记。

杨伯恺（1892—1949），又名杨洵，四川营山人，中国共产党重庆地方执行委员会学习委员会书记。

刘成辉（1901—1939），中共重庆地方执行委员会教育委员会书记。

刘伯承（1892—1986），重庆开州人，中共重庆地方执行委员会军事委员会委员。

朱德(1886—1976)，四川仪陇人，中共重庆地方执行委员会军事委员会委员。

程志筠，女，中共重庆地方执行委员会妇女运动委员会书记。

中共重庆地方执行委员会组织机构表（1926年）

职　务	姓　名	时　间	备　注
执行委员	杨闇公　冉　钧　吴玉章	1926.2—1927.4	
候补委员	李嘉仲　程秉渊	1926.2—1927.4	
书　记	杨闇公	1926.2—1927.4	
负责组织工作	冉　钧	1926.2—1927.3	
负责宣传工作	吴玉章	1926.2—1927.4	钟梦侠代理
工人运动委员会书记	程秉渊	1926.上半年	
妇女运动委员会书记	程志筠（女）	1926.上半年—1927.4	
学习委员会书记	杨伯凯	1926.上半年—1927.4	
教育委员会书记	刘成辉	1926.上半年-1927.4	
军事委员会书记	杨闇公	1926.11—1927.4	
军事委员会委员	杨闇公	1926.11—1927.4	
军事委员会委员	刘伯承	1926.11—1927.4	
军事委员会委员	朱　德	1926.11—1927.4	

1926年2月，统一领导四川革命斗争的中国共产党重庆地方执行委员会成立。上图为中共重庆地方执行委员会组织机构表。

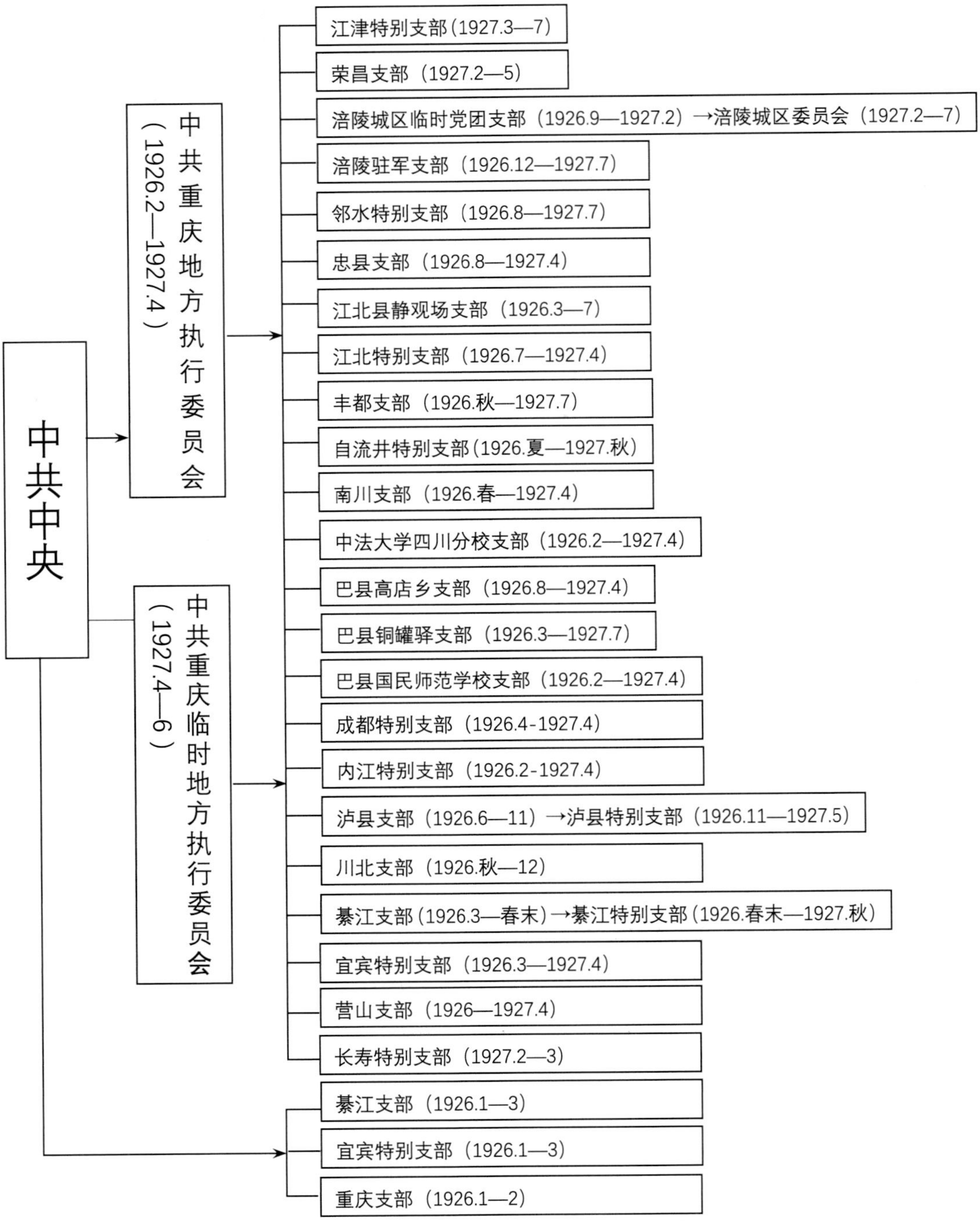

中共中央直属中共四川各支部、重庆地执委直属组织序列沿革表

中共重庆地执委机关旧址（今重庆市渝中区二府衙街19号）

中共重庆地执委书记杨闇公和夫人赵宗楷、孩子合影

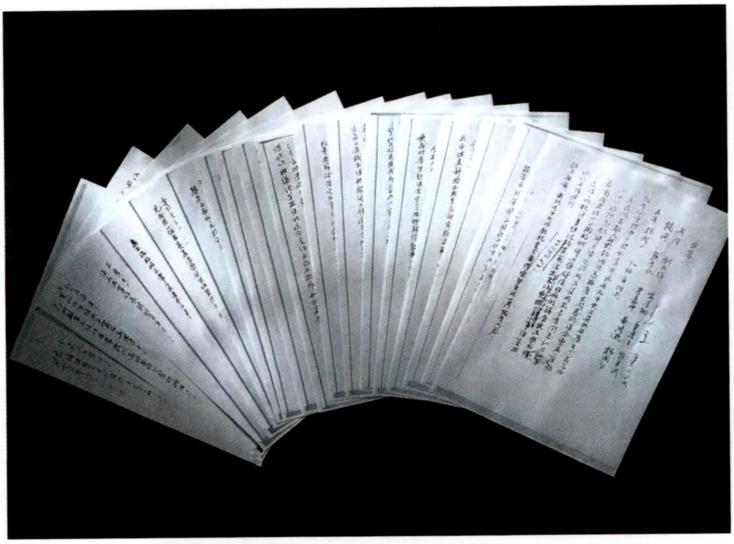

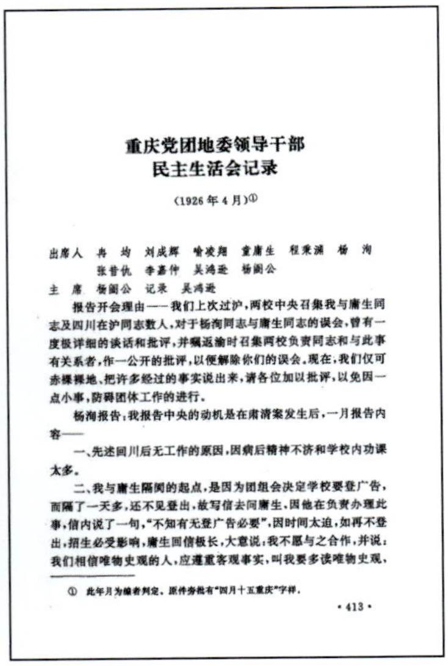

重庆党团地委领导干部
民主生活会记录

（1926年4月）①

出席人 冉 均 刘成辉 喻凌翔 童庸生 程秉渊 杨 洵
张昔仇 李嘉仲 吴鸿逵 杨闇公
主 席 杨闇公 记录 吴鸿逵

报告开会理由——我们上次过沪，两校中央召集我与庸生同志及四川在沪同志数人，对于杨洵同志与庸生同志的误会，曾有一度极详细的谈话和批评，并嘱返渝时召集两校负责同志和与此事有关系者，作一公开的批评，以便解除你们的误会。现在，我们仅可赤裸裸地、把许多经过的事实说出来，请各位加以批评，以免因一点小事，妨碍团体工作的进行。

杨洵报告：我报告中央的动机是在肃清案发生后，一月报告内容——

一、先述回川后无工作的原因，因病后精神不济和学校内功课太多。

二、我与庸生隔阂的起点，是因为团组会决定学校要登广告，而隔了一天多，还不见登出，故写信去问庸生，因他在负责办理此事，信内说了一句，"不知有无登广告必要"，因时间太迫，如再不登出，招生必受影响，庸生回信极长，大意说：我不愿与之合作，并说：我们相信唯物史观的人，应遵重客观事实，叫我要多读唯物史观，

① 此年月为编者判定，原件旁批有"四月十五重庆"字样。

·413·

杨闇公主持重庆党团负责人的民主生活会记录[2]

上图左边为1926年4月，重庆党团地委领导干部民主生活会记录原件。

现在我们尽可赤裸裸地把许多经过的事实说出来，请各同志加以批评，以免因一点小事妨碍团结工作的进行。

看那个才是真正的布尔雪维克化，要从实际工作当中才表现得出来的。

我们的同志时时刻刻都应拥护团体的统一的，不应因一点误会离开团体去说话，表现分裂的毛病。

以后如有怀疑的地方，在批评会上和常会上尽可提出来赤裸裸说和建议，不宜站在一边说话。

——民主生活会记录摘要

①《重庆党团地委领导干部民主生活会记录》，1926年4月，转引自周勇主编：《杨闇公纪念集》，重庆出版社1993年版，第413页。

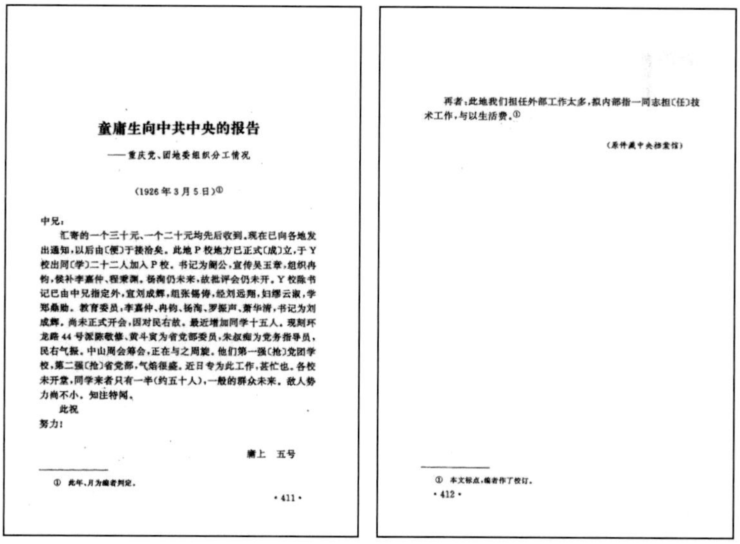

童庸生向中共中央的报告

——重庆党、团地委组织分工情况

(1926年3月5日)①

中兄：

汇寄的一个三十元、一个二十元均先后收到，现在已向各地发出通知，以后由〔便〕于接洽矣。此地P校地方已正式〔成〕立，于Y校出同〔学〕二十二人加入P校。书记为阁公，宣传吴玉章，组织冉钧，候补李嘉仲、程秉渊。杨洵仍未来，故批评会仍未开。Y校除书记已由中兄指定外，宣刘成辉，组张锡俦，经刘远翔，妇缪云淑，学郑鼎勋。教育委员：李嘉仲、冉钧、杨洵、罗振声、萧华清，书记为刘成辉，尚未正式开会，因对民右故。最近增加同学十五人。现刻环龙路44号派陈敬修、黄斗寅为省党部委员，朱叔痴为党务指导员，民右气振。中山周会筹会，正在与之周旋。他们第一强〔抢〕党团学校，第二强〔抢〕省党部，气焰很盛。近日专为此工作，甚忙也。各校未开堂，同学来者只有一半(约五十人)，一般的群众未来。敌人势力尚不小。知注特闻。

此祝

努力！

庸上　五号

① 此年、月为编者判定。

·411·

再者：此地我们担任外部工作太多，拟内部指一同志担〔任〕技术工作，与以生活费。①

(原件藏中央档案馆)

① 本文标点，编者作了校订。

·412·

《童庸生向中共中央的报告——重庆党、团地委组织分工情况》①

上图为1926年3月5日，童庸生给中共中央的报告，内容主要是关于中兵重庆团地委组织分工情况。

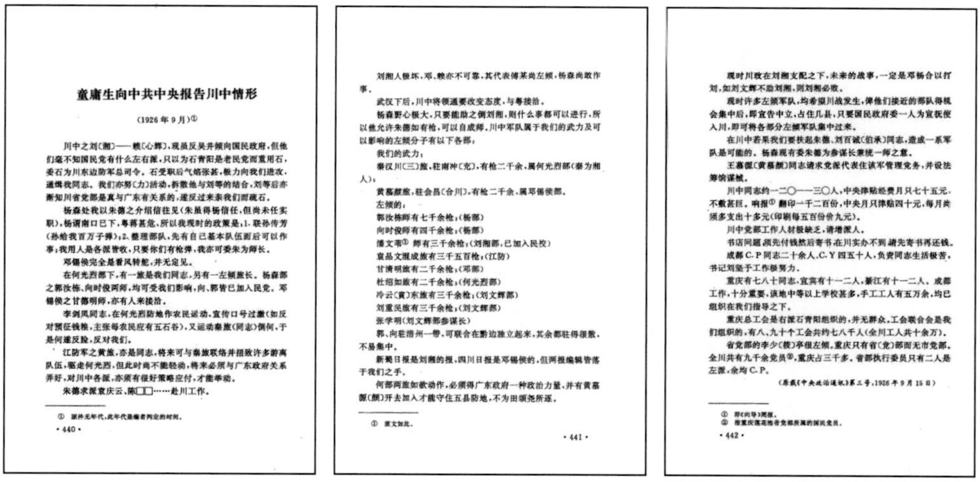

童庸生向中共中央报告川中情形

(1926年9月)①

川中之刘〔湘〕——赖〔心辉〕，现虽反吴并倾向国民政府，但他们毫不知国民党有什么左右派，只以为石青阳是老民党而重用石，委石为川东边防军总司令。石受职后气焰张甚，极力向我们进攻，逼缉我同志。我们亦努〔力〕活动，拆散他与刘等的结合，刘等后亦渐知川省党部是真与广东有关系的，遂反过来亲我们而疏石。

杨森处我以朱德之介绍信往见(朱虽得杨信任，但尚未任实职)，杨谓南口已下，粤蒋甚危，所以我现时的政策是：1.联孙传芳(孙给我百万子弹)；2.整理部队，先有自己基本队伍而后可以作事；我用人是各派皆收，只要你们有枪弹，我亦可委朱为师长。

邓锡侯完全是看风转舵，并无定见。

在何光烈部下，有一旅是我们同志，另有一左倾旅长。杨森部之郭汝栋、向时俊两师，均可受我们影响，向、郭皆已加入民党。邓锡侯之甘德明师，亦有人来接洽。

李剑风同志，在何光烈防地作农民运动，宣传口号过激(如反对预征钱粮，主张每农民应有五石谷)，又运动秦旅(同志)倒何，于是何遂反脸，反对我们。

江防军之黄旅，亦是同志，将来可与秦旅联络并招致许多游离队伍，驱走何光烈，但此时尚不能轻动，将来必须与广东政府关系弄好，对川中各派，亦须有很好策略应付，才能举动。

朱德求派袁庆云、陈□□……赴川工作。

① 原件无年代，此年代是编者判定的时间。

·440·

刘湘人极坏，邓、赖亦不可靠，其代表傅某尚左倾，杨森尚敢作事。

武汉下后，川中将领通要改变态度，与粤接洽。

杨森野心极大，只要能助之倒刘湘，则什么事都可以进行，所以他允许朱德如有枪，可以自成师。川中军队属于我们的武力及可以影响的左倾分子有以下各部：

我们的武力：

秦汉川〔三〕旅，驻南冲〔充〕，有枪二千余，属何光烈部(秦为湘人)；

黄慕颜旅，驻会邑〔合川〕，有枪二千余，属邓锡侯部。

左倾的：

郭汝栋师有七千余枪；(杨部)

向时俊师有四千余枪；(杨部)

潘文华① 师有三千余枪；(刘湘部，已加入民校)

袁品文混成旅有三千五百枪；(江防)

甘清明旅有二千余枪；(邓部)

杜绍如旅有二千余枪；(何光烈部)

冷云〔寅〕东旅有三千余枪；(刘文辉部)

刘重民旅有三千余枪；(刘文辉部)

张学明(刘文辉部参谋长)

郭、向驻涪州一带，可联合在黔边独立起来，其余都驻得很散，不易集中。

新蜀日报是刘湘的报，四川日报是邓锡侯的，但两报编辑皆落于我们之手。

何部两旅如欲动作，必须得广东政府一种政治力量，并有黄慕源〔颜〕开去加入才能守住五县防地，不为田颂尧所逐。

① 原文如此。

·441·

现时川政在刘湘支配之下，未来的战事，一定是邓杨合以打刘，如刘文辉不助刘湘，则刘湘必败。

现时许多左倾军队，均希望川战发生，俾他们接近的部队得机会集中后，即宣告中立，占住几县，只要国民政府委一人为宣抚使入川，即可将各部分左倾军队集中过来。

在川中若果我们要扶起朱德、刘百诚(伯承)同志，造成一系军队是可能的。杨森现有委朱德为参谋长兼统一师之意。

王慕源〔黄慕颜〕同志请求党派代表住该军管理党务，并设法筹饷谋械。

川中同志约一二〇——三〇人，中央津贴经费月只七十五元，不敷甚巨。响报① 翻印一千二百份，中央月只津贴四十元，每月尚须多支出十多元(印刷每五百份价九元)。

川中党部工作人材极缺乏，请增派人。

书店问题须先付钱然后寄书，在川实办不到，请先寄书再还钱。

成都C.P同志二十余人，C.Y四五十人，负责同志生活极苦，书记刘坚于工作极努力。

重庆有七八十同志，宜宾有十一二人，綦江有十一二人。成都工作，十分重要，该地中等以上学校甚多，手工工人有五万余，均已组织在我们指导之下。

重庆总工会是右派石青阳组织的，并无群众，工会联合会是我们组织的，有八、九十个工会共约七八千人(全川工人共十余万)。

省党部的李少〔筱〕亭很左倾。重庆只有省〔党〕部而无市党部。全川共有九千余党员②，重庆占三千多。省部执行委员只有二人是左派，余均C.P。

(原载《中央政治通讯》第三号，1926年9月15日)

① 即《向导》周报。

② 指重庆莲花池省党部所属的国民党员。

·442·

《童庸生向中共中央报告川中情形》①

上图为1926年9月，童庸生向中共中央报告川中情形。

---

①《童庸生致中央的报告——重庆党、团地委组织分工情况》，中央档案馆、四川省档案馆编：《四川革命历史文件汇集(群团文件)》1926年-1932年5月，(馆存本)，四川省雅安地区印刷厂，1986年，第73页。

②《童庸生向中共中央报告川中情形》，1926年9月，转引自周勇主编：《杨闇公纪念集》，重庆出版社1993年版，第440页。

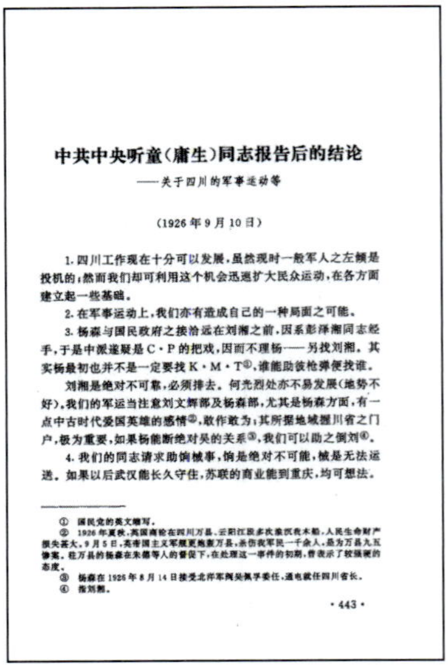

中共中央听童（庸生）同志报告后的结论

——关于四川的军事运动等

（1926年9月10日）

1. 四川工作现在十分可以发展，虽然现时一般军人之左倾是投机的；然而我们却可利用这个机会迅速扩大民众运动，在各方面建立起一些基础。

2. 在军事运动上，我们亦有造成自己的一种局面之可能。

3. 杨森与国民政府之接洽远在刘湘之前，因系彭泽湘同志经手，于是中派遂疑是C·P的把戏，因而不理杨——另找刘湘。其实杨最初也并不是一定要找K·M·T①，谁能助彼枪弹便找谁。

刘湘是绝对不可靠，必须排去。何光烈处亦不易发展（地势不好）。我们的军运当注意刘文辉部及杨森部，尤其是杨森方面，有一点中古时代爱国英雄的感情②，敢作敢为；其所据地域握川省之门户，极为重要，如果杨能断绝对吴的关系③，我们可以助之倒刘④。

4. 我们的同志请求助饷械事，饷是绝对不可能，械是无法运送。如果以后武汉能长久守住，苏联的商业能到重庆，均可想法。

① 国民党的英文缩写。

② 1926年夏秋，英国商轮在四川万县、云阳江段多次撞沉我木船，人民生命财产损失甚大，9月5日，英帝国主义军舰更炮轰万县，杀伤我军民一千余人，是为万县九五惨案。驻万县的杨森在朱德等人的督促下，在处理这一事件的初期，曾表示了较强硬的态度。

③ 杨森在1926年8月14日接受北洋军阀吴佩孚委任，通电就任四川省长。

④ 指刘湘。

·443·

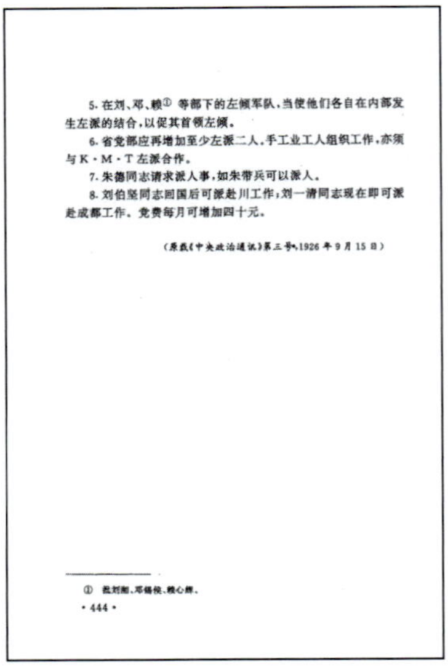

5. 在刘、邓、赖① 等部下的左倾军队，当使他们各自在内部发生左派的结合，以促其首领左倾。

6. 省党部应再增加至少左派二人。手工业工人组织工作，亦须与K·M·T左派合作。

7. 朱德同志请求派人事，如朱带兵可以派人。

8. 刘伯坚同志回国后可派赴川工作；刘一清同志现在即可派赴成都工作。党费每月可增加四十元。

（原载《中央政治通讯》第三号，1926年9月15日）

① 指刘湘、邓锡侯、赖心辉。

·444·

《中共中央听童（庸生）同志报告后的结论——关于四川的军事运动等》①

上图为1926年9月10日，中共中央听取童庸生作的关于四川的军事运动等报告后的结论。

《中国共产党重庆历史（第一卷）》

《中国共产党重庆历史（第一卷）》对重庆地执委给予高度评价：“中国共产党重庆地方执行委员会的成立，是重庆近代史上的大事件和转折点。它以崭新的姿态、蓬勃的朝气立于时代潮头，勇敢地承担起历史赋予的使命，在第一次国共合作的复杂政治形势下，实现了中国共产党对四川革命运动的统一领导，担负起了领导全川人民革命斗争的历史重任，确立起重庆作为四川革命运动的中心地位。至此之后，以重庆为中心，四川革命运动便迅速汇入到全国大革命的洪流之中，呈现出迅猛发展的崭新面貌。”

①《中共中央听童（庸生）同志报告后的结论——关于四川的军事运动等》，1926年9月，转引自周勇主编：《杨闇公纪念集》，重庆出版社1993年版，第443页。

第四章　国共合作　统战前驱

20世纪20年代的重庆

第一次国共合作时期，革命斗争十分激烈。杨闇公领导中共重庆地执委排除错误干扰，创造性地领导四川第一次国共合作，结成广泛的统一战线，开展农民运动，准备武装斗争，特别是牢牢地掌握了国共合作的领导权。四川地区出现了党组织坚强，统一战线巩固，群众运动高涨，武装斗争声势浩大的新局面，一跃成为全国革命形势发展最好的地区之一。

GUOGONG HEZUO

—

TONGZHAN QIANQU

一、合作模范

中国共产党第三次全国代表大会会址

《中国共产党第三次全国代表大会档案文献选编》

1923年6月，中国共产党第三次全国代表大会在广州举行。党中央认识到，为了战胜强大敌人，仅仅靠工人阶级孤军奋战是不够的，必须争取一切可能的同盟者，结成最广泛的统一战线。在这种情况下，中国共产党在决定采取积极步骤联合孙中山领导的中国国民党。上图为中国共产党第三次全国代表大会会址（今广州市越秀区恤孤院路3号），左图为《中国共产党第三次全国代表大会档案文献选编》一书。

中国国民党第一次全国代表大会会场

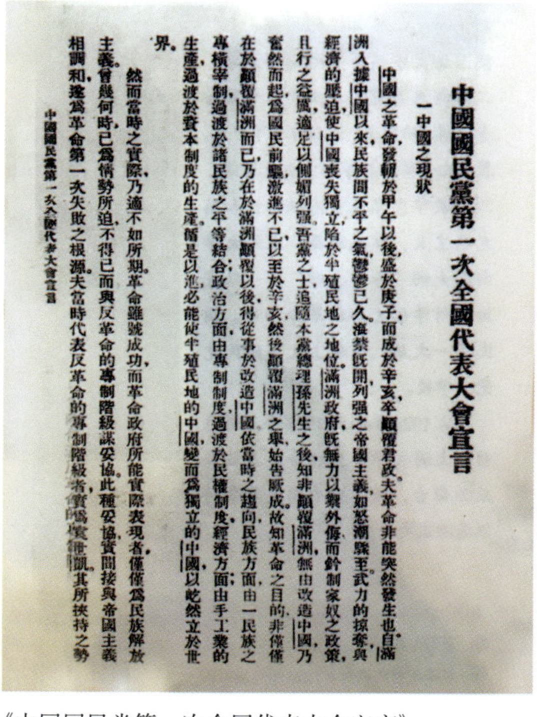

中國國民黨第一次全國代表大會宣言

一 中國之現狀

中國之革命，發軔於甲午以後，盛於庚子，而成於辛亥，卒顚覆君政。夫革命非能突然發生也。自滿洲入據中國以來，民族間不平之氣，鬱積已久。海禁既開，列强之帝國主義，如怒潮驟至，武力的掠奪與經濟的壓迫，使中國喪失獨立，陷於半殖民地之地位。滿洲政府既無力以禦外侮，而鈐制家奴之政策，且行之益厲，適足以側媚列强。吾黨之士，追隨本黨總理孫先生之後，知非顚覆滿洲，無由改造中國，乃奮然而起，爲國民前驅，激進不已，以至於辛亥，然後顚覆滿洲之舉，始告厥成。故知革命之目的，非僅僅在於顚覆滿洲而已，乃在於滿洲顚覆以後，得從事於改造中國。依當時之趨向，民族方面，由一民族之專橫宰制，過渡於諸民族之平等結合；政治方面，由專制制度，過渡於民權制度；經濟方面，由手工業的生產，過渡於資本制度的生產。循是以進，必能使半殖民地的中國，變而爲獨立的中國，以屹然立於世界。

然而當時之實際，乃適不如所期，革命雖號成功，而革命政府所能實際表現者，僅僅爲民族解放主義。曾幾何時，已爲情勢所迫，不得已而與反革命的專制階級謀妥協。此種妥協，實間接與帝國主義相調和，遂爲革命第一次失敗之根源。夫當時代表反革命的專制階級者，實爲袁世凱，其所挾持之勢

中國國民黨第一次全國代表大會宣言

《中国国民党第一次全国代表大会宣言》

1924年1月20日至30日，国民党第一次全国代表大会在广州举行，第一次国共合作正式形成，开创了反帝反封建的革命新局面。上图为中国国民党第一次全国代表大会会场，左图为《中国国民党第一次全国代表大会宣言》。

孙中山（右二）与李大钊（右三）和其他会议代表步出会场

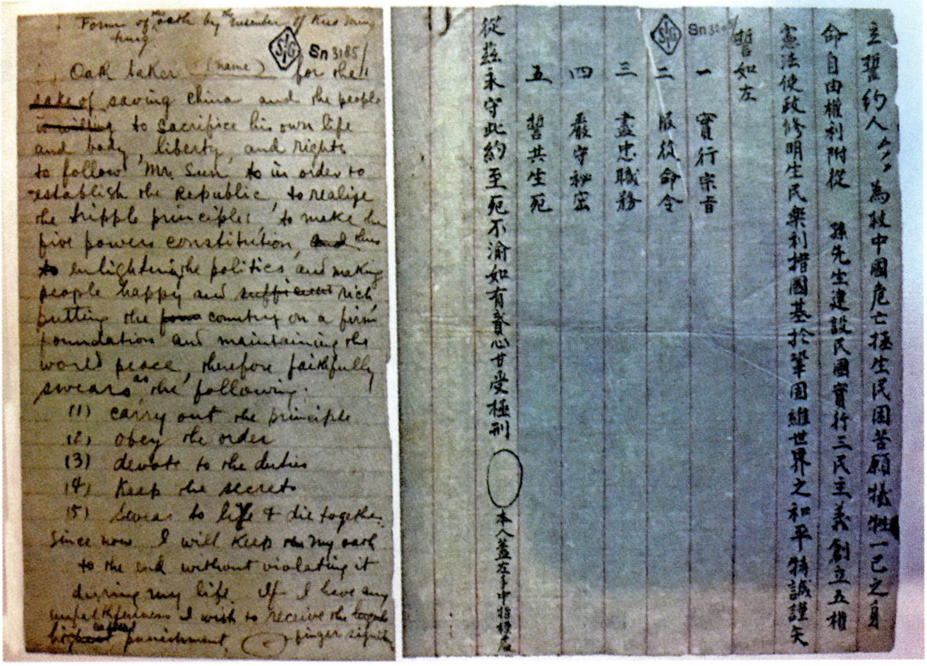

Form of oath by the member of Kuo Min tang

Sn 3185

Oath taker (name) for the sake of saving China and the people willing to sacrifice his own life and body, liberty and rights to follow Mr. Sun in order to establish the Republic, to realize the tripple principles, to make the five powers constitution, and thus enlightening the politics and making people happy and sufficient rich putting the country on a firm foundation and maintaining the world peace, therefore faithfully swears as the following:

(1) carry out the principle
(2) obey the order
(3) devote to the duties
(4) keep the secret
(5) Swear to life & die together.

Since now I will keep my oath to the end without violating it during my life. If I have any unfaithfulness I wish to receive the highest punishment. (   ) finger sign

立誓約人○○○為救中國危亡拯生民困苦願犧牲一己之身命自由權利附從孫先生建設民國實行三民主義創立五權憲法使政治修明生民樂利措國基於鞏固維世界之和平特誠謹矢誓如左

Sn 3600

一 實行宗旨
二 服從命令
三 盡忠職務
四 嚴守秘密
五 誓共生死

從茲永守此約至死不渝如有貳心甘受極刑

本人蓋左手中指模花

《中国共产党人加入国民党誓约书》（中英文）

1924年12月，孙中山从广州北上，发表《北上宣言》，提出应先召集国民会议，制订宪法，以谋中国统一与建设，得到了全国人民的拥护。上图为中国共产党人加入国民党誓约书。

重庆打枪坝（今重庆通远门城墙附近）

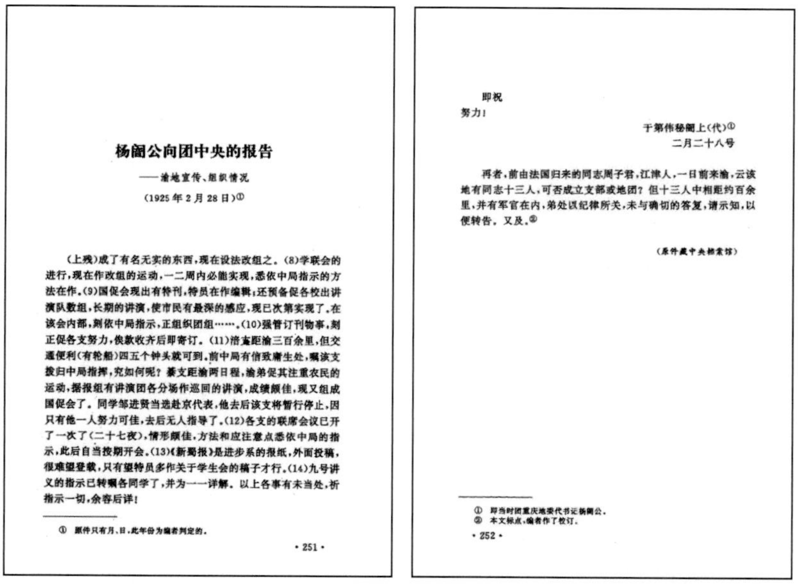

杨闇公向团中央的报告

——渝地宣传、组织情况

（1925年2月28日）①

（上残）成了有名无实的东西，现在设法改组之。（8）学联会的进行，现在作改组的运动，一二周内必能实现，悉依中局指示的方法在作。（9）国促会现出有特刊，特员在作编辑；还预备促各校出讲演队数组，长期的讲演，使市民有最深的感应，现已次第实现了。在该会内部，则依中局指示，正组织团组……。（10）强管订刊物事，则正促各支努力，俟款收齐后即寄订。（11）涪支距渝三百余里，但交通便利（有轮船）四五个钟头就可到。前中局有信致庸生处，嘱该支拨归中局指挥，究如何呢？綦支距渝两日程，渝弟促其注重农民的运动，据报组有讲演团各分场作巡回的讲演，成绩颇佳，现又组成国促会了。同学邹进贤当选赴京代表，他去后该支将暂行停止，因只有他一人努力可佳，去后无人指导了。（12）各支的联席会议已开了一次了（二十七夜），情形颇佳，方法和应注意点悉依中局的指示，此后自当按期开会。（13）《新蜀报》是进步系的报纸，外面投稿，很难望登载，只有望特员多作关于学生会的稿子才行。（14）九号讲义的指示已转嘱各同学了，并为一一详解。以上各事有未当处，祈指示一切，余容后详！

① 原件只有月、日，此年份为编者判定的。

·251·

即祝

努力！

于第伟秘闇上（代）①

二月二十八号

再者，前由法国归来的同志周子君，江津人，一日前来渝，云该地有同志十三人，可否成立支部或地团？但十三人中相距约百余里，并有军官在内，弟处以纪律所关，未与确切的答复，请示知，以便转告。又及。②

（原件藏中央档案馆）

① 即当时团重庆地委代书记杨闇公。

② 本文标点，编者作了校订。

·252·

《杨闇公向团中央的报告——渝地宣传、组织情况》①

1925年2月27日，在重庆通远门附近的打抢坝举行了欢送赴京代表的群众大会，到会的各界群众有14000余人。杨闇公主持大会并发表了演说。会后举行了群众游行。上图为重庆打枪坝，下图为1925年2月28日，杨闇公向团中央的报告，内容主要是关于渝地宣传与组织情况。

①《杨闇公向团中央的报告——渝地宣传、组织情况》，中央档案馆、四川省档案馆编：《四川革命历史文件汇集（群团文件）》1922年—1925年，（馆存本），四川省雅安地区印刷厂，1986年，第222页。

1925年3月1日，在中国共产党和中国国民党左派的合作下，国民会议促成会全国代表大会在北京召开，20多个省区的120多个国民会议促成会派出代表参会，会议揭露了北洋段祺瑞政府善后会议的反人民性质，坚决反对以国民代表会议代替国民会议。右为国民会议促成会部分妇女代表合影。

国民会议促成会部分妇女代表合影，前排左一为邓颖超

孙中山先生灵堂

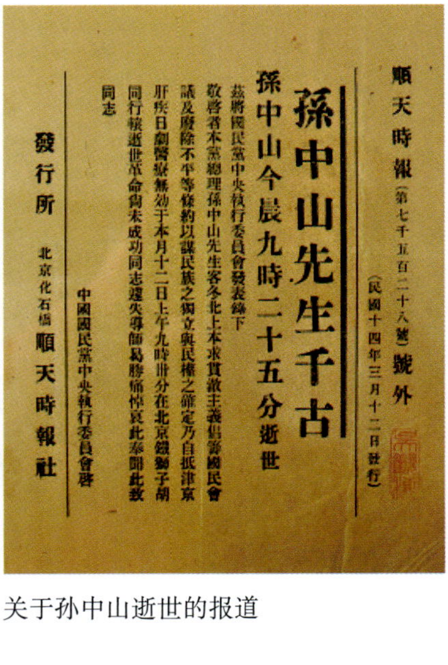

順天時報（第七千五百二十八號）號外（民國十四年三月十二日發行）

孫中山先生千古

孫中山今晨九時二十五分逝世

茲將國民黨中央執行委員會發表錄下

敬啓者本黨總理孫中山先生客冬北上本求貫徹主義倡導國民會議及廢除不平等條約以謀民族之獨立與民權之確定乃自抵津京肝疾日劇醫療無効于本月十二日上午九時卅分在北京鐵獅子胡同行轅逝世革命尚未成功同志遽失導師曷勝痛悼哀此奉聞此致

同志

中國國民黨中央執行委員會啓

發行所 北京化石橋 順天時報社

关于孙中山逝世的报道

1924年11月，孙中山应冯玉祥之邀北上讨论国是，提出“召开国民会议和废除不平等条约”两大号召，同帝国主义和北洋军阀段祺瑞、张作霖等作斗争。1925年3月12日孙中山因病在北京逝世，留下遗嘱“必须唤起民众，及联合世界上以平等待我之民族，共同奋斗”。

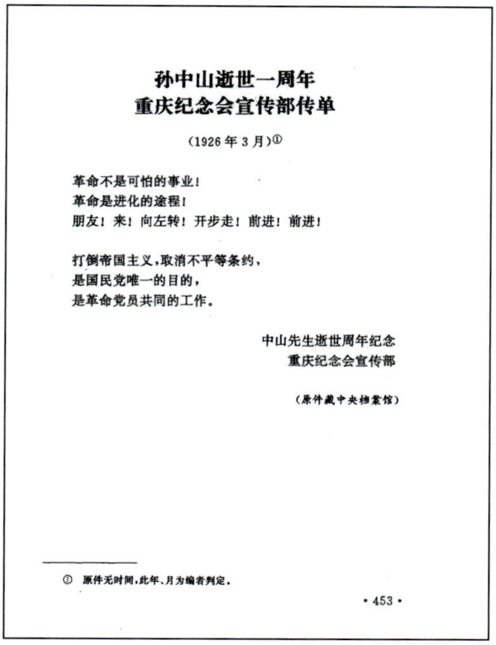

孙中山逝世一周年
重庆纪念会宣传部传单

(1926 年 3 月)①

革命不是可怕的事业!
革命是进化的途程!
朋友!来!向左转!开步走!前进!前进!

打倒帝国主义,取消不平等条约,
是国民党唯一的目的,
是革命党员共同的工作。

中山先生逝世周年纪念
重庆纪念会宣传部

(原件藏中央档案馆)

① 原件无时间,此年、月为编者判定。

·453·

《孙中山逝世一周年重庆纪念会宣传部传单》①

为了进一步推动国共合作，在杨闇公和萧楚女等人的组织下，成立了重庆孙中山逝世周年纪念会筹委会，1926年4月7日，重庆各界群众一万多人在重庆总商会隆重举行孙中山先生纪念大会。杨闇公发表演说，颂扬孙中山的伟大功绩，宣传新三民主义思想，揭露北洋军阀和帝国主义的罪恶，并印发传单70多种，组织学生日夜讲演，宣传孙中山的三大政策。左图为1926年3月《孙中山逝世一周年重庆纪念会宣传部传单》。

革命不是可怕的事业！
革命是进化的途程！
朋友！来！向左转！开步走！前进！前进！
打倒帝国主义，取消不平等条约，
是国民党唯一的目的，
是革命党员共同的工作。

——《孙中山逝世一周年重庆纪念会宣传部传单》

---

①《孙中山逝世一周年重庆纪念会宣传部传单》，1926年3月，转引自周勇主编：《杨闇公纪念集》，重庆出版社1993年版，第453页。

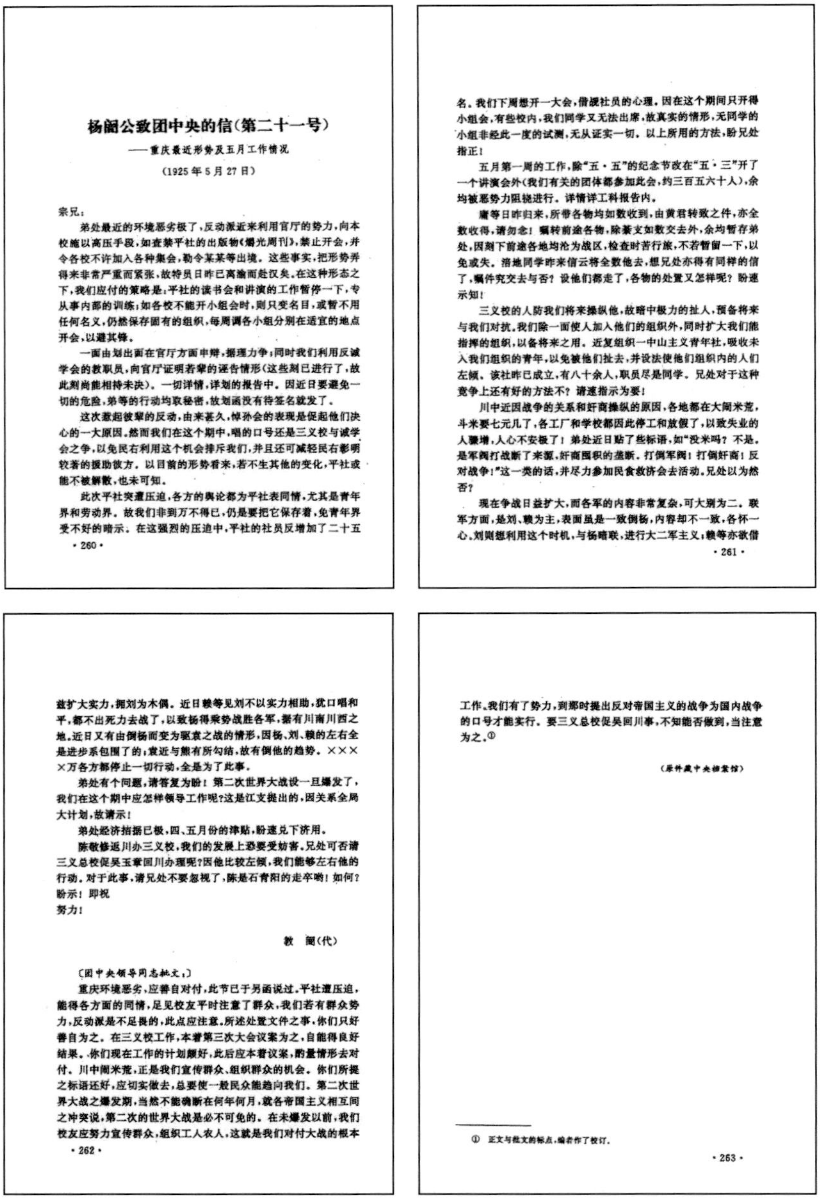

杨闇公致团中央的信(第二十一号)

——重庆最近形势及五月工作情况

(1925年5月27日)

宗兄：

弟处最近的环境恶劣极了，反动派近来利用官厅的势力，向本校施以高压手段，如查禁平社的出版物《爝光周刊》，禁止开会，并令各校不许加入各种集会，勒令某某等出境。这些事实，把形势弄得来非常严重而紧张，故特员日昨已离渝而赴汉矣。在这种形态之下，我们应付的策略是：平社的读书会和讲演的工作暂停一下，专从事内部的训练；如各校不能开小组会时，则只变名目，或暂不用任何名义，仍然保存固有的组织，每周调各小组分别在适宜的地点开会，以避其锋。

一面由划出面在官厅方面申辩，据理力争；同时我们利用反诚学会的教职员，向官厅证明若辈的诬告情形(这些刻已进行了，故此刻尚能相持未决)。一切详情，详划的报告中。因近日要避免一切的危险，弟等的行动均取秘密，故划函没有待签名就发了。

这次激起彼辈的反动，由来甚久，悼孙会的表现是促起他们决心的一大原因。然而我们在这个期中，唱的口号还是三义校与诚学会之争，以免民右利用这个机会排斥我们，并且还可减轻民右彰明较著的援助彼方。以目前的形势看来，若不生其他的变化，平社或能不被解散，也未可知。

此次平社突遭压迫，各方的舆论都为平社表同情，尤其是青年界和劳动界。故我们非到万不得已，仍是要把它保存着，免青年界受不好的暗示。在这强烈的压迫中，平社的社员反增加了二十五

·260·

名。我们下周想开一大会，借觇社员的心理。因在这个期间只开得小组会，有些校内，我们同学又无法出席，故真实的情形，无同学的小组非经此一度的试测，无从证实一切。以上所用的方法，盼兄处指正！

五月第一周的工作，除"五·五"的纪念节改在"五·三"开了一个讲演会外(我们有关的团体都参加此会，约三百五六十人)，余均被恶势力阻挠进行。详情详工科报告内。

庸等日昨归来，所带各物均如数收到，由黄君转致之件，亦全数收得，请勿念！嘱转前途各物，除綦支如数交去外，余均暂存弟处，因刻下前途各地均沦为战区，检查时苦行旅，不若暂留一下，以免或失。涪地同学昨来信云将全数他去，想兄处亦得有同样的信了，嘱件究交去与否？设他们都走了，各物的处置又怎样呢？盼速示知！

三义校的人防我们将来操纵他，故暗中极力的扯人，预备将来与我们对抗。我们除一面使人加入他们的组织外，同时扩大我们能指挥的组织，以备将来之用。近复组织一中山主义青年社，吸收未入我们组织的青年，以免被他们扯去，并设法使他们组织内的人们左倾。该社昨已成立，有八十余人，职员尽是同学。兄处对于这种竞争上还有好的方法不？请速指示为要！

川中近因战争的关系和奸商操纵的原因，各地都在大闹米荒，斗米要七元几了，各工厂和学校都因此停工和放假了，以致失业的人骤增，人心不安极了！弟处近日贴了些标语，如"没米吗？不是。是军阀打战断了来源，奸商囤积的垄断。打倒军阀！打倒奸商！反对战争！"这一类的话，并尽力参加民食救济会去活动。兄处以为然否？

现在争战日益扩大，而各军的内容非常复杂，可大别为二。联军方面，是刘、赖为主，表面虽是一致倒杨，内容却不一致，各怀一心。刘则想利用这个时机，与杨暗联，进行大二军主义；赖等亦欲借

·261·

兹扩大实力，拥刘为木偶。近日赖等见刘不以实力相助，犹口唱和平，都不出死力去战了，以致杨得乘势战胜各军，据有川南川西之地。近日又有由倒杨而变为驱袁之战的情形，因杨、刘、赖的左右全是进步系包围了的；袁近与熊有所勾结，故有倒他的趋势。××××万各方都停止一切行动，全是为了此事。

弟处有个问题，请答复为盼！第二次世界大战设一旦爆发了，我们在这个期中应怎样领导工作呢？这是江支提出的，因关系全局大计划，故请示！

弟处经济拮据已极，四、五月份的津贴，盼速兑下济用。

陈敬修返川办三义校，我们的发展上恐要受妨害。兄处可否请三义总校促吴玉章回川办理呢？因他比较左倾，我们能够左右他的行动。对于此事，请兄处不要忽视了，陈是石青阳的走卒哟！如何？盼示！即祝

努力！

教　闇(代)

〔团中央领导同志批文：〕

重庆环境恶劣，应善自对付，此节已于另函说过。平社遭压迫，能得各方面的同情，足见校友平时注意了群众，我们若有群众势力，反动派是不足畏的，此点应注意。所述处置文件之事，你们只好善自为之。在三义校工作，本着第三次大会议案为之，自能得良好结果。你们现在工作的计划颇好，此后应本着议案，酌量情形去对付。川中闹米荒，正是我们宣传群众、组织群众的机会。你们所提之标语还好，应切实做去，总要使一般民众能趋向我们。第二次世界大战之爆发期，当然不能确断在何年何月，就各帝国主义相互间之冲突说，第二次的世界大战是必不可免的。在未爆发以前，我们校友应努力宣传群众，组织工人农人，这就是我们对付大战的根本

·262·

工作。我们有了势力，到那时提出反对帝国主义的战争为国内战争的口号才能实行。要三义总校促吴回川事，不知能否做到，当注意为之。①

(原件藏中央档案馆)

① 正文与批文的标点，编者作了校订。

·263·

《杨闇公致团中央的信(第二十一号)——重庆最近形势及五月工作情况》[①]

孙中山逝世后，国民党右派公开反对"联俄，联共，扶助农工"三大政策，逐渐形成为"西山会议派"，国共合作面临严峻形势。上图为1925年5月27日，杨闇公致团中央的信，内容主要是关于重庆最近形势及五月工作情况。

①《杨闇公致团中央的信(第二十一号)——重庆最近形势及五月工作情况》，中央档案馆、四川省档案馆编：《四川革命历史文件汇集(群团文件)》1922年—1925年，(馆存本)，四川省雅安地区印刷厂，1986年，第270页。

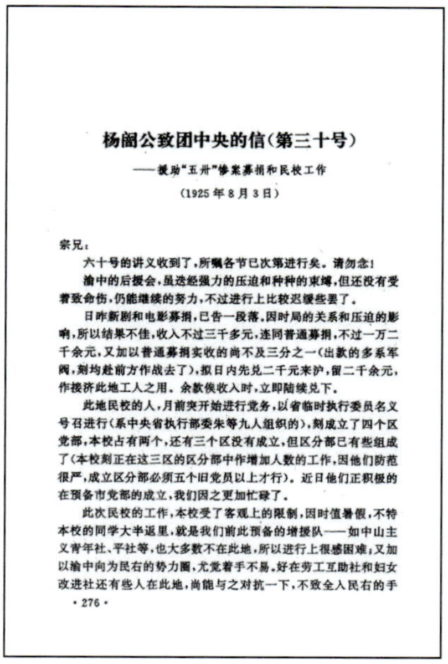

杨闇公致团中央的信(第三十号)

——援助"五卅"惨案募捐和民校工作

(1925年8月3日)

宗兄:

六十号的讲义收到了,所嘱各节已次第进行矣。请勿念!

渝中的后援会,虽迭经强力的压迫和种种的束缚,但还没有受着致命伤,仍能继续的努力,不过进行上比较迟缓些罢了。

日昨新剧和电影募捐,已告一段落。因时局的关系和压迫的影响,所以结果不佳,收入不过三千多元,连同普通募捐,不过一万二千余元,又加以普通募捐实收的尚不及三分之一(出款的多系军阀,刻均赴前方作战去了),拟日内先兑二千元来沪,留二千余元,作接济此地工人之用。余款俟收入时,立即陆续兑下。

此地民校的人,月前突开始进行党务,以省临时执行委员名义号召进行(系中央省执行部委朱等九人组织的),刻成立了四个区党部,本校占有两个,还有三个区没有成立,但区分部已有些组成了(本校刻正在这三区的区分部中作增加人数的工作,因他们防范很严,成立区分部必须五个旧党员以上才行)。近日他们正积极的在预备市党部的成立,我们因之更加忙碌了。

此次民校的工作,本校受了客观上的限制,因时值暑假,不特本校的同学大半返里,就是我们前此预备的增援队——如中山主义青年社、平社等,也大多数不在此地,所以进行上很感困难;又加以渝中向为民右的势力圈,尤觉着手不易。好在劳工互助社和妇女改进社还有些人在此地,尚能与之对抗一下,不致全入民右的手

·276·

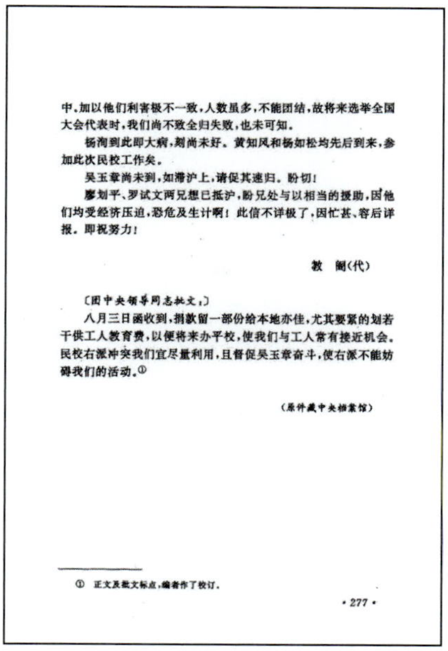

中。加以他们利害极不一致,人数虽多,不能团结,故将来选举全国大会代表时,我们尚不致全归失败,也未可知。

杨洵到此即大病,刻尚未好。黄知风和杨如松均先后到来,参加此次民校工作矣。

吴玉章尚未到,如滞沪上,请促其速归。盼切!

廖划平、罗试文两兄想已抵沪,盼兄处与以相当的援助,因他们均受经济压迫,恐危及生计啊!此信不详极了,因忙甚、容后详报。即祝努力!

教　闇(代)

〔团中央领导同志批文:〕

八月三日函收到,捐款留一部份给本地亦佳,尤其要紧的划若干供工人教育费,以便将来办平校,使我们与工人常有接近机会。民校右派冲突我们宜尽量利用,且督促吴玉章奋斗,使右派不能妨碍我们的活动。①

(原件藏中央档案馆)

① 正文及批文标点,编者作了校订。

·277·

《杨闇公致团中央的信(第三十号)——援助“五卅”惨案募捐和民校工作》①

1925年8月，经过杨闇公向团中央请示，吴玉章受中共中央和国民党中央的委派，从上海回到重庆着手整顿四川国民党组织，促进国共合作。按照中共中央指示，杨闇公、吴玉章等党团员以个人名义加入中国国民党，为其注入新鲜血液，加强国共合作，开创了共产党掌握领导权的局面。上图为1925年8月3日，杨闇公致团中央的信，报告援助五卅惨案募捐和民校工作，信后附有团中央领导同志的批文。

①《杨闇公致团中央的信（第三十号）——援助“五卅”惨案募捐和民校工作》，中央档案馆、四川省档案馆编：《四川革命历史文件汇集（群团文件）》1922年—1925年，（馆存本），四川省雅安地区印刷厂，1986年，第306页。

中国国民党四川省党部 （左派）组织机构图表
杨闇公
李筱亭
刘伯承
朱　德
李嘉仲
吴匡时
朱光潜
杨吉甫
邓勋刚

中国国民党四川省党部（1926年3月）组织机构图表

1926年3月，经杨闇公和吴玉章的努力，广州国民党中央常委会议宣布解散建于总土地的国民党四川省临时执委会，迁临时省党部于重庆莲花池积厚里，重新建立以杨闇公、李筱亭、邓劼刚、陈宣三、张克勤和原有执委中的邓懋修、郭云楼、唐德安等8人为执委，以杨闇公、李筱亭、邓劼刚3人为常委，组成新的中国国民党四川省临时执行委员会。新成立的省党部受在国民党二大上当选的中央执行委员吴玉章指导，以李筱亭为主要负责人，杨闇公为组织部长。国民党四川省党部正式改组取得圆满成功。

杨闇公（1898—1927），重庆潼南人，1925年加入中国共产党，国民党第二次全国代表大会代表。

吴玉章（1878-1966），四川荣县人，1925年加入中国共产党，国民党第二次全国代表大会代表。

童庸生（1899—1932），重庆巴县人，1925年加入中国共产党，国民党第二次全国代表大会代表。

廖划平（1891—1952），四川内江人，1924年加入中国共产党，国民党第二次全国代表大会代表。

廖苏华（1904—1984），女，四川内江人，1926年加入中国共产党党员，国民党第二次全国代表大会代表。

黄复生（1883—1948），四川隆昌人，国民党党员，国民党第二次全国代表大会代表。

1925年11月，杨闇公、吴玉章、童庸生、廖苏华、廖划平等8人成为参加广州国民党二大的四川代表。8人代表中，唐德安、谷武合因故未参加会议；黄复生未去广州而是留在上海参加了国民党右派的会议；廖划平后来背叛革命参加了军统。

中国国民党二大会合影

1926年1月1日，中国国民党第二次全国代表大会在广州举行。上图是国民党第二次全国代表大会合影（右起前排四为吴玉章、五排四为杨闇公）。

中国国民党第二次全国代表大会会场大门

中国国民党左派四川省党部莲花池办公地（今重庆市渝中区新民街8号附近）

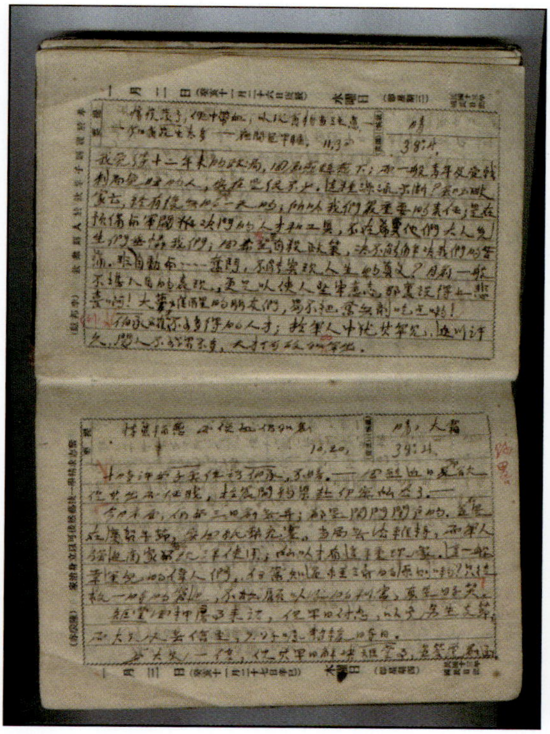

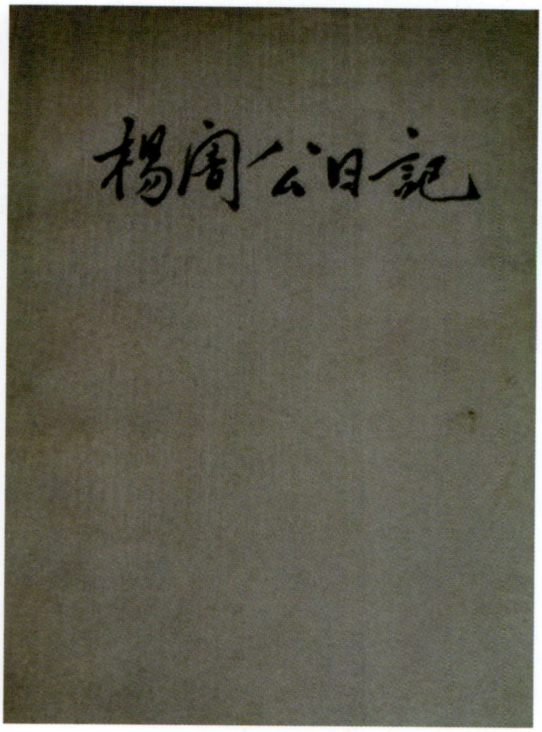

《杨闇公日记》

1926年1月，国民党第二次全国代表大会在广州召开。杨闇公锐敏地对蒋介石军事报告、汪精卫政治报告内容的问题有所警觉，并且对毛泽东的宣传报告则颇为赞赏。会议期间，他还发起成立四川革命同志会，主动向中央负责同志请示四川的工作，对四川的革命更加成竹在胸。

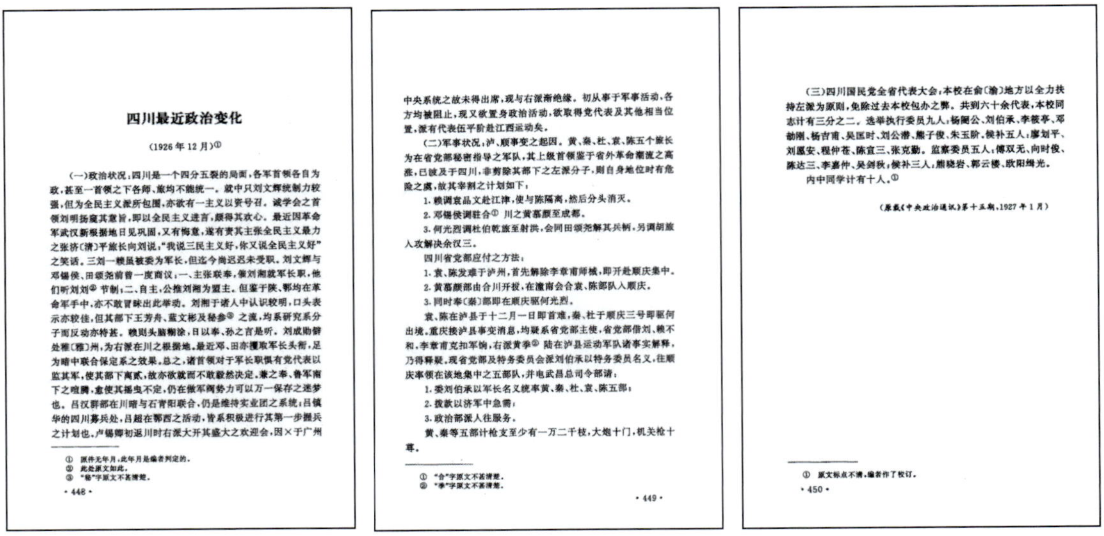

四川最近政治变化

（1926年12月）①

（一）政治状况：四川是一个四分五裂的局面，各军首领各自为政，甚至一首领之下各师、旅均不能统一。就中只刘文辉统制力较强，但为全民主义派所包围，亦欲有一主义以资号召。诚学会之首领刘明扬窥其意旨，即以全民主义进言，颇得其欢心。最近因革命军武汉新根据地日见巩固，又有悔意，遂有责其主张全民主义最力之张济〔清〕平旅长向刘说："我说三民主义好，你又说全民主义好"之笑话。三刘一赖虽被委为军长，但迄今尚迟迟未受职。刘文辉与邓锡侯、田颂尧前曾一度商议：一、主张联奉，俟刘湘就军长职，他们听刘刘② 节制；二、自主，公推刘湘为盟主。但鉴于陕、鄂均在革命军手中，亦不敢冒昧出此举动。刘湘于诸人中认识较明，口头表示亦较佳，但其部下王芳舟、蓝文彬及秘参③ 之流，均系研究系分子而反动亦特甚。赖则头脑糊涂，日以奉、孙之言是听。刘成勋僻处稚〔雅〕州，为右派在川之根据地。最近邓、田亦攫取军长头衔，足为暗中联合保定系之效果。总之，诸首领对于军长职惧有党代表以监其军，使其部下离贰，故亦欲就而不敢毅然决定。兼之奉、鲁军南下之喧腾，愈使其摇曳不定，仍在做军阀势力可以万一保存之迷梦也。吕汉群部在川暗与石青阳联合，仍是维持实业团之系统；吕镇华的四川募兵处，吕超在鄂西之活动，皆系积极进行其第一步揽兵之计划也。卢锡卿初返川时右派大开其盛大之欢迎会，因×于广州

① 原件无年月，此年月是编者判定的。
② 此处原文如此。
③ "秘"字原文不甚清楚。

· 448 ·

中央系统之故未得出席，现与右派断绝缘。初从事于军事活动，各方均被阻止，现又欲置身政治活动，欲取得党代表及其他相当位置，派有代表伍平阶赴江西运动矣。

（二）军事状况：泸、顺事变之起因。黄、秦、杜、袁、陈五个旅长为在省党部秘密指导之军队，其上级首领鉴于省外革命潮流之高涨，已波及于四川，非剪除其部下之左派分子，则自身地位时有危险之虞，故其宰割之计划如下：

1. 赖调袁品文赴江津，使与陈隔离，然后分头消灭。

2. 邓锡侯调驻合① 川之黄慕颜至成都。

3. 何光烈调杜伯乾旅至射洪，会同田颂尧解其兵柄，另调胡旅入攻解决余汉三。

四川省党部应付之方法：

1. 袁、陈发难于泸州，首先解除李章甫师械，即开赴顺庆集中。

2. 黄慕颜部由合川开拔，在潼南会合袁、陈部队入顺庆。

3. 同时奉〔秦〕部即在顺庆驱何光烈。

袁、陈在泸县于十二月一日即首难，秦、杜于顺庆三号即驱何出境。重庆接泸县事变消息，均疑系省党部主使，省党部借刘、赖不和，李章甫克扣军饷，右派黄季② 陆在泸县运动军队诸事实解释，乃得释疑。现省党部及特务委员会派刘伯承以特务委员名义，往顺庆率领在该地集中之五部队，并电武昌总司令部请：

1. 委刘伯承以军长名义统率黄、秦、杜、袁、陈五部；

2. 拨款以济军中急需；

3. 政治部派人往服务。

黄、秦等五部计枪支至少有一万二千枝，大炮十门，机关枪十尊。

① "合"字原文不甚清楚。
② "季"字原文不甚清楚。

· 449 ·

（三）四川国民党全省代表大会：本校在俞〔渝〕地方以全力扶持左派为原则，免除过去本校包办之弊。共到六十余代表，本校同志计有三分之二。选举执行委员九人：杨闇公、刘伯承、李筱亭、邓劼刚、杨吉甫、吴匡时、刘公潜、熊子俊、朱玉阶，候补五人：廖划平、刘愿安、程仲苍、陈宣三、张克勤。监察委员五人：傅双无、向时俊、陈达三、李嘉仲、吴剑秋；候补三人：熊晓岩、郭云楼、欧阳缉光。

内中同学计有十人。①

（原载《中央政治通讯》第十五期，1927年1月）

① 原文标点不清，编者作了校订。

· 450 ·

《四川最近政治变化》①

国民党四川一大日刊

1926年11月25日至12月4日，国民党四川省第一次全省代表大会在重庆中山学校召开。会议选举了正式的国民党四川省执行委员会，杨闇公、朱德、刘伯承等9人为省党部执委，22名执行委员和监察委员以及候补委员中，10名是中共党员，其余均为国民党左派。形成良好国共合作态势，把四川的国共合作推向高潮。这是国民党四川一大日刊。

① 《四川最近政治变化》，1926年12月，转引自周勇主编：《杨闇公纪念集》，重庆出版社1993年版，第448页。

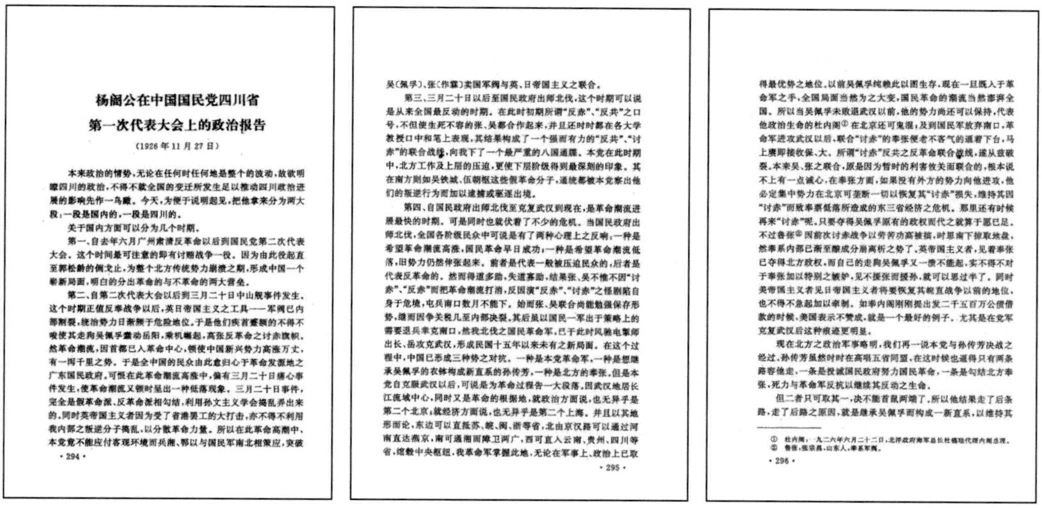

杨闇公在中国国民党四川省第一次代表大会上的政治报告

（1926年11月27日）

本来政治的情势，无论在任何时任何地总是整个的波动，故欲明瞭四川的政治，不得不就全国的变迁所发生足以推动四川政治进展的影响先作一鸟瞰。今天，为便于说明起见，把他拿来分为两大段：一段是国内的，一段是四川的。

关于国内方面可以分为几个时期。

第一、自去年六月广州肃清反革命以后到国民党第二次代表大会。这个时间最可注意的即有讨贿战争一役。因为由此役起直至郭松龄的倒戈止，为整个北方传统势力崩溃之期，形成中国一个崭新局面，明白的分出革命的与不革命的两大营垒。

第二、自第二次代表大会以后到三月二十日中山舰事件发生。这个时期正值反奉战争以后，英日帝国主义之工具——军阀已内部割裂，统治势力日渐濒于危险地位。于是他们疾首蹙额的不得不唆使其走狗吴佩孚蠢动岳阳，乘机崛起，高张反革命之讨赤旗帜。然革命潮流，因首都已入革命中心，顿使中国新兴势力高涨万丈，有一泻千里之势。于是全中国的民众由此愈归心于革命发源地之广东国民政府。可恨在此革命潮流高涨中，偏有三月二十日痛心事件发生，使革命潮流又顿时呈出一种低落现象。三月二十日事件，完全是假革命派、反革命派相勾结，利用孙文主义学会捣乱弄出来的。同时英帝国主义者因为受了省港罢工的大打击，亦不得不利用我内部之叛逆分子捣乱，以分散革命力量。所以在此革命高潮中，本党竟不能应付客观环境而兵湘、鄂以与国民军南北相策应，突破

·294·

吴〔佩孚〕、张〔作霖〕卖国军阀与英、日帝国主义之联合。

第三、三月二十日以后至国民政府出师北伐，这个时期可以说是从来全国最反动的时期。在此时初期所谓"反赤"、"反共"之口号，不但使生死不容的张、吴都合作起来，并且还时时都在各大学教授口中和笔上表现，其结果构成了一个强而有力的"反共"、"讨赤"的联合战线，向我下了一个最严重的八国通牒。本党在此时期中，北方工作及上层的压迫，更使下层阶级得到最深刻的印象。其在南方则如吴铁城、伍朝枢这些假革命分子，通统都被本党察出他们的叛逆行为而加以逮捕或驱逐出境。

第四、自国民政府出师北伐至克复武汉到现在，是革命潮流进展最快的时期。可是同时也就伏着了不少的危机。当国民政府出师北伐，全国各阶级民众中可说是有了两种心理上之反响：一种是希望革命潮流高涨，国民革命早日成功；一种是希望革命潮流低落，旧势力仍然伸张起来。前者是代表一般被压迫民众的，后者是代表反革命的。然而得道多助，失道寡助，结果张、吴不惟不因"讨赤"、"反赤"而把革命潮流打消，反因演"反赤"、"讨赤"之怪剧陷自身于危境，屯兵南口数月不能下。始而张、吴联合尚能勉强保存形势，继而因争关税几至内部决裂。其后虽以国民一军出于策略上的需要退兵幸克南口，然我北伐之国民革命军，已于此时风驰电掣师出长、岳攻克武汉，形成民国十五年以来未有之新局面。在这个过程中，中国已形成三种势之对抗。一种是本党革命军，一种是想继承吴佩孚的衣钵构成新直系的孙传芳，一种是北方的奉张。但是本党自克服武汉以后，可说是为革命过程告一大段落。因武汉地居长江流域中心，同时又是革命的根据地，就政治方面说，也无异乎是第二个北京；就经济方面说，也无异乎是第二个上海。并且以其地形而论，东边可以直抵苏、皖、闽、浙等省，北由京汉路可以通过河南直达燕京，南可通湘而障卫两广，西可直入云南、贵州、四川等省，绾毂中央枢纽，我革命军掌握此地，无论在军事上、政治上已取

·295·

得最优势之地位。以前吴佩孚纯赖此以图生存，现在一旦既入于革命军之手，全国局面当然为之大变，国民革命的潮流当然澎湃全国。所以当吴佩孚未败退武汉以前，他的势力尚还可以保持，代表他政治生命的杜内阁①在北京还可鬼混；及到国民军放弃南口，革命军进攻武汉以后，联合"讨赤"的奉张便老不客气的逼着下台，马上廣即接收保、大。所谓"讨赤"反共之反革命联合战线，遂从兹破裂。本来吴、张之联合，原是因为暂时的利害攸关而联合的，根本说不上有一点诚心，在奉张方面，如果没有外方的势力向他进攻，他必定集中势力在北京可垄断一切以恢复其"讨赤"损失，维持其因"讨赤"而致奉票低落所造成的东三省经济之危机。那里还有时候再来"讨赤"呢。只要夺得吴佩孚原有的政权而代之就算于愿已足。不过鲁张②因前次讨赤战争以劳苦功高被摈，时思南下掠取地盘，然奉系内部已渐至酿成分崩离析之势了。英帝国主义者，见着奉张已夺得北方政权，而自己的走狗吴佩孚又一蹶不能起，实不得不对于奉张加以特别之嫉妒，见不援张而援孙，就可以思过半了。同时美帝国主义者见日帝国主义者将要恢复其皖直战争以前的地位，也不得不急起加以牵制。如奉内阁刚刚提出发二千五百万公债借款的时候，美国表示不赞成，就是一个最好的例子。尤其是在党军克复武汉后这种痕迹更明显。

现在北方之政治军事略明，我们再一说本党与孙传芳决战之经过。孙传芳虽然时时在高唱五省同盟，在这时候也逼得只有两条路容他走，一条是投诚国民政府努力国民革命，一条是勾结北方奉张，死力与革命军反抗以继续其反动之生命。

但二者只可取其一，决不能首鼠两端了。所以他结果走了后条路，走了后路之原因，就是继承吴佩孚而构成一新直系，以维持其

① 杜内阁：一九二六年六月二十二日，北洋政府海军总长杜锡珪代理内阁总理。
② 鲁张：张宗昌，山东人，奉系军阀。

·296·

《杨闇公在中国国民党四川省第一次代表大会上作政治报告》①

上图为1926年11月27日，杨闇公在中国国民党四川省第一次代表大会上所作的政治报告。

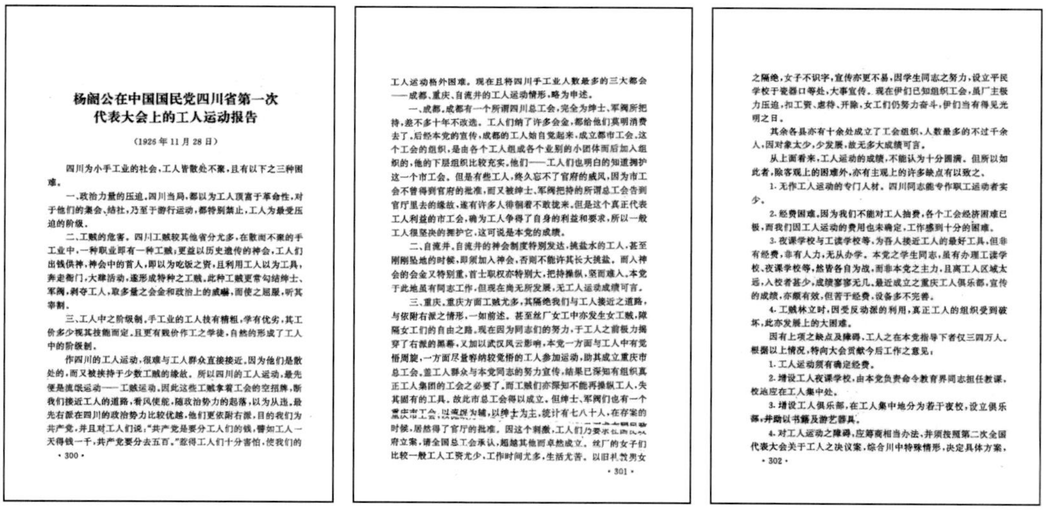

杨闇公在中国国民党四川省第一次代表大会上的工人运动报告

（1926年11月28日）

四川为小手工业的社会，工人皆散处不聚，且有以下之三种困难。

一、政治力量的压迫。四川当局，都以为工人顶富于革命性，对于他们的集会、结社，乃至于游行运动，都特别禁止，工人为最受压迫的阶级。

二、工贼的危害。四川工贼较其他省分尤多，在散而不聚的手工业中，一种职业即有一种工贼；更益以历史遗传的神会，工人们出钱供神，神会中的首人，即以为吃饭之资，且利用工人以为工具，奔走衙门，大肆活动，遂形成特种之工贼。此种工贼更常勾结绅士、军阀，剥夺工人，取多量之会金和政治上的威吓，而使之屈服，听其宰制。

三、工人中之阶级制。手工业的工人技有精粗，学有优劣，其工价多少视其技能而定。且更有贱价作工之学徒，自然的形成了工人中的阶级制。

作四川的工人运动，很难与工人群众直接接近。因为他们是散处的，而又被挟持于少数工贼的缘故。所以四川的工人运动，最先便是流氓运动——工贼运动。因此这些工贼拿着工会的空招牌，断我们接近工人的道路，看风使舵，随政治势力的起落，以为从违。最先右派在四川的政治势力比较优越，他们更依附右派，目的我们为共产党，并且对工人们说："共产党是要分工人们的钱，譬如工人一天得钱一千，共产党要分去五百。"惹得工人们十分害怕，使我们的

·300·

工人运动格外困难。现在且将四川手工业人数最多的三大都会——成都、重庆、自流井的工人运动情形，略为申述。

一、成都。成都有一个所谓四川总工会，完全为绅士、军阀所把持，差不多十年不改选。工人们纳了许多会金，都给他们莫明消费去了。后经本党的宣传，成都的工人始自觉起来，成立都市工会。这个工会的组织，是由各个工人组成各个业别的小团体而后加入组织的，他的下层组织比较充实。他们——工人们也明白的知道拥护这一个市工会。但是有些工人，终久忘不了官府的威风，因为市工会不曾得到官府的批准，而又被绅士、军阀把持的所谓总工会告到官厅里去的缘故，遂有许多人徘徊着不敢拢来。但是这个真正代表工人利益的市工会，确为工人争得了自身的利益和要求，所以一般工人很坚决的拥护它，这可说是本党的成绩。

二、自流井。自流井的神会制度特别发达，挑盐水的工人，甚至刚刚坠地的时候，即须加入神会，否则不能许其长大挑盐。而入神会的会金又特别重，首士职权亦特别大，把持操纵，坚而难入。本党于此地虽有同志工作，但现在尚无所发展，无工人运动成绩可言。

三、重庆。重庆方面工贼尤多，其隔绝我们与工人接近之道路，与依附右派之情形，一如前述。甚至丝厂女工中亦发生女工贼，障隔女工们的自由之路。现在因为同志们的努力，于工人之前极力揭穿了右派的黑幕，又加以武汉风云影响，本党一方面与工人中有觉悟周旋，一方面尽量容纳较觉悟的工人参加运动，助其成立重庆市总工会。并工人群众与本党同志的努力宣传，结果已深知有组织真正工人集团的工会之必要了。而工贼们亦深知不能再操纵工人，失其固有的工具。故此市总工会得以成立。但绅士、军阀们也有一个重庆市工会，以流氓为辅，以绅士为主，统计有七八十人，在存案的时候，居然得了官厅的批准。因这个刺激，工人们乃要求在国民政府立案，请全国总工会承认，超越其他而卓然成立。丝厂的女子们比较一般工人工资尤少，工作时间尤多，生活尤苦。以旧礼教男女

·301·

之隔绝，女子不识字，宣传亦更不易，因学生同志之努力，设立平民学校于瓷器口等处，大事宣传。现在伊们已知组织工会，虽厂主极力压迫，扣工资、虐待、开除，女工们仍努力奋斗，伊们当有得见光明之日。

其余各县亦有十余处成立了工会组织，人数最多的不过千余人，因对象太少，少发展，故无多大成绩可言。

从上面看来，工人运动的成绩，不能认为十分圆满。但所以如此者，除客观上的困难外，亦有主观上的许多缺点有以致之。

1. 无作工人运动的专门人材。四川同志能专作职工运动者实少。

2. 经费困难。因为我们不能对工人抽费，各个工会经济困难已极，而我们因工人运动的费用也未确定，工作感到十分的困难。

3. 夜课学校与工读学校等，为吾人接近工人的最好工具，但非有经费，非有人力，无从办学。本党之学生同志，虽有办理工读学校、夜课学校等，然皆各自为战，而非本党之主力，且离工人区域太远，入校者甚少，成绩寥寥无几。最近成立之重庆工人俱乐部，宣传的成绩，亦颇有效，但苦于经费，设备多不完善。

4. 工贼林立时，因受反动派的利用，真正工人的组织受到破坏，此亦发展上的大困难。

因有上项之缺点及障碍，工人之在本党指导下者仅三四万人。根据以上情况，特向大会贡献今后工作之意见：

1. 工人运动须有确定经费。

2. 增设工人夜课学校，由本党负责命令教育界同志担任教课，校址应在工人集中处。

3. 增设工人俱乐部，在工人集中地分为若干夜校，设立俱乐部，并助以书籍及游艺器具。

4. 对工人运动之障碍，应筹商相当办法，并须按照第二次全国代表大会关于工人之决议案，综合川中特殊情形，决定具体方案，

·302·

《杨闇公在中国国民党四川省第一次代表大会上的工人运动报告》②

上图为1926年11月28日，杨闇公在中国国民党四川省第一次代表大会上所作的工人运动报告。

① 《杨闇公在中国国民党四川省第一次代表大会上的政治报告》，1926年11月，转引自周勇主编：《杨闇公纪念集》，重庆出版社1993年版，第294页。

② 《杨闇公在中国国民党四川省第一次代表大会上的工人运动报告》，1926年11月，转引自周勇主编：《杨闇公纪念集》，重庆出版社1993年版，第300页。

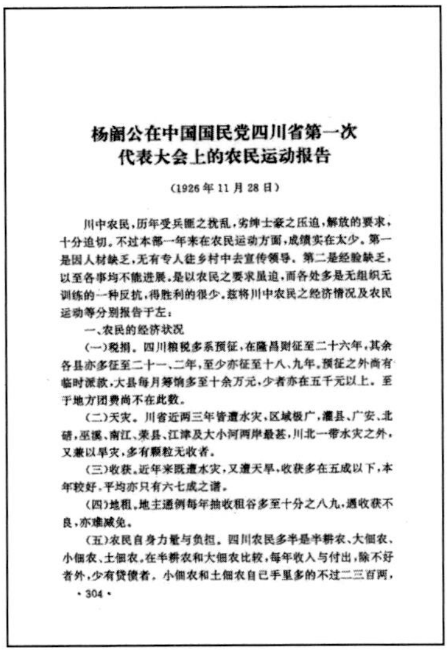

杨闇公在中国国民党四川省第一次代表大会上的农民运动报告

（1926年11月28日）

川中农民，历年受兵匪之扰乱，劣绅士豪之压迫，解放的要求，十分迫切。不过本部一年来在农民运动方面，成绩实在太少。第一是因人材缺乏，无有专人往乡村中去宣传领导。第二是经验缺乏，以至各事均不能进展。是以农民之要求虽迫，而各处多是无组织无训练的一种反抗，得胜利的很少。兹将川中农民之经济情况及农民运动等分别报告于左：

一、农民的经济状况

（一）税捐。四川粮税多系预征，在隆昌则征至二十六年，其余各县亦多征至二十一、二年，至少亦征至十八、九年。预征之外尚有临时派款，大县每月筹饷多至十余万元，少者亦在五千元以上。至于地方团费尚不在此数。

（二）天灾。川省近两三年皆遭水灾，区域极广，灌县、广安、北碚，巫溪、南江、荣县、江津及大小河两岸最甚，川北一带水灾之外，又兼以旱灾，多有颗粒无收者。

（三）收获。近年来既遭水灾，又遭天旱，收获多在五成以下，本年较好，平均亦只有六七成之谱。

（四）地租。地主通例每年抽收租谷多至十分之八九，遇收获不良，亦难减免。

（五）农民自身力量与负担。四川农民多半是半耕农、大佃农、小佃农、土佃农。在半耕农和大佃农比较，每年收入与付出，除不好者外，少有贷债者。小佃农和土佃农自己手里多的不过二三百两，

·304·

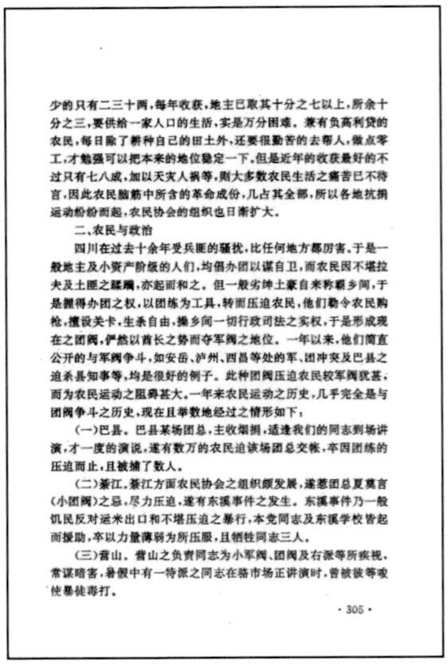

少的只有二三十两，每年收获，地主已取其十分之七以上，所余十分之三，要供给一家人口的生活，实是万分困难。兼有负高利贷的农民，每日除了耕种自己的田土外，还要很勤苦的去帮人，做点零工，才勉强可以把本来的地位稳定一下。但是近年的收获最好的不过只有七八成，加以天灾人祸等，则大多数农民生活之痛苦已不待言，因此农民脑筋中所含的革命成份，几占其全部，所以各地抗捐运动纷纷而起，农民协会的组织也日渐扩大。

二、农民与政治

四川在过去十余年受兵匪的骚扰，比任何地方都厉害。于是一般地主及小资产阶级的人们，均倡办团以谋自卫，而农民因不堪拉夫及土匪之蹂躏，亦起而和之。但一般劣绅土豪自来称霸乡间，于是握得办团之权，以团练为工具，转而压迫农民，他们勒令农民购枪，擅设关卡，生杀自由，操乡间一切行政司法之实权，于是形成现在之团阀，俨然以酋长之势而夺军阀之地位。一年以来，他们简直公开的与军阀争斗，如安岳、泸州、西昌等处的军、团冲突及巴县之迫杀县知事等，均是很好的例子。此种团阀压迫农民较军阀犹甚，而为农民运动之阻碍甚大。一年来农民运动之历史，几乎完全是与团阀争斗之历史，现在且举数地经过之情形如下：

（一）巴县。巴县某场团总，主收烟捐，适逢我们的同志到场讲演，才一度的演说，遂有数万的农民迫该场团总交帐，卒因团练的压迫而止，且被捕了数人。

（二）綦江。綦江方面农民协会之组织颇发展，遂惹团总夏冀言（小团阀）之忌，尽力压迫，遂有东溪事件之发生。东溪事件乃一般饥民反对运米出口和不堪压迫之暴行，本党同志及东溪学校皆起而援助，卒以力量薄弱为所压服，且牺牲同志三人。

（三）营山。营山之负责同志为小军阀、团阀及右派等所疾视，常谋暗害，暑假中有一特派之同志在骆市场正讲演时，曾被彼等唆使暴徒毒打。

·305·

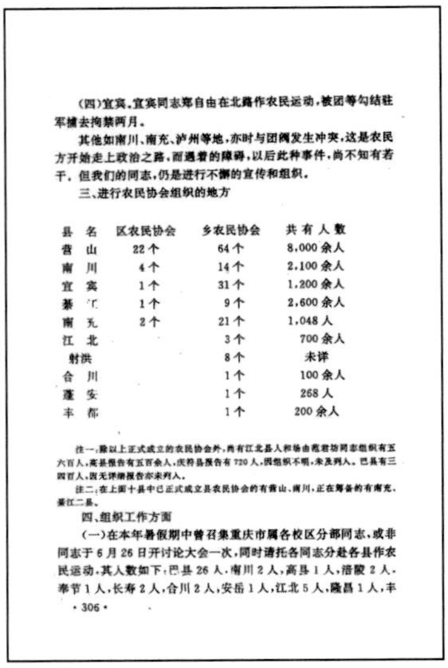

（四）宜宾。宜宾同志郑自由在北路作农民运动，被团等勾结驻军捕去拘禁两月。

其他如南川、南充、泸州等地，亦时与团阀发生冲突，这是农民方开始走上政治之路，而遇着的障碍，以后此种事件，尚不知有若干。但我们的同志，仍是进行不懈的宣传和组织。

三、进行农民协会组织的地方

县名	区农民协会	乡农民协会	共有人数
营山	22个	64个	8,000余人
南川	4个	14个	2,100余人
宜宾	1个	31个	1,200余人
綦江	1个	9个	2,600余人
南充	2个	21个	1,048人
江北		3个	700余人
射洪		8个	未详
合川		1个	100余人
蓬安		1个	268人
丰都		1个	200余人

注一：除以上正式成立的农民协会外，尚有江北县人和场由范君坊同志组织有五六百人，高县报告有五百余人，庆符县报告有720人，因组织不明，未及列入。巴县有三四百人，因无详细报告亦未列入。

注二：在上面十县中已正式成立县农民协会的有营山、南川，正在筹备的有南充、綦江二县。

四、组织工作方面

（一）在本年暑假期中曾召集重庆市属各校区分部同志，或非同志于6月26日开讨论大会一次，同时请托各同志分赴各县作农民运动，其人数如下：巴县26人，南川2人，高县1人，涪陵2人，奉节1人，长寿2人，合川2人，安岳1人，江北5人，隆昌1人，丰

·306·

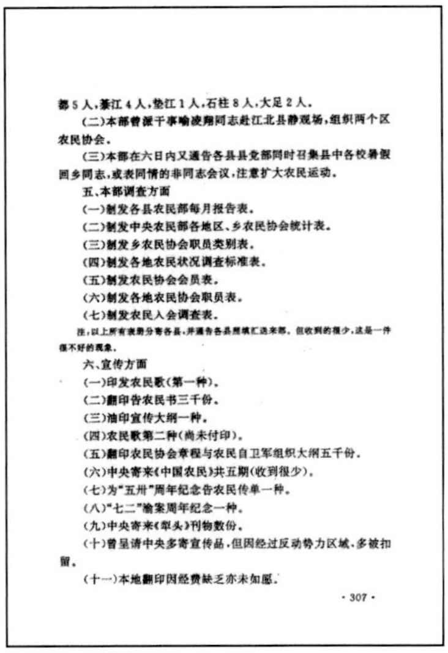

都5人，綦江4人，垫江1人，石柱8人，大足2人。

（二）本部曾派干事喻凌翔同志赴江北县静观场，组织两个区农民协会。

（三）本部在六日内又通告各县县党部同时召集县中各校暑假回乡同志，或表同情的非同志会议，注意扩大农民运动。

五、本部调查方面

（一）制发各县农民部每月报告表。

（二）制发中央农民部各地区、乡农民协会统计表。

（三）制发乡农民协会职员类别表。

（四）制发各地农民状况调查标准表。

（五）制发农民协会会员表。

（六）制发各地农民协会职员表。

（七）制发农民入会调查表。

注：以上所有表册分寄各县，并通告各县照填汇送来部。但收到的很少，这是一件很不好的现象。

六、宣传方面

（一）印发农民歌（第一种）。

（二）翻印告农民书三千份。

（三）油印宣传大纲一种。

（四）农民歌第二种（尚未付印）。

（五）翻印农民协会章程与农民自卫军组织大纲五千份。

（六）中央寄来《中国农民》共五期（收到很少）。

（七）为"五卅"周年纪念告农民传单一种。

（八）"七二"渝案周年纪念一种。

（九）中央寄来《犁头》刊物数份。

（十）曾呈请中央多寄宣传品，但因经过反动势力区域，多被扣留。

（十一）本地翻印因经费缺乏亦未如愿。

·307·

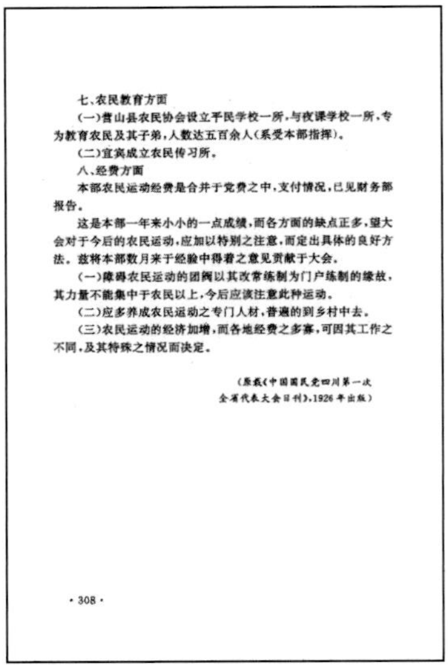

七、农民教育方面

（一）营山县农民协会设立平民学校一所，与夜课学校一所，专为教育农民及其子弟，人数达五百余人（系受本部指挥）。

（二）宜宾成立农民传习所。

八、经费方面

本部农民运动经费是合并于党费之中，支付情况，已见财务部报告。

这是本部一年来小小的一点成绩，而各方面的缺点正多，望大会对于今后的农民运动，应加以特别之注意，而定出具体的良好方法。兹将本部数月来于经验中得着之意见贡献于大会。

（一）障碍农民运动的团阀以其改常练制为门户练制的缘故，其力量不能集中于农民以上，今后应该注意此种运动。

（二）应多养成农民运动之专门人材，普遍的到乡村中去。

（三）农民运动的经济加增，而各地经费之多寡，可因其工作之不同，及其特殊之情况而决定。

（原载《中国国民党四川第一次全省代表大会日刊》，1926年出版）

·308·

《杨闇公在中国国民党四川省第一次代表大会上的农民运动报告》

上图为1926年11月28日，杨闇公在中国国民党四川省第一次代表大会上所作的农民运动报告。

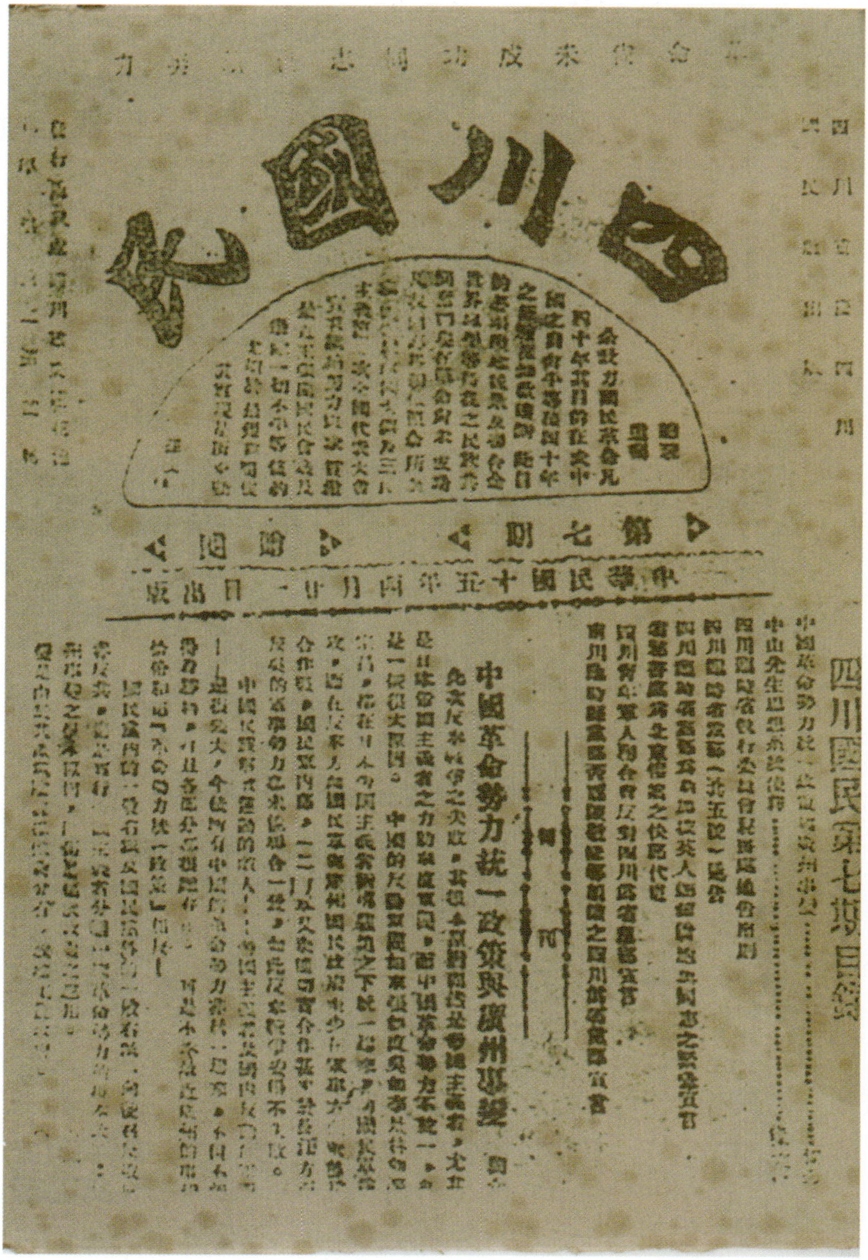

四川國民

第七期

中華民國十五年四月廿一日出版

四川國民第七期目錄

中國革命勢力統一政策與廣州事變

中国国民党四川省党部机关刊物《四川国民》

执行委员：杨闇公　刘伯承　李筱亭　邓劼刚　杨吉甫　吴匡时
刘公潜　朱玉阶　张克勤

监察委员：傅双无　向时俊　李嘉仲　吴剑秋

候补委员：熊晓岩　郭云楼　欧阳缉光　刘愿庵　廖划平
程仲苍　陈宣三　陈达三

中国国民党四川执行委员会组织机构图

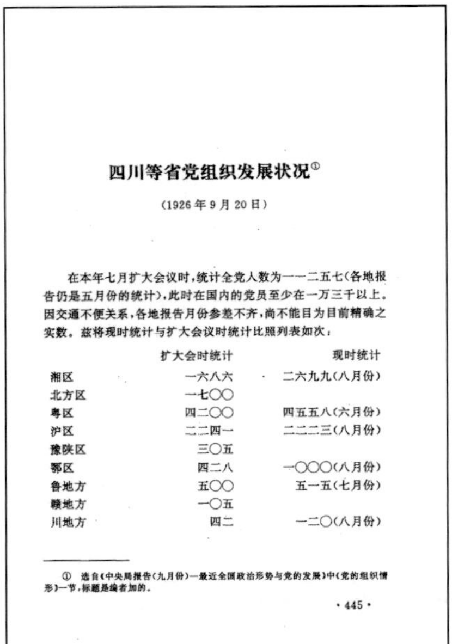

四川等省党组织发展状况①

（1926年9月20日）

在本年七月扩大会议时，统计全党人数为一一二五七（各地报告仍是五月份的统计），此时在国内的党员至少在一万三千以上。因交通不便关系，各地报告月份参差不齐，尚不能目为目前精确之实数。兹将现时统计与扩大会议时统计比照列表如次：

	扩大会时统计	现时统计
湘区	一六八六	二六九九（八月份）
北方区	一七〇〇	
粤区	四二〇〇	四五五八（六月份）
沪区	二二四一	二二二三（八月份）
豫陕区	三〇五	
鄂区	四二八	一〇〇〇（八月份）
鲁地方	五〇〇	五一五（七月份）
赣地方	一〇五	
川地方	四二	一二〇（八月份）

① 选自《中央局报告（九月份）—最近全国政治形势与党的发展》中《党的组织情形》一节，标题是编者加的。

·445·

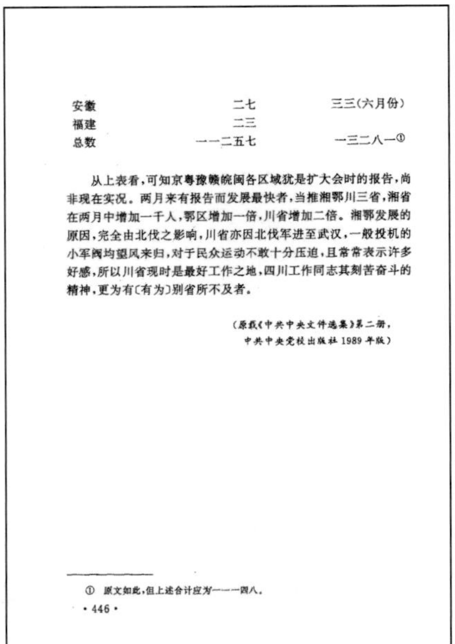

安徽	二七	三三（六月份）
福建	二三	
总数	一一二五七	一三二八一①

从上表看，可知京粤豫赣皖闽各区域犹是扩大会时的报告，尚非现在实况。两月来有报告而发展最快者，当推湘鄂川三省，湘省在两月中增加一千人，鄂区增加一倍，川省增加二倍。湘鄂发展的原因，完全由北伐之影响，川省亦因北伐军进至武汉，一般投机的小军阀均望风来归，对于民众运动不敢十分压迫，且常常表示许多好感，所以川省现时是最好工作之地，四川工作同志其刻苦奋斗的精神，更为有〔有为〕别省所不及者。

（原载《中共中央文件选集》第二册，
中共中央党校出版社1989年版）

① 原文如此，但上述合计应为一一一四八。

·446·

《四川等省党组织发展状况》①

上图为1926年9月，中国共产党在四川省党组织的发展情况的详细说明。

① 《四川等省党组织发展状况》，1926年9月，转引自周勇主编：《杨闇公纪念集》，重庆出版社1993年版，第445页。

二、工运农运

中国工人运动第一次高潮形势图

1922年1月到1923年2月，全国总共爆发一百多次罢工斗争，有三十多万工人直接参加了罢工，形成了中国共产党领导工人运动的第一个高潮。上图为中国工人运动第一次高潮形势图。

领导重庆工人运动的团地委部分负责人合影（左起：第二排第一为杨闇公，第二为萧楚女，后排第四为罗世文，第六为张锡畴）

大革命时期，重庆各行业工人大约有10万人，其中产业工人约5000人。上图为领导重庆工人运动的团地委部分负责人合影。

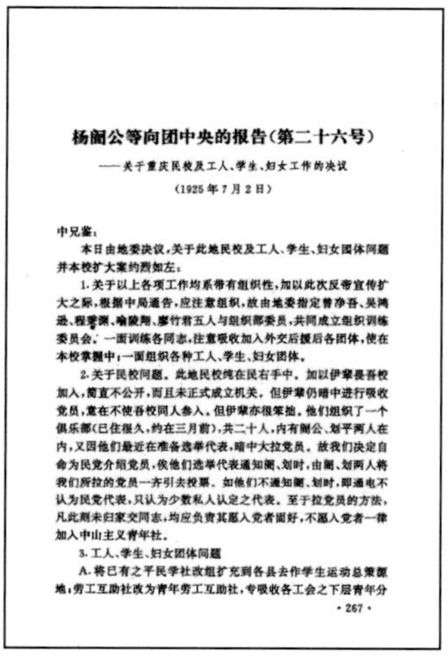
杨闇公等向团中央的报告(第二十六号)

——关于重庆民校及工人、学生、妇女工作的决议

(1925年7月2日)

中兄鉴:

本日由地委决议,关于此地民校及工人、学生、妇女团体问题并本校扩大案约酌如左:

1.关于以上各项工作均系带有组织性,加以此次反帝宣传扩大之际,根据中局通告,应注意组织,故由地委指定曾净吾、吴鸿逊、程秀渊、喻陵翔、廖竹君五人与组织部委员,共同成立组织训练委员会:一面训练各同志,注意吸收加入外交后援后各团体,使在本校掌握中;一面组织各种工人、学生、妇女团体。

2.关于民校问题。此地民校纯在民右手中,加以伊辈畏吾校加入,简直不公开,而且未正式成立机关。但伊辈仍暗中进行吸收党员,意在不使吾校同人参入。但伊辈亦很笨拙。他们组织了一个俱乐部(已住很久,约在三月前),共二十人,内有闇公、划平两人在内,又因他们最近在准备选举代表,暗中大拉党员。故我们决定自命为民党介绍党员,俟他们选举代表通知阁、划时,由阁、划两人将我们所拉的党员一齐引去投票。如他们不通知阁、划时,即通电不认为民党代表,只认为少数私人认定之代表。至于拉党员的方法,凡此刻未归家交同志,均应负责其愿入党者留好,不愿入党者一律加入中山主义青年社。

3.工人、学生、妇女团体问题

A.将已有之平民学社改组扩充到各县去作学生运动总策源地;劳工互助社改为青年劳工互助社,专吸收各工会之下层青年分

·267·

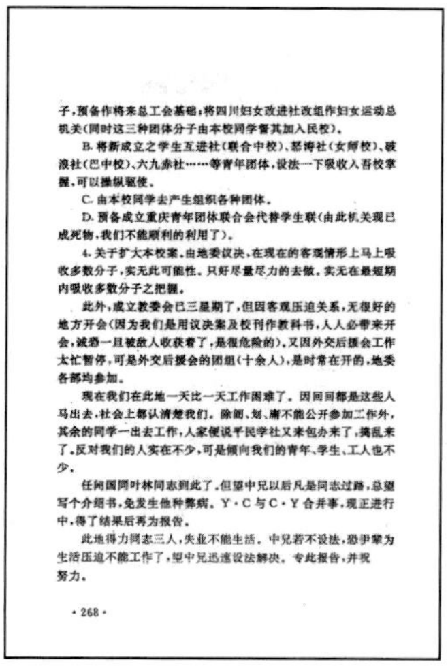
子,预备作将来总工会基础;将四川妇女改进社改组作妇女运动总机关(同时这三种团体分子由本校同学督其加入民校)。

B.将新成立之学生互进社(联合中校)、怒涛社(女师校)、破浪社(巴中校)、六九赤社……等青年团体,设法一下吸收入吾校掌握,可以操纵驱使。

C.由本校同学去产生组织各种团体。

D.预备成立重庆青年团体联合会代替学生联(由此机关现已成死物,我们不能顺利的利用了)。

4.关于扩大本校案。由地委议决,在现在的客观情形上马上吸收多数分子,实无此可能性。只好尽量尽力的去做。实无在最短期内吸收多数分子之把握。

此外,成立教委会已三星期了,但因客观压迫关系,无很好的地方开会(因为我们是用议决案及校刊作教科书,人人必带来开会,诚恐一旦被敌人收获着了,是很危险的)。又因外交后援会工作太忙暂停,可是外交后援会的团组(十余人),是时常在开的,地委各部均参加。

现在我们在此地一天比一天工作困难了。因回回都是这些人马出去,社会上都认清楚我们。除阁、划、庸不能公开参加工作外,其余的同学一出去工作,人家便说平民学社又来包办来了,捣乱来了。反对我们的人实在不少,可是倾向我们的青年、学生、工人也不少。

任鸿国同叶林同志到此了。但望中兄以后凡是同志过路,总望写个介绍书,免发生他种弊病。Y·C与C·Y合并事,现正进行中,得了结果后再为报告。

此地得力同志三人,失业不能生活。中兄若不设法,恐伊辈为生活压迫不能工作了,望中兄迅速设法解决。专此报告,并祝努力。

·268·

秘　阁(代)

组庸生(代)

二号夜

(原件藏中央档案馆)

·269·

《杨闇公等向团中央的报告(第二十六号)——关于重庆民校及工人、学生、妇女工作的决议》①

1925年初,杨闇公担任组织部主任并代行书记职责后,依靠团员组织了劳工互助社,并进一步办好平民学校,开办工人夜校,通过宣传教育,提高工人的政治思想觉悟,吸收工人中的骨干分子加入共青团。同年7月,团地委又决定把劳工互助社改为青年劳工互助社,专门吸收各工会的下层青年,为建立总工会打下基础。同年冬,又组织建立了工界公益联合会。上图为1925年7月2日,杨闇公等给团中央的报告,内容主要是关于重庆民校及工人、学生、妇女工作的决议。

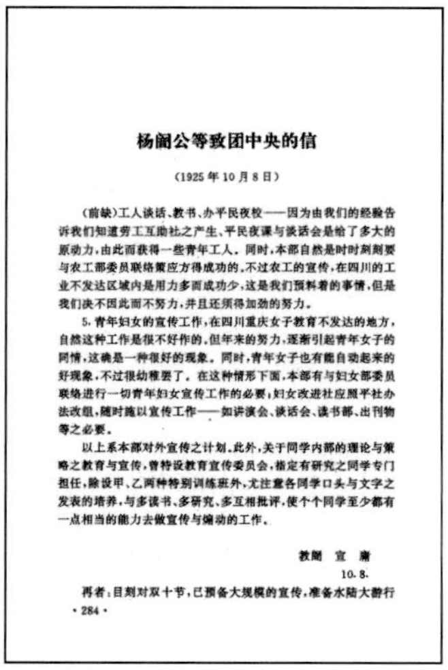
杨闇公等致团中央的信

(1925年10月8日)

(前缺)工人谈话、教书、办平民夜校——因为由我们的经验告诉我们知道劳工互助社之产生、平民夜课与谈话会是给了多大的原动力,由此而获得一些青年工人。同时,本部自然是时时刻刻要与农工部委员联络策应方得成功的。不过农工的宣传,在四川的工业不发达区域内是用力多而成功少,这是我们预料着的事情,但是我们决不因此而不努力,并且还须得加劲的努力。

5.青年妇女的宣传工作,在四川重庆女子教育不发达的地方,自然这种工作是很不好作的。但年来的努力,逐渐引起青年女子的同情,这确是一种很好的现象。同时,青年女子也有能自动起来的好现象,不过很幼稚罢了。在这种情形下面,本部有与妇女部委员联络进行一切青年妇女宣传工作的必要;妇女改进社应照平社办法改组,随时施以宣传工作——如讲演会、谈话会、读书部、出刊物等之必要。

以上系本部对外宣传之计划。此外,关于同学内部的理论与策略之教育与宣传,曾特设教育宣传委员会,指定有研究之同学专门担任,除设甲、乙两种特别训练班外,尤注意各同学口头与文字之发表的培养,与多读书、多研究、多互相批评,使个个同学至少都有一点相当的能力去做宣传与煽动的工作。

教闇　宣　庸

10.8.

再者:目刻对双十节,已预备大规模的宣传,准备水陆大游行

·284·

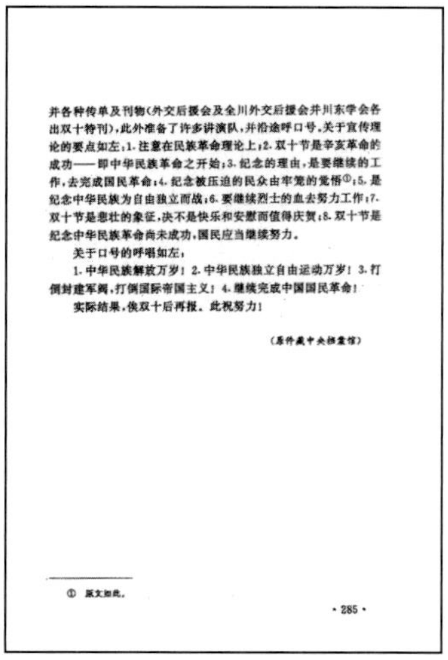
并各种传单及刊物(外交后援会及全川外交后援会并川东学会各出双十特刊),此外准备了许多讲演队,并沿途呼口号。关于宣传理论的要点如左:1.注意在民族革命理论上;2.双十节是辛亥革命的成功——即中华民族革命之开始;3.纪念的理由,是要继续的工作,去完成国民革命;4.纪念被压迫的民众由牢笼的觉悟①;5.是纪念中华民族为自由独立而战;6.要继续烈士的血去努力工作;7.双十节是悲壮的象征,决不是快乐和安慰而值得庆贺;8.双十节是纪念中华民族革命尚未成功,国民应当继续努力。

关于口号的呼唱如左:

1.中华民族解放万岁!2.中华民族独立自由运动万岁!3.打倒封建军阀,打倒国际帝国主义!4.继续完成中国国民革命!

实际结果,俟双十后再报。此祝努力!

(原件藏中央档案馆)

① 原文如此。

·285·

左图为1925年10月8日,杨闇公等人致团中央的信。

《杨闇公等致团中央的信》②

---

①《杨闇公等向团中央的报告(第二十六号)——关于重庆民校及工人、学生、妇女工作的决议》,1925年7月,转引自周勇主编:《杨闇公纪念集》,重庆出版社1993年版,第267页。

②《杨闇公等致团中央的信》,1925年10月,转引自周勇主编:《杨闇公纪念集》,重庆出版社1993年版,第284页。

中共重庆地方执行委员会还通过国民党四川省党部工人部，组织工人、职员公开活动，使得以工人为主体的各行业工会陆续建立起来，逐步瓦解了由国民党右派四川省党部控制的市工会。在此基础上于1926年11月正式成立了实际上由“中共重庆地执委”领导的重庆市总工会，从此全市工人真正有了自己的统一组织。左图为1926年5月30日，国民党四川临时省执行委员会告农民的五卅惨案周年纪念文章。

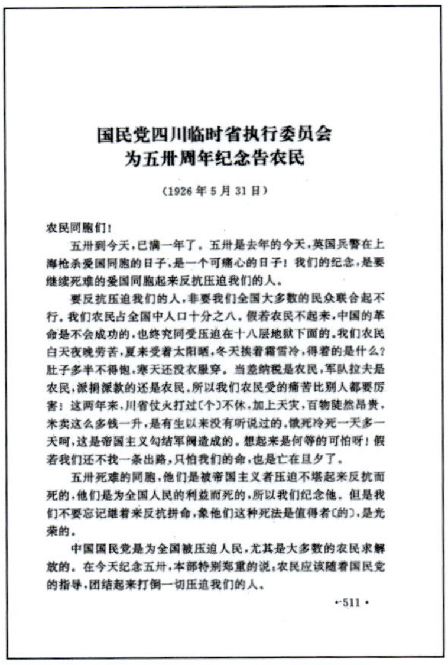

国民党四川临时省执行委员会
为五卅周年纪念告农民

（1926年5月31日）

农民同胞们！

五卅到今天，已满一年了。五卅是去年的今天，英国兵警在上海枪杀爱国同胞的日子，是一个可痛心的日子！我们的纪念，是要继续死难的爱国同胞起来反抗压迫我们的人。

要反抗压迫我们的人，非要我们全国大多数的民众联合起不行。我们农民占全国中人口十分之八。假若农民不起来，中国的革命是不会成功的，也终究同受压迫在十八层地狱下面的。我们农民白天夜晚劳苦，夏来受着太阳晒，冬天挨着霜雪冷，得着的是什么？肚子多半不得饱，寒天还没衣服穿。当差纳税是农民，军队拉夫是农民，派捐派款的还是农民。所以我们农民受的痛苦比别人都要厉害！这两年来，川省仗火打过〔个〕不休，加上天灾，百物陡然昂贵，米卖这么多钱一升，是有生以来没有听说过的。饿死冷死一天多一天呵，这是帝国主义勾结军阀造成的。想起来是何等的可怕呀！假若我们还不找一条出路，只怕我们的命，也是亡在旦夕了。

五卅死难的同胞，他们是被帝国主义者压迫不堪起来反抗而死的，他们是为全国人民的利益而死的，所以我们纪念他。但是我们不要忘记继着来反抗拼命，象他们这种死法是值得者〔的〕，是光荣的。

中国国民党是为全国被压迫人民，尤其是大多数的农民求解放的。在今天纪念五卅，本部特别郑重的说：农民应该随着国民党的指导，团结起来打倒一切压迫我们的人。

·511·

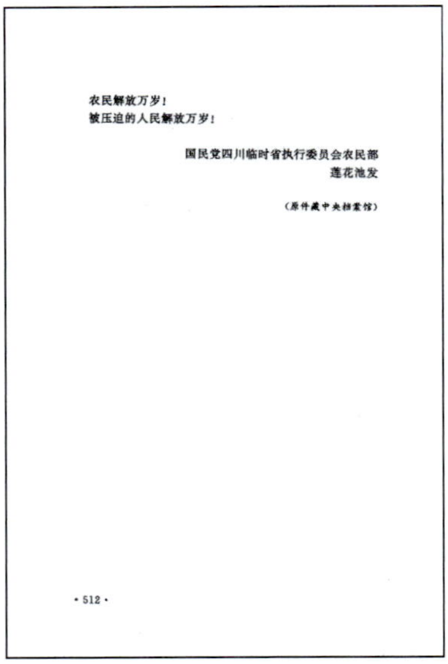

农民解放万岁！
被压迫的人民解放万岁！

国民党四川临时省执行委员会农民部
莲花池发

（原件藏中央档案馆）

·512·

《国民党四川临时省执行委员会为五卅周年纪念告农民》①

邓中夏《中国职工运动简史》

右图为邓中夏著《中国职工运动简史》书中指出京汉铁路大罢工的失败，使中国工人运动进入“消沉时期”。

① 《国民党四川临时省执行委员会五卅惨案周年纪念告工人》，1926年5月，转引自周勇主编：《杨闇公纪念集》，重庆出版社1993年版，第455页。

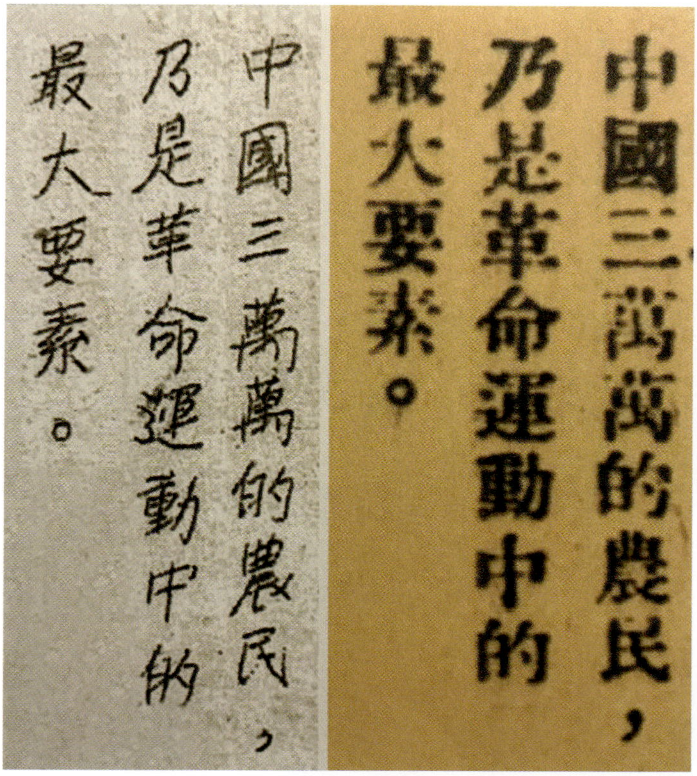

“中国三万万的农民，乃是革命运动中最大要素。”

中国共产党第二次全国代表大会于1922年7月16至23日在上海举行。出席代表有陈独秀、张国焘、李达、蔡和森、杨明斋、罗章龙、王尽美、许白昊、谭平山、李震瀛、施存统等12人（一人姓名不详），代表全国党员195人。大会根据列宁关于民族和殖民地问题的理论，分析了国际形势、中国社会的政治经济状况和中国革命的性质、对象及动力，讨论通过了《关于“世界大势与中国共产党”的议决案》等9个决议案和党的章程。大会宣言指出“中国共产党是中国无产阶级政党”，其最高纲领是“组织无产阶级，用阶级斗争的手段，建立劳农专政的政治，铲除私有财产制度，渐次达到一个共产主义的社会”。最低纲领是“消除内乱，打倒军阀，建设国内和平；推翻国际帝国主义的压迫，达到中华民族完全独立；统一中国为真正的民主共和国”。大会选举产生了中央执行委员会，陈独秀、张国焘、蔡和森、高君宇、邓中夏当选为中央委员，推选陈独秀为委员长。大会第一次提出了中国革命要分两步走，制定了彻底的反帝反封建的民主革命纲领，为中国革命指明了方向。上图为《中国共产党第二次全国大会宣言》摘录。

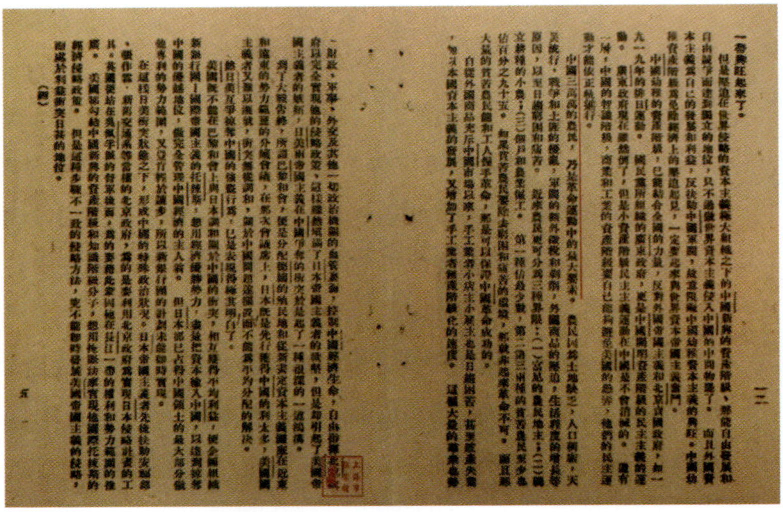

一齊興旺起來了。

但是處在世界侵略的資本主義大組織之下的中國新興的資產階級，想從自由發展和自由競爭而達到獨立的地位，只不過做世界資本主義侵入中國的中間物罷了。而且外國資本主義為自己的發展和利益，反扶助中國軍閥，故意阻礙中國幼稚資本主義的興旺。中國幼稚資產階級為免除經濟上的壓迫起見，一定要起來與世界資本帝國主義奮鬥。

中國幼稚的資產階級，已經結合全國的力量，反對外國帝國主義和北京賣國政府，如一九一九年的排日運動。國民黨所組織的廣東政府，更是中國開明資產階級的民主主義的運動。廣東政府現在雖然倒了，但是小資產階級民主主義運動在中國是不會消滅的。還有一層，中國的智識階級，商業和工業的資產階級要自己能夠避免美國的慘罪，他們的民主運動才能依正軌進行。

中國三萬萬的農民，乃是革命運動中的最大要素。農民因為土地缺乏，人口稠密，天災流行，戰爭和土匪的擾亂，軍閥的額外徵稅和剝削，外國商品的壓迫，生活程度的增長等原因，以至日趨窮困和痛苦。近來農民更可分為三種界限：(一)富足的農民地主；(二)獨立耕種的小農；(三)佃戶和農業僱工。第一種佔最少數，第二第三兩種的貧苦農民至少也佔百分之九十五。如果貧苦農民要除去窮困和痛苦的環境，那就非起來革命不可。而且那大量的貧苦農民能和工人握手革命，那是可以保證中國革命成功的。

自從外國商品充斥中國市場以來，手工業者小商主也是日趨困苦，甚至破產失業，加以本國資本主義的發展，又增加了手工業者無產階級化的速度。這種大量的無產者

三

一財政，軍事，外交及其他一切政治機關的最高權威，控制中國經濟生命，自由行動政府以完全實現他的侵略政策，這種擴張雖然填滿了日本帝國主義者的欲望，但是卻引起了美國帝國主義者的嫉妒，日美兩帝國主義在中國爭奪的衝突於是起了一陣激烈的波浪。

到了大戰告終，所謂巴黎和會，便是分配殖民的殖民地和從新安定資本主義國家在遠東和遠東的勢力範圍的分贓會議，在那次會議席上，日本既是先行獲得中國的利太多，美國帝國主義者又無以滿足，衝突無從調和，關於中國問題遂擱置而不能為平均分配的解決。於日美互爭掠奪中國的強盜行為，已是表現得極其明白了。

美國既不能在巴黎和會上與日本調和關於中國的衝突，相互獲得平均利益，便企圖組織新銀行團—國際帝國主義的托辣斯，想用經濟侵略勢力，盡量把資本輸入中國，以達到將來中國的優越地位，能完全管理中國經濟的主人翁。但日本卻已佔得中國領土的最大部分做他專利的勢力範圍，又不肯於讓步，所以新銀行團的計劃未能即時實現。

在這種日美衝突狀態之下，形成中國的特殊政治狀況。日本帝國主義者先後扶助安福部，徐樹錚，新舊交通系等當權的北京政府，為的是要利用北京政府為實現日本侵略計畫的工具。英國要培植吳佩孚派的曹吳勢力，為的要鞏固他在長江一帶的權利和勢力範圍的擴張。美國卻勾結中國新興的資產階級和知識階級分子，想用他們來實現他國際托拉斯的新經濟侵略政策。但是這種步驟不一致的侵略方法，究不能夠暫時發展美國帝國主義的侵略，終歸於引起衝突日甚的地位。

(續)

五

《中国共产党第二次全国大会宣言》

上图为《中国共产党第二次全国大会宣言》有关农民运动部分的阐述。

广州中央农民运动讲习所旧址

中共重庆地方执行委员会成立后，立即就从重庆、綦江、江津、宜宾、南充、涪陵等地陆续选送了牛大鸣、黄堂佐、石兆祥等25人去广州参加毛泽东任所长的中央农民运动讲习所学习，培养四川农民骨干。

毛泽东主持的武汉中央农民运动讲习所

毛泽东主持农讲所时的留影

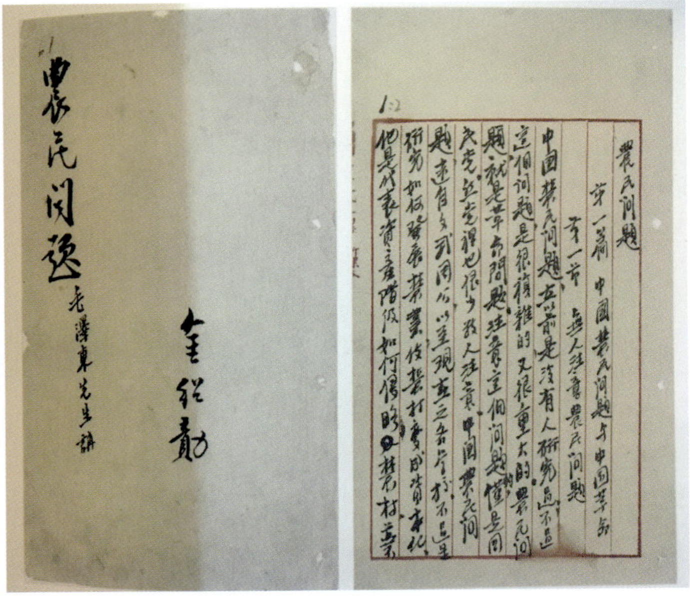

農民問題
毛澤東先生講
金從勳

農民問題
第一篇 中國農民問題與中國革命
第一节 無人注意農民問題
中國農民問題，在以前是沒有人研究過，不過
這個問題是很複雜的，又很重大的。農民問
題，就是革命問題。注意這個問題的，僅是同
民党並党裡也很少数人注意中國農民問
題，並有文武同人以至現在之各學者，都不是
研究如何發展農業，改良耕種，或替本化
他是代表資產階級如何侵略欺騙農村並

农民运动教材《农民问题》

上图为由毛泽东亲自讲授的农民运动教材《农民问题》。

重庆中法学校旧址

中共重庆地执委在中法学校组织了农民运动研究会，300名该校学生全部参加该会，成为会员，学习研究农运工作。上图为重庆农民运动研究会所在地中法学校。

杨闇公

杨闇公于1926年任中国国民党四川省党部农民部负责人。

周贡植

周贡植于1926年任中国国民党四川省党部农民部秘书。

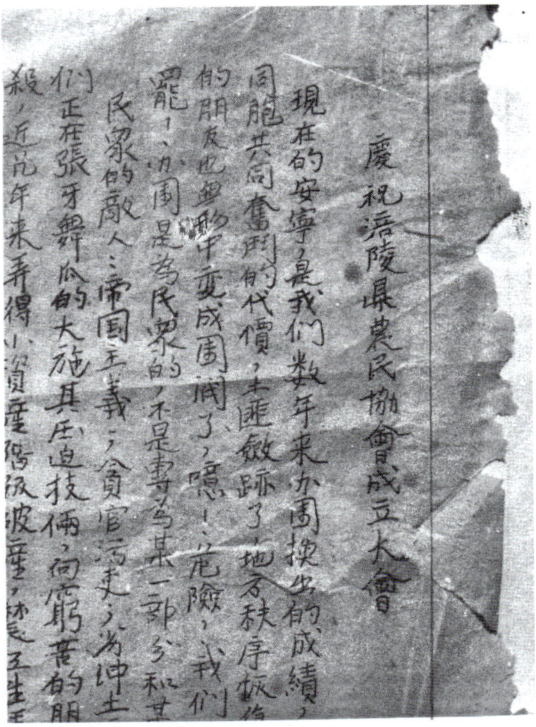

慶祝涪陵縣農民協會成立大會

現在的安寧是我們數年來力國換出的成績，同胞共同奮鬥的代價，土匪斂跡了，地方秩序恢復……的朋友也要轉變成團閥了，噫！危險！我們罷！力國是為民衆的，不是專為某一部分私……民衆的敵人：帝國主義，貪官污吏，劣紳土……們正在張牙舞爪的大施其壓迫技倆，向窮苦的朋……殺，近幾年來弄得小資產階級破產，地主……

《庆祝涪陵县农民协会成立大会》布告

1926年6月26日，以国共合作为基础，中共重庆地执委主导推动的国民党四川省党部从各校的国民党员（其中多数是共产党员、共青团员）和家在农村的进步学生中挑选了60多名骨干人员进行短期培训，然后派他们暑假期间回乡组织农民协会。同时，通知各县党部也照此办法开展农运工作。左图为《庆祝涪陵县农民协会成立大会》布告。

涪陵县《农民协会章程》封面

1926年10月，中共中央向四川派出22名广州农民运动讲习所培训毕业学员，中共重庆地执委立即按照中央指示，把他们分配到成都重庆等地开展农运工作，这些地方的农运工作很快开展起来。左图为涪陵县《农民协会章程》封面。

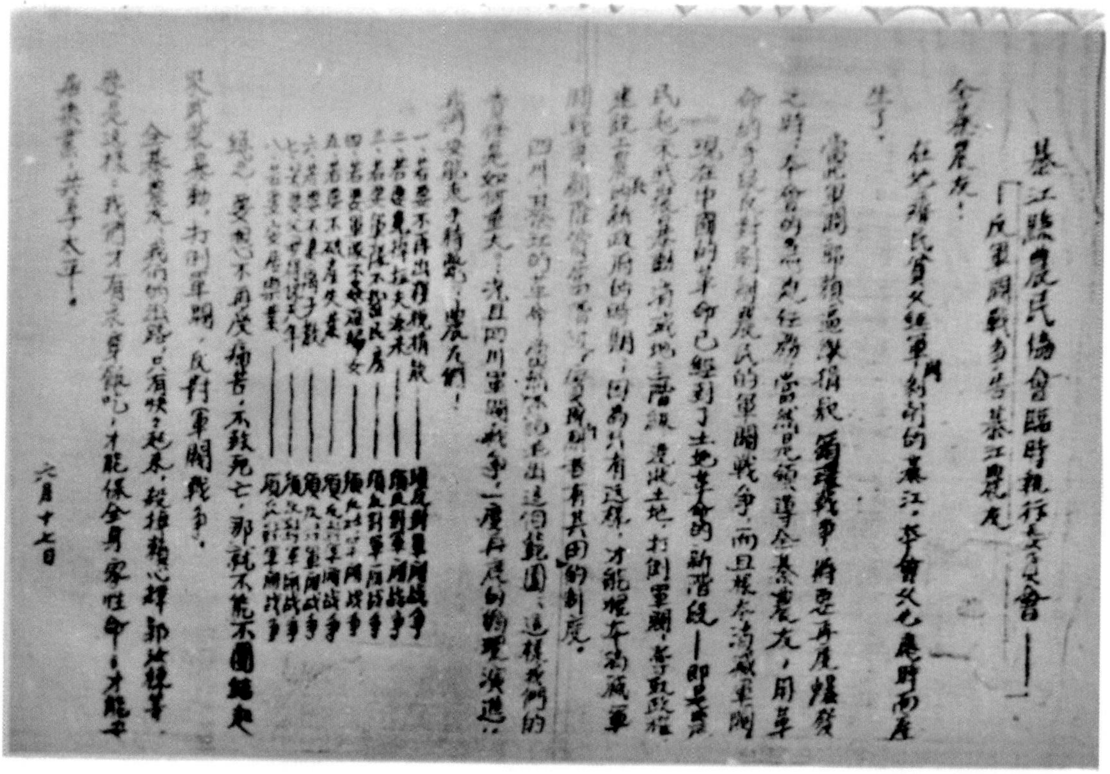

綦江縣農民協會臨時執行委員會

「反軍閥戰爭告綦江農民」

全縣農友：

六月十七日

《綦江县农民协会临时执行委员会——反军阀战争告綦江农民》

1926年11月底，全川有14个县开展了建立农民协会的工作，共建立了2个县农民协会、30多个区农民协会、153个乡农民协会，近2万会员。据不完全统计，到1927年6月，农协会员就猛增到33200人。上图为1926年綦江县农民协会临时执委会成立时发布的告农友书。

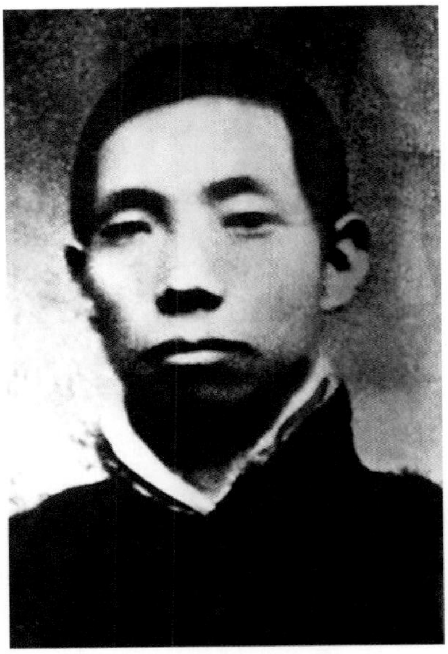

李蔚如

李蔚如（1883—1927），字郁生。重庆涪陵人。1926年加入中国共产党后，开展涪陵地区的农民运动工作，曾领导涪陵、南川、綦江农民自卫军武装暴动。

涪陵大顺场李家祠堂的农民协会旧址

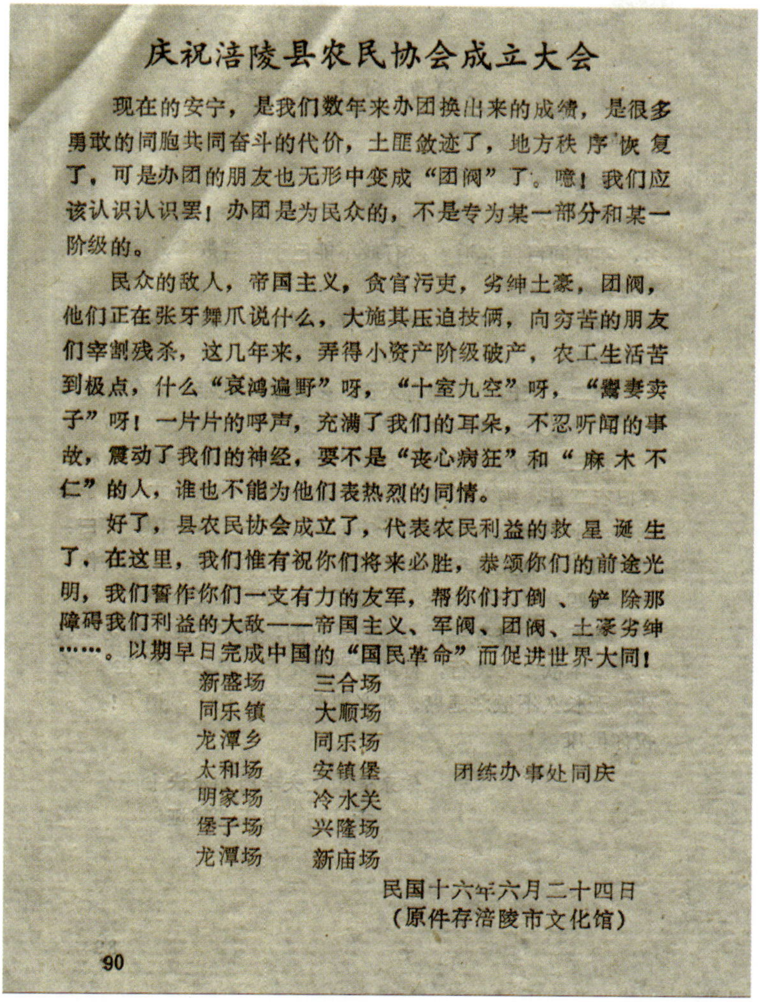

庆祝涪陵县农民协会成立大会

现在的安宁，是我们数年来办团换出来的成绩，是很多勇敢的同胞共同奋斗的代价，土匪敛迹了，地方秩序恢复了，可是办团的朋友也无形中变成“团阀”了。噫！我们应该认识认识罢！办团是为民众的，不是专为某一部分和某一阶级的。

民众的敌人，帝国主义，贪官污吏，劣绅土豪，团阀，他们正在张牙舞爪说什么，大施其压迫技俩，向穷苦的朋友们宰割残杀，这几年来，弄得小资产阶级破产，农工生活苦到极点，什么“哀鸿遍野”呀，“十室九空”呀，“鬻妻卖子”呀！一片片的呼声，充满了我们的耳朵，不忍听闻的事故，震动了我们的神经，要不是“丧心病狂”和“麻木不仁”的人，谁也不能为他们表热烈的同情。

好了，县农民协会成立了，代表农民利益的救星诞生了，在这里，我们惟有祝你们将来必胜，恭颂你们的前途光明，我们誓作你们一支有力的友军，帮你们打倒、铲除那障碍我们利益的大敌——帝国主义、军阀、团阀、土豪劣绅……。以期早日完成中国的“国民革命”而促进世界大同！

新盛场　三合场
同乐镇　大顺场
龙潭乡　同乐场
太和场　安镇堡　　团练办事处同庆
明家场　冷水关
堡子场　兴隆场
龙潭场　新庙场

民国十六年六月二十四日

（原件存涪陵市文化馆）

90

《庆祝涪陵县农民协会成立大会》贺词

1927年1月3日，南川东西北联团和涪陵农民武装在石溪乡成立綦南涪农民自卫军。上图为庆祝涪陵县农民协会成立大会上的大会贺词。

重庆涪陵县大顺场

涪陵县农民自卫军前线指挥部驻地——明家场

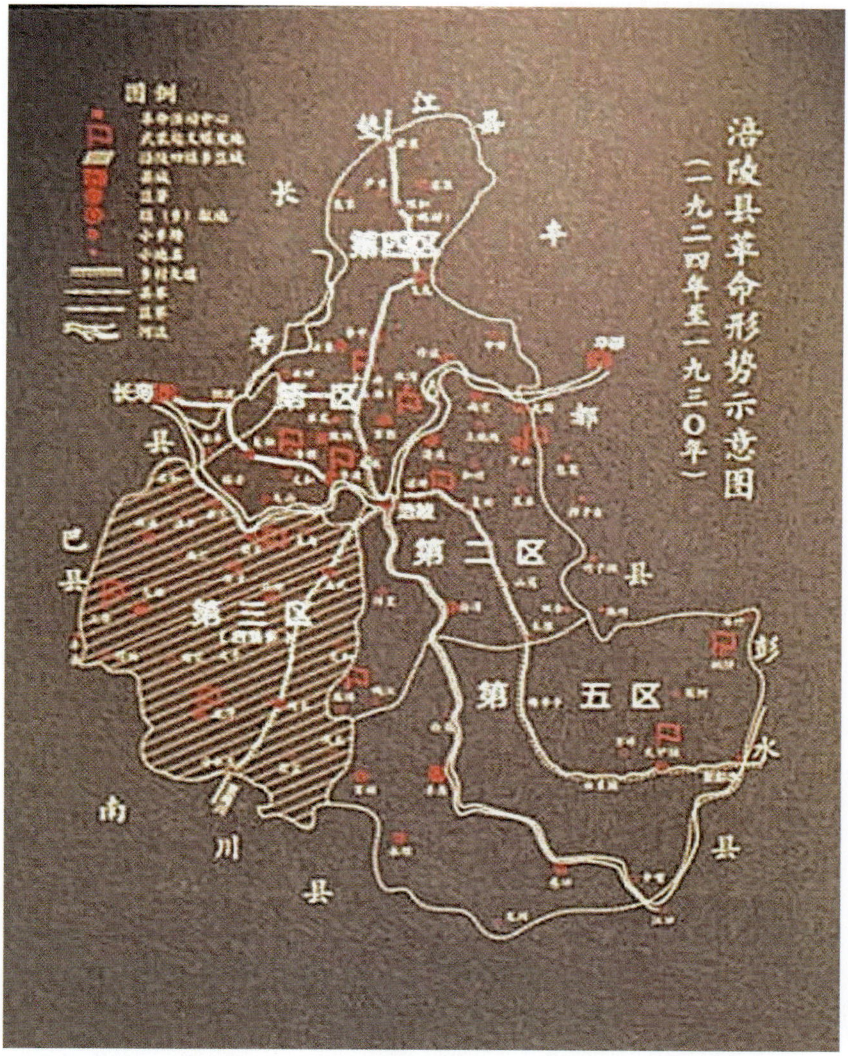

《涪陵县革命形势示意图（1924年—1930年）》

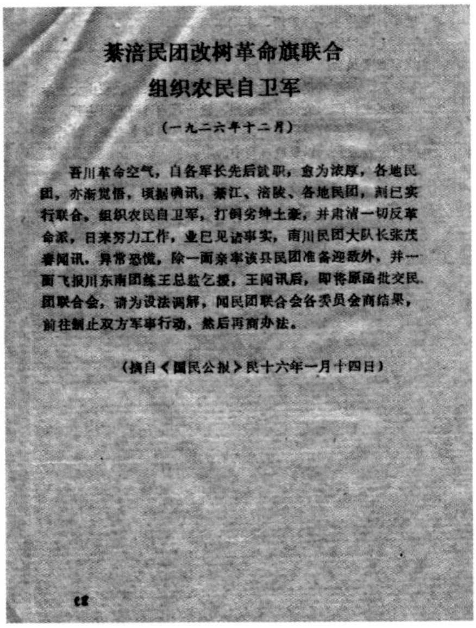

綦涪民团改树革命旗联合

组织农民自卫军

（一九二六年十二月）

吾川革命空气，自各军长先后就职，愈为浓厚，各地民团，亦渐觉悟，顷据确讯，綦江、涪陵、各地民团，刻已实行联合，组织农民自卫军，打倒劣绅土豪，并肃清一切反革命派，日来努力工作，业已见诸事实，南川民团大队长张茂春闻讯，异常恐慌，除一面亲率该县民团准备迎敌外，并一面飞报川东南团练王总监乞援，王闻讯后，即将原函批交民团联合会，请为设法调解，闻民团联合会各委员会商结果，前往制止双方军事行动，然后再商办法。

（摘自《国民公报》民十六年一月十四日）

《綦涪民团改树革命旗联合组织农民自卫军》

左图为1927年1月14日《国民公报》刊登的关于綦江、涪陵农民自卫军的报道。

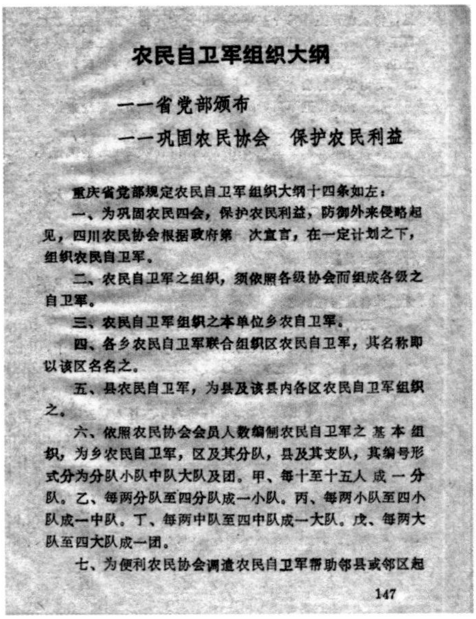

农民自卫军组织大纲

——省党部颁布

——巩固农民协会　保护农民利益

重庆省党部规定农民自卫军组织大纲十四条如左：

一、为巩固农民四会，保护农民利益，防御外来侵略起见，四川农民协会根据政府第　次宣言，在一定计划之下，组织农民自卫军。

二、农民自卫军之组织，须依照各级协会而组成各级之自卫军。

三、农民自卫军组织之本单位乡农自卫军。

四、各乡农民自卫军联合组织区农民自卫军，其名称即以该区名名之。

五、县农民自卫军，为县及该县内各区农民自卫军组织之。

六、依照农民协会会员人数编制农民自卫军之基本组织，为乡农民自卫军，区及其分队，县及其支队，其编号形式分为分队小队中队大队及团。甲、每十至十五人成一分队。乙、每两分队至四分队成一小队。丙、每两小队至四小队成一中队。丁、每两中队至四中队成一大队。戊、每两大队至四大队成一团。

七、为便利农民协会调遣农民自卫军帮助邻县或邻区起

147

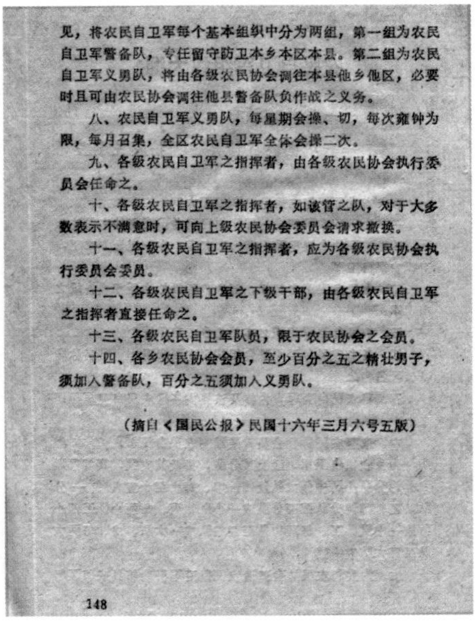

见，将农民自卫军每个基本组织中分为两组，第一组为农民自卫军警备队，专任留守防卫本乡本区本县。第二组为农民自卫军义勇队，将由各级农民协会调往本县他乡他区，必要时且可由农民协会调往他县警备队负作战之义务。

八、农民自卫军义勇队，每星期会操、切，每次瘫钟为限，每月召集，全区农民自卫军全体会操二次。

九、各级农民自卫军之指挥者，由各级农民协会执行委员会任命之。

十、各级农民自卫军之指挥者，如该管之队，对于大多数表示不满意时，可向上级农民协会委员会请求撤换。

十一、各级农民自卫军之指挥者，应为各级农民协会执行委员会委员。

十二、各级农民自卫军之下级干部，由各级农民自卫军之指挥者直接任命之。

十三、各级农民自卫军队员，限于农民协会之会员。

十四、各乡农民协会会员，至少百分之五之精壮男子，须加入警备队，百分之五须加入义勇队。

（摘自《国民公报》民国十六年三月六号五版）

148

《农民自卫军组织大纲》

涪陵、南川、綦江等地，是四川农民运动开展最好的地方之一，中共党员通过掌握民团武装，成立农民自卫军，在四川地区造成很大的声势。上图为1927年3月6日《国民公报》刊登的国民党重庆省党部颁布的《农民自卫军组织大纲》。

三、妇运学运

游曦

游曦（1908—1927），女，原名游传玉，重庆巴县人，1923年入四川省立第二女子师范学校学习，1925年加入中国共产主义青年团。1925年冬到重庆中法学校继续学习，加入中国共产党。1926年筹备成立重庆妇联，当选首届妇联宣传部主任。随后受党组织派遣，率领中法学校社会主义青年团团员组成的工运小组，来到重庆和四川缫丝工业基地磁器口，深入到四家大型工厂的4000多名女工中，组织发动工人运动，开办平民学校，促成首个女工工会成立。后考入中央军事政治学校武汉分校。1927年12月11日在广州起义中英勇牺牲。

刘和珍

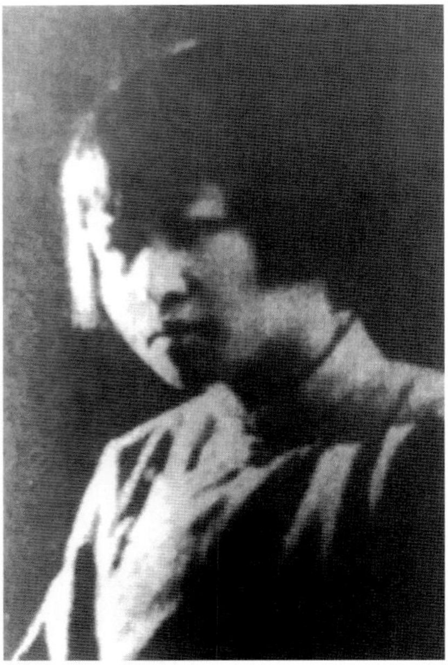

魏士毅

鲁迅的《纪念刘和珍君》发表于1926年4月12日的《语丝》周刊第七十四期

婦女界廉恥運動委員會

念「三八」節敬告婦女同胞

同胞們：

是國際婦女日，是全世界前進的婦女警醒自己與團結自己的力量，以參加革命運
放的日子。還在距今三十一年前，即公歷一九一〇年，世界上婦女界的先覺，國
者，當在丹麥京城哥本哈金Copenhagen開第二次國際會議的時候，便已決定這
女紀念日。第二年，美國和德國的婦女，即在本日舉行羣衆示威運動，與京維也
勞動婦女參加，喊出「婦女參政」「女工保護」的口號，從此三月八日，遂成爲
宣傳革命與團結奮鬥的日子！

，雖不乏女性的傑出人材，如班昭，謝道蘊，花木蘭，秦良玉輩，雖在千載之下
嚴。然由個人的自覺而發爲羣衆的運動，由兩性的鬥爭而匯合到政治革命與民族
亦不過近三十餘年事。遠之有一九〇七年（光緒卅三年）秋瑾女俠之犧牲殉國，
爰革命時林宗素女士等之組織女子北伐隊，及女子參政同盟會。近之如民八「五
十三本黨改組以後的風起雲湧的女權運動，以及民廿六「七七」全面抗戰發動以
線後方，救死扶傷，濟難撫孤的無數英勇女壯士，均莫不抱有捨身衛國，犧牲奮
以謀從民族解放運動之成功中，求婦女解放之徹底實現！

作，已跨進了第五個年頭，雖最後勝利日益接近，然艱苦工作，尚未完成。其有
，尤其是佔人口半數之女同胞的努力者，實不勝枚舉。我們處此偉大的抗建大時
度的「三八」婦女紀念光榮的節日的來臨，又巧遇新生活運動發起七週年紀念日

《纪念“三八”节敬告全国妇女同胞书》

四川第一个女工工会旧址

上图为位于重庆市沙坪坝区磁器口金沙街的四川省第一个女工工会旧址。

重庆城区都邮街（原都邮街，今渝中区民权路）

中共重庆地执委成立后，立即组织和领导了一场以青年学生为主力的反帝反军阀革命斗争，学生常在此举行游行。

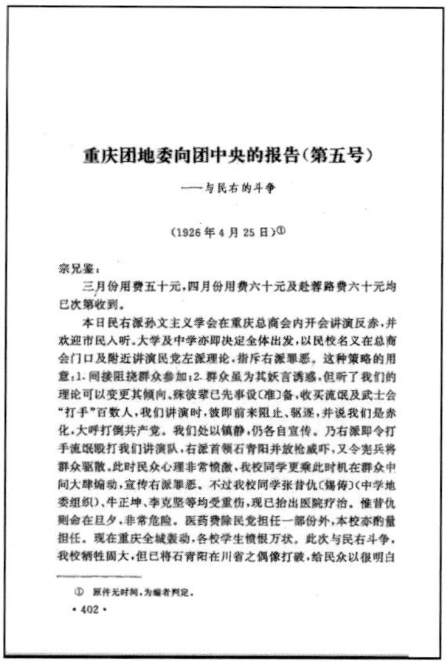

重庆团地委向团中央的报告(第五号)

——与民右的斗争

(1926年4月25日)①

宗兄鉴:

三月份用费五十元,四月份用费六十元及赴蓉路费六十元均已次第收到。

本日民右派孙文主义学会在重庆总商会内开会讲演反赤,并欢迎市民入听。大学及中学亦即决定全体出发,以民校名义在总商会门口及附近讲演民党左派理论,指斥右派罪恶。这种策略的用意:1.间接阻挠群众参加;2.群众虽为其妖言诱惑,但听了我们的理论可以变更其倾向。殊彼辈已先事设〔准〕备,收买流氓及武士会"打手"百数人,我们讲演时,彼即前来阻止、驱逐,并说我们是赤化,大呼打倒共产党。我们处以镇静,仍各自宣传。乃右派即令打手流氓殴打我们讲演队,右派首领石青阳并放枪威吓,又令宪兵将群众驱散。此时民众心理非常愤激,我校同学更乘此时机在群众中间大肆煽动,宣传右派罪恶。不过我校同学张昔仇〔锡俦〕(中学地委组织)、牛正坤、李克坚等均受重伤,现已抬出医院疗治。惟昔仇则命在旦夕,非常危险。医药费除民党担任一部份外,本校亦酌量担任。现在重庆全城轰动,各校学生愤恨万状。此次与民右斗争,我校牺牲固大,但已将石青阳在川省之偶像打破,给民众以很明白

① 原件无时间,为编者判定。

·402·

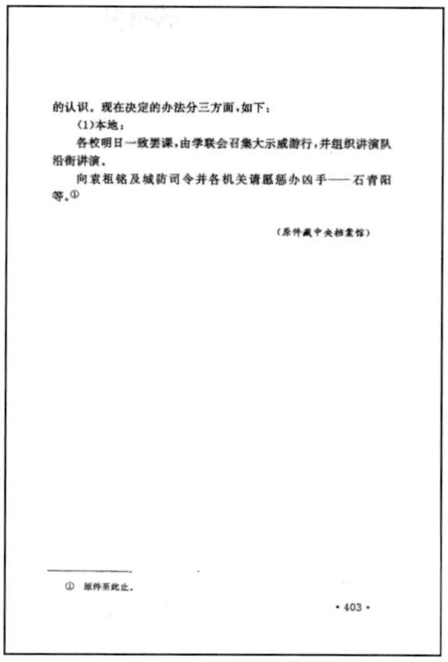

的认识。现在决定的办法分三方面,如下:

(1)本地:

各校明日一致罢课,由学联会召集大示威游行,并组织讲演队沿街讲演。

向袁祖铭及城防司令并各机关请惩办凶手——石青阳等。①

(原件藏中央档案馆)

① 原件至此止。

·403·

1926年2月3日,重庆团地委向团中央详细报告重庆学校组织情况,会议活动情况以及对成员进行教育的情况。

《重庆团地委向团中央的报告(第五号)——与民右的斗争》①

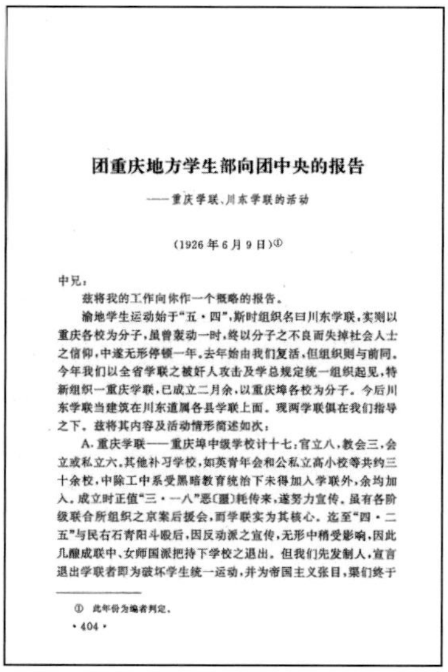

团重庆地方学生部向团中央的报告

——重庆学联、川东学联的活动

(1926年6月9日)①

中兄:

兹将我的工作向你作一个概略的报告。

渝地学生运动始于"五·四",斯时组织名曰川东学联,实则以重庆各校为分子,虽曾轰动一时,终以分子之不良而失掉社会人士之信仰,中遂无形停顿一年。去年始由我们复活,但组织则与前同。今年我们以全省学联之被奸人攻击及学总规定统一组织起见,特新组织一重庆学联,已成立二月余,以重庆埠各校为分子。今后川东学联当建筑在川东道属各县学联上面。现两学联俱在我们指导之下。兹将其内容及活动情形简述如次:

A.重庆学联——重庆埠中级学校计十七:官立八,教会三,会立或私立六。其他补习学校,如英青年会和公私立高小校等共约三十余校,中除工中系受黑暗教育统治下未得加入学联外,余均加入。成立时正值"三·一八"恶〔噩〕耗传来,遂努力宣传。虽有各阶级联合所组织之京案后援会,而学联实为其核心。迄至"四·二五"与民右石青阳斗殴后,因反动派之宣传,无形中稍受影响,因此几酿成联中、女师国派把持下学校之退出。但我们先发制人,宣言退出学联者即为破坏学生统一运动,并为帝国主义张目,渠们终于

① 此年份为编者判定。

·404·

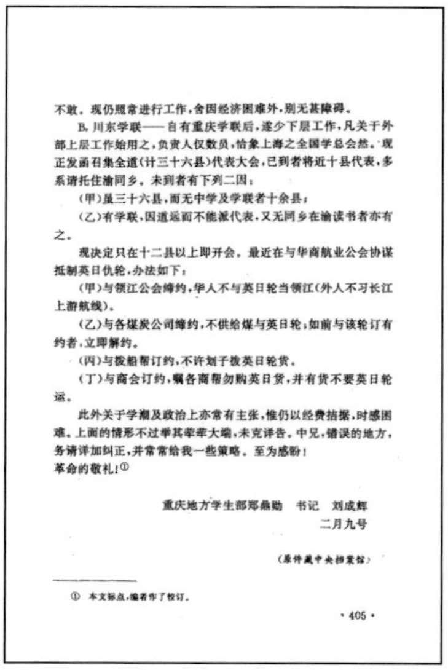

不敢。现仍照常进行工作,舍因经济困难外,别无甚障碍。

B.川东学联——自有重庆学联后,遂少下层工作,凡关于外部上层工作始用之,负责人仅数员,恰象上海之全国学总会然。现正发函召集全道(计三十六县)代表大会,已到者将近十县代表,多系请托住渝同乡。未到者有下列二因:

(甲)虽三十六县,而无中学及学联者十余县;

(乙)有学联,因道远而不能派代表,又无同乡在渝读书者亦有之。

现决定只在十二县以上即开会。最近在与华商航业公会协谋抵制英日仇轮,办法如下:

(甲)与领江公会缔约,华人不与英日轮当领江(外人不习长江上游航线)。

(乙)与各煤炭公司缔约,不供给煤与英日轮;如前与该轮订有约者,立即解约。

(丙)与拨船帮订约,不许划子拨英日轮货。

(丁)与商会订约,嘱各商帮勿购英日货,并有货不要英日轮运。

此外关于学潮及政治上亦常有主张,惟仍以经费拮据,时感困难。上面的情形不过举其荦荦大端,未克详告。中兄,错误的地方,务请详加纠正,并常常给我一些策略。至为感盼!

革命的敬礼!①

重庆地方学生部郑鼎勋　书记　刘成辉

二月九号

(原件藏中央档案馆)

① 本文标点,编者作了校订。

·405·

1926年6月9日,团重庆地方学生部向团中央的报告,关于重庆学联、川东学联的活动。

《团重庆地方学生部向团中央的报告——重庆学联、川东学联的活动》②

① 《重庆团地委向团中央的报告(第五号)——补报渝校校务详情》,1926年2月,转引自周勇主编:《杨闇公纪念集》,重庆出版社1993年版,第387页。

② 《团重庆地方学生部向团中央的报告——重庆学联、川东学联的活动》,1926年6月,转引自周勇主编:《杨闇公纪念集》,重庆出版社1993年版,第404页。

何秉彝

何秉彝（1902—1925），字念慈，四川彭县人，1925年加入中国共产党。同年5月，参加五卅示威游行，壮烈牺牲。1926年3月，遗体运回原籍，途径重庆之际，重庆地执委召开万人大会，童庸生发表演讲，组织游行，追悼何秉彝烈士。

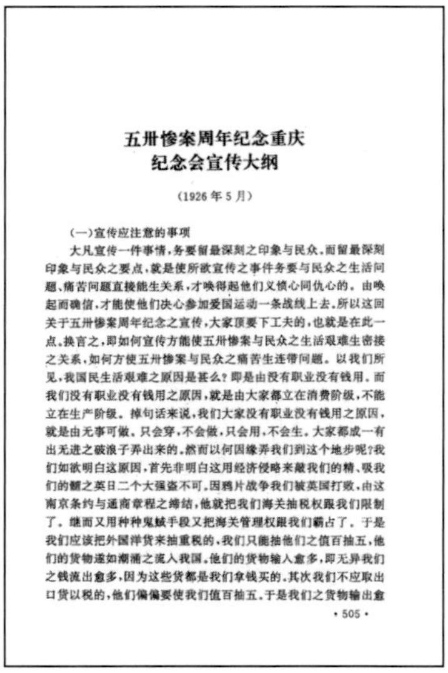
五卅惨案周年纪念重庆
纪念会宣传大纲

（1926年5月）

（一）宣传应注意的事项

大凡宣传一件事情，务要留最深刻之印象与民众。而留最深刻印象与民众之要点，就是使所欲宣传之事件务要与民众之生活问题、痛苦问题直接能生关系，才唤得起他们义愤心同仇心的。由唤起而确信，才能使他们决心参加爱国运动一条战线上去。所以这回关于五卅惨案周年纪念之宣传，大家顶要下工夫的，也就是在此一点。换言之，即如何宣传方能使五卅惨案与民众之生活艰难生密接之关系，如何方使五卅惨案与民众之痛苦生连带问题。以我们所见，我国民生活艰难之原因是甚么？即是由没有职业没有钱用。而我们没有职业没有钱用之原因，就是由大家都立在消费阶级，不能立在生产阶级。掉句话来说，我们大家没有职业没有钱用之原因，就是由无事可做。只会穿，不会做，只会用，不会生。大家都成一有出无进之破浪子弄出来的。然而以何因缘弄我们到这个地步呢？我们如欲明白这原因，首先非明白这用经济侵略来敲我们的精、吸我们的髓之英日二个大强盗不可。因鸦片战争我们被英国打败，由这南京条约与通商章程之缔结，他就把我们海关抽税权跟我们限制了。继而又用种种鬼蜮手段又把海关管理权跟我们霸占了。于是我们应该把外国洋货来抽重税的，我们只能抽他们之值百抽五，他们的货物遂如潮涌之流入我国。他们的货物输入愈多，即无异我们之钱流出愈多，因为这些货都是我们拿钱买的。其次我们不应取出口货以税的，他们偏偏要使我们值百抽五。于是我们之货物输出愈

·505·

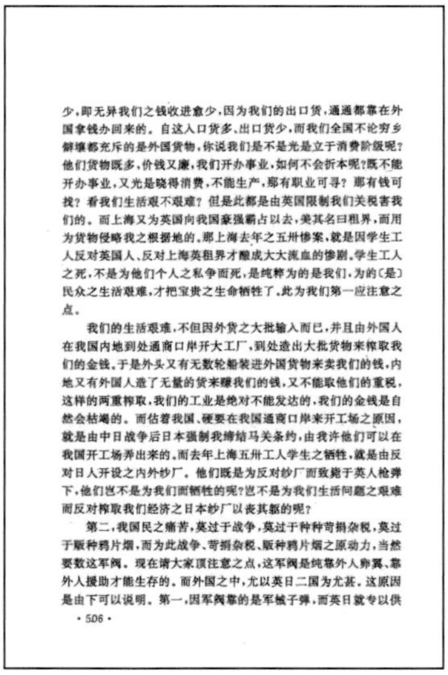
少，即无异我们之钱收进愈少，因为我们的出口货，通通都靠在外国拿钱办回来的。自这入口货多、出口货少，而我们全国不论穷乡僻壤都充斥的是外国货物，你说我们是不是光是立于消费阶级呢？他们货物既多，价钱又廉，我们开办事业，如何不会折本呢？既不能开办事业，又光是晓得消费，不能生产，那有职业可寻？那有钱可找？看我们生活艰不艰难？但是此都是由英国限制我们关税害我们的。而上海又为英国向我国豪强霸占以去，美其名曰租界，而用为货物侵略我之根据地的。那上海去年之五卅惨案，就是因学生工人反对英国人、反对上海英租界才酿成大大流血的惨剧。学生工人之死，不是为他们个人之私争而死，是纯粹为的是我们，为的〔是〕民众之生活艰难，才把宝贵之生命牺牲了。此为我们第一应注意之点。

我们的生活艰难，不但因外货之大批输入而已，并且由外国人在我国内地到处通商口岸开大工厂，到处造出大批货物来榨取我们的金钱。于是外头又有无数轮船装进外国货物来卖我们的钱，内地又有外国人造了无量的货来赚我们的钱，又不能取他们的重税，这样的两重榨取，我们的工业是绝对不能发达的，我们的金钱是自然会枯竭的。而估着我国、硬要在我国通商口岸来开工场之原因，就是由中日战争后日本强制我缔结马关条约，由我许他们可以在我国开工场弄出来的。而去年上海五卅工人学生之牺牲，就是由反对日人开设之内外纱厂。他们既是为反对纱厂而致毙于英人枪弹下，他们岂不是为我们而牺牲的呢？岂不是为我们生活问题之艰难而反对榨取我们经济之日本纱厂以丧其躯的呢？

第二，我国民之痛苦，莫过于战争，莫过于种种苛捐杂税，莫过于贩种鸦片烟，而为此战争、苛捐杂税、贩种鸦片烟之原动力，当然要数这军阀。现在请大家顶注意之点，这军阀是纯靠外人卵翼、靠外人援助才能生存的。而外国之中，尤以英日二国为尤甚。这原因是由下可以说明。第一，因军阀靠的是军械子弹，而英日就专以供

·506·

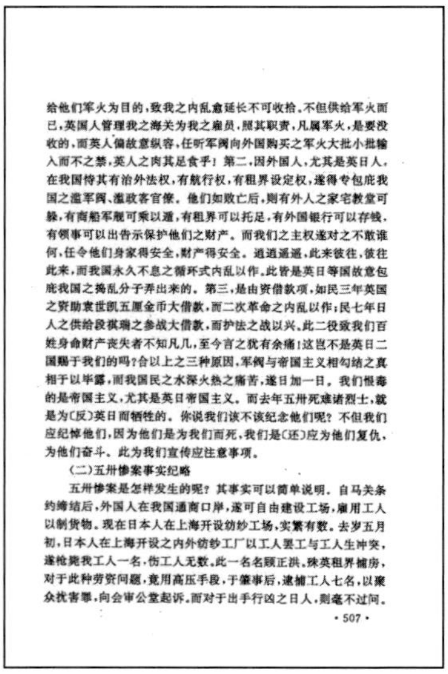
给他们军火为目的，致我之内乱愈延长不可收拾。不但供给军火而已，英国人管理我之海关为我之雇员，照其职责，凡属军火，是要没收的，而英人偏故意纵容，任听军阀向外国购买之军火大批小批输入而不之禁，英人之肉其足食乎！第二，因外国人，尤其是英日人，在我国恃其有治外法权，有航行权，有租界设定权，遂得专包庇我国之滥军阀、滥政客官僚。他们如败亡后，则有外人之家宅教堂可躲，有商船军舰可乘以遁，有租界可以托足，有外国银行可以存钱，有领事可以出告示保护他们之财产。而我们之主权遂对之不敢谁何，任令他们身家得安全，财产得安全。逍逍遥遥，此来彼往，彼往此来，而我国永久不息之循环式内乱以作。此皆是英日等国故意包庇我国之捣乱分子弄出来的。第三，是由资借款项，如民三年英国之资助袁世凯五厘金币大借款，而二次革命之内乱以作；民七年日人之供给段祺瑞之参战大借款，而护法之战以兴。此二役致我们百姓身命财产丧失者不知凡几，至今言之犹有余痛！这岂不是英日二国赐于我们的吗？合以上之三种原因，军阀与帝国主义相勾结之真相于以毕露，而我国民之水深火热之痛苦，遂日加一日。我们恨毒的是帝国主义，尤其是英日帝国主义。而去年五卅死难诸烈士，就是为〔反〕英日而牺牲的。你说我们该不该纪念他们呢？不但我们应纪悼他们，因为他们是为我们而死，我们是〔还〕应为他们复仇，为他们奋斗。此为我们宣传应注意事项。

（二）五卅惨案事实纪略

五卅惨案是怎样发生的呢？其事实可以简单说明。自马关条约缔结后，外国人在我国通商口岸，遂可自由建设工场，雇用工人以制货物。现在日本人在上海开设纺纱工场，实繁有数。去岁五月初，日本人在上海开设之内外纺纱工厂以工人罢工与工人生冲突，遂枪毙我工人一名，伤工人无数。此一名名顾正洪。殊英租界捕房，对于此种劳资问题，竟用高压手段，于肇事后，逮捕工人七名，以聚众扰害罪，向会审公堂起诉。而对于出手行凶之日人，则毫不过问。

·507·

《五卅惨案周年纪念重庆纪念会宣传大纲》

各校为五卅惨案周年纪念宣言、敬告民众书和悼念文告和悼念文告统计表

时间	名称
1926年5月30日	国民党重庆联中校区分部为五卅惨案周年纪念宣言
1926年5月30日	国民党巴县农校特别区分部五卅周年纪念告民众书
1926年5月30日	国民党重庆巴中校区分部悼念文告
1926年5月30日	国民党川师区分部对五卅周年纪念日告民众
1926年5月30日	重庆学生联合会为五卅周年纪念敬告民众
1926年5月30日	川东师范学生会为五卅惨案周年纪念宣言
1926年5月30日	川师附小为五卅惨案周年纪念告重庆民众书
1926年5月30日	中法大学川校附中学生会五卅周年纪念宣言
1926年5月30日	中法大学川校附中学生会五卅周年纪念告全国民众书
1926年5月30日	重庆联中“中社”为五卅周年纪念宣言
1926年5月30日	巴县中学学生会五卅纪念敬告全国民众
1926年5月30日	巴县农校学生分会五卅案周年纪念敬告同胞
1926年5月30日	巴县县立第一高小校学生会为五卅惨案周年纪念敬告同胞
1926年5月30日	四川平民学校校外学生会五卅周年纪念告全国民众
1926年5月30日	巴县农校做人日刊社五卅周年纪念告同胞书

1926年4月，根据中共重庆地执委决定，为了便于领导和指挥各校学生运动，经党团地委积极联络筹备，正式开会成立了由共产党领导的重庆学生联合会。至此重庆学生界有了一个在共产党领导下的统一的群众组织。此后，重庆和川东各地的学联组织在中共重庆地执委和重庆团地委领导下，积极投入反帝爱国革命运动，学生运动在党的领导下起了十分重要的作用。①

①《五卅惨案周年纪念重庆纪念会宣传大纲》，1926年5月，转引自周勇主编：《杨闇公纪念集》，重庆出版社1993年版，第505页。

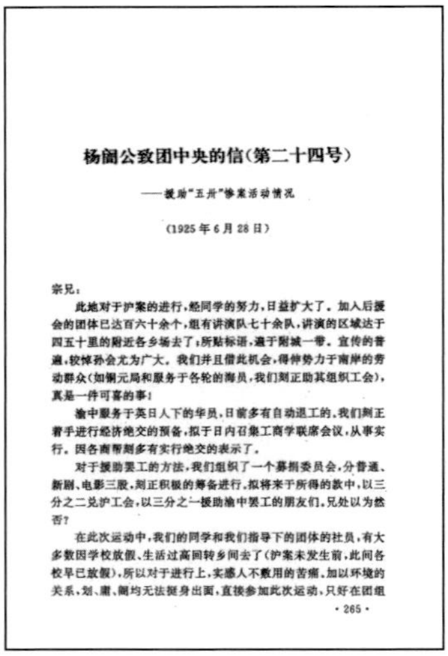

杨闇公致团中央的信（第二十四号）

——援助“五卅”惨案活动情况

（1925年6月28日）

宗兄：

此地对于沪案的进行，经同学的努力，日益扩大了。加入后援会的团体已达百六十余个，组有讲演队七十余队，讲演的区域达于四五十里的附近各乡场去了；所贴标语，遍于附城一带。宣传的普遍，较悼孙会尤为广大。我们并且借此机会，得伸势力于南岸的劳动群众（如铜元局和服务于各轮的海员，我们刻正助其组织工会），真是一件可喜的事！

渝中服务于英日人下的华员，日前多有自动退工的。我们刻正着手进行经济绝交的预备，拟于日内召集工商学联席会议，从事实行。因各商帮刻多有实行绝交的表示了。

对于援助罢工的方法，我们组织了一个募捐委员会，分普通、新剧、电影三股，刻正积极的筹备进行。拟将来于所得的款中，以三分之二兑沪工会，以三分之一援助渝中罢工的朋友们。兄处以为然否？

在此次运动中，我们的同学和我们指导下的团体的社员，有大多数因学校放假、生活过高回转乡间去了（沪案未发生前，此间各校早已放假），所以对于进行上，实感人不敷用的苦痛。加以环境的关系，刘、肃、闇均无法挺身出面，直接参加此次运动，只好在团组

·265·

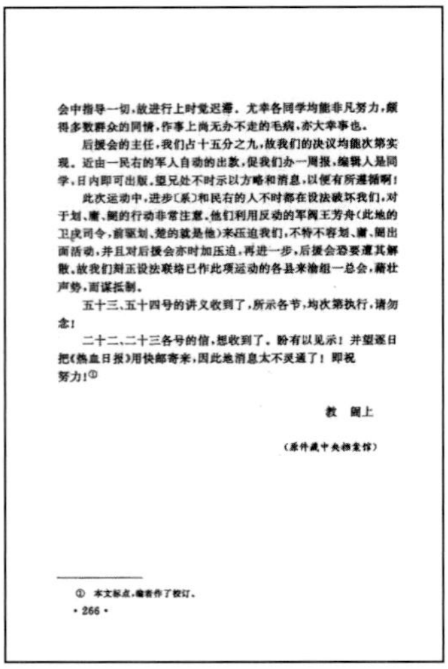

会中指导一切，故进行上时觉迟滞。尤幸各同学均能非凡努力，颇得多数群众的同情，作事上尚无办不走的毛病，亦大幸事也。

后援会的主任，我们占十五分之九，故我们的决议均能次第实现。近由一民右的军人自动的出款，促我们办一周报，编辑人是同学，日内即可出版。望兄处不时示以方略和消息，以便有所遵循啊！

此次运动中，进步〔系〕和民右的人不时都在设法破坏我们，对于刘、肃、闇的行动非常注意。他们利用反动的军阀王芳舟（此地的卫戍司令，前驱刘、楚的就是他）来压迫我们，不特不容刘、肃、闇出面活动，并且对后援会亦时加压迫，再进一步，后援会恐要遭其解散。故我们刻正设法联络已作此项运动的各县来渝组一总会，藉壮声势，而谋抵制。

五十三、五十四号的讲义收到了，所示各节，均次第执行，请勿念！

二十二、二十三各号的信，想收到了。盼有以见示！并望逐日把《热血日报》用快邮寄来，因此地消息太不灵通了！即祝

努力！①

教　闇上

（原件藏中央档案馆）

① 本文标点，编者作了校订。

·266·

《杨闇公致团中央的信（第二十四号）——援助“五卅”惨案活动情况》①

上图为1925年6月28日，杨闇公致团中央的信，内容主要是关于援助五卅惨案活动情况。

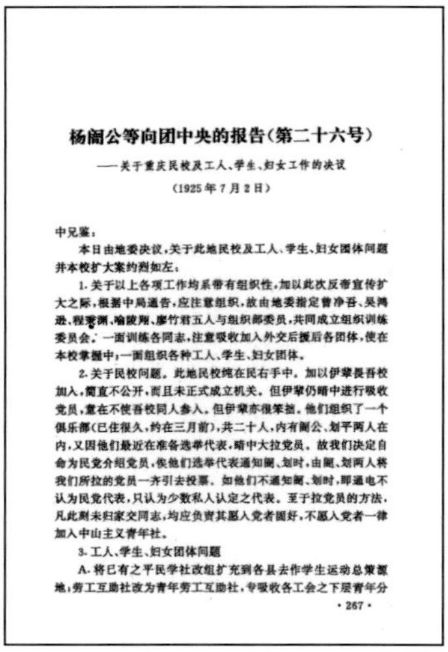

杨闇公等向团中央的报告（第二十六号）

——关于重庆民校及工人、学生、妇女工作的决议

（1925年7月2日）

中兄鉴：

本日由地委决议，关于此地民校及工人、学生、妇女团体问题并本校扩大案约刚如左：

1.关于以上各项工作均系带有组织性，加以此次反帝宣传扩大之际，根据中局通告，应注意组织，故由地委指定曾净吾、吴鸿逊、程秉渊、喻陵翔、廖竹君五人与组织部委员，共同成立组织训练委员会。一面训练各同志，注意吸收加入外交后援后各团体，使在本校掌握中；一面组织各种工人、学生、妇女团体。

2.关于民校问题。此地民校纯在民右手中。加以伊辈畏吾校加入，简直不公开，而且未正式成立机关。但伊辈仍暗中进行吸收党员，意在不使吾校同人参入。但伊辈亦很笨拙。他们组织了一个俱乐部（已住很久，约在三月前），共二十人，内有闇公、刘平两人在内，又因他们最近在准备选举代表，暗中大拉党员。故我们决定自命为民党介绍党员，俟他们选举代表通知闇、刘时，由闇、刘两人将我们所拉的党员一齐引去投票。如他们不通知闇、刘时，即通电不认为民党代表，只认为少数私人认定之代表。至于拉党员的方法，凡此刻未归家交同志，均应负责其愿入党者固好，不愿入党者一律加入中山主义青年社。

3.工人、学生、妇女团体问题

A.将已有之平民学社改组扩充到各县去作学生运动总策源地；劳工互助社改为青年劳工互助社，专吸收各工会之下层青年分

·267·

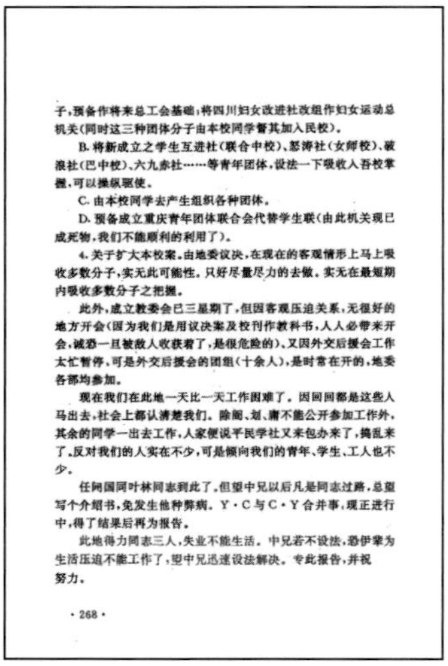

子，预备作将来总工会基础；将四川妇女改进社改组作妇女运动总机关（同时这三种团体分子由本校同学督其加入民校）。

B.将新成立之学生互进社（联合中校）、怒涛社（女师校）、破浪社（巴中校）、六九赤社……等青年团体，设法一下吸收入吾校掌握，可以操纵驱使。

C.由本校同学去产生组织各种团体。

D.预备成立重庆青年团体联合会代替学生联（由此机关现已成死物，我们不能顺利的利用了）。

4.关于扩大本校案。由地委议决，在现在的客观情形上马上吸收多数分子，实无此可能性。只好尽量尽力的去做。实无在最短期内吸收多数分子之把握。

此外，成立教委会已三星期了，但因客观压迫关系，无很好的地方开会（因为我们是用议决案及校刊作教科书，人人必带来开会，诚恐一旦被敌人收获着了，是很危险的），又因外交后援会工作太忙暂停，可是外交后援会的团组（十余人），是时常在开的，地委各部均参加。

现在我们在此地一天比一天工作困难了。因回回都是这些人马出去，社会上都认清楚我们。除闇、刘、肃不能公开参加工作外，其余的同学一出去工作，人家便说平民学社又来包办来了，捣乱来了。反对我们的人实在不少，可是倾向我们的青年、学生、工人也不少。

任同国同叶林同志到此了，但望中兄以后凡是同志过路，总望写个介绍书，免发生他种弊病。Y·C与C·Y合并事，现正进行中，得了结果后再为报告。

此地得力同志三人，失业不能生活。中兄若不设法，恐伊辈为生活压迫不能工作了，望中兄迅速设法解决。专此报告，并祝

努力。

·268·

秘　闇（代）

组肃生（代）

二号夜

（原件藏中央档案馆）

·269·

《杨闇公等向团中央的报告（第二十六号）——关于重庆民校及工人、学生、妇女工作的决议》②

上图为1925年7月2日，杨闇公等向团中央的报告，内容主要是关于重庆民校及工人、学生、妇女工作的决议。

① 《杨闇公致团中央的信（第二十四号）——援助“五卅”惨案活动情况》，1925年6月，转引自周勇主编：《杨闇公纪念集》，重庆出版社1993年版，第265页。

② 《杨闇公等向团中央的报告（第二十六号）——关于重庆民校及工人、学生、妇女工作的决议》，1925年7月，转引自周勇主编：《杨闇公纪念集》，重庆出版社1993年版，第267页。

第五章　枪响泸顺　起义壮举

泸顺起义纪念碑和龙透关城门遗址

在中共中央领导下，中共重庆地执委努力探索领导武装斗争的新方式。为配合北伐战争的胜利进军，1926年11月，中共重庆地执委成立由杨闇公、刘伯承、朱德等组成军事委员会，组织和领导了泸顺起义。这是国内支援、牵制敌人，配合北伐的重大军事行动，同时也有力地推动了四川革命运动的发展，成为党在大革命时期争取改造旧军队的一个范例。同时也是我党领导军事工作的重要实践，为后来的武装斗争积累了经验，锻炼了干部。

QIANGXIANG LUSHUN

—

QIYI ZHUANGJU

一、策应北伐

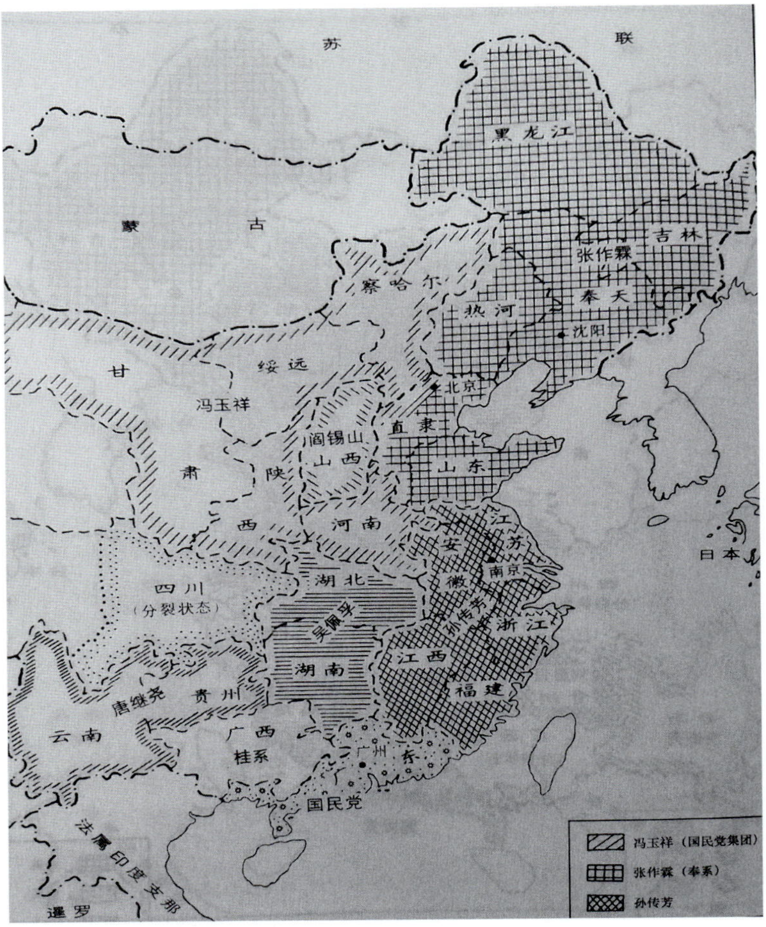

北洋军阀统治时期军阀割据示意图

北洋军阀统治时期，各派军阀以西方列强为靠山，争权夺地，连年混战，给中国人民带来深重灾难，中国的社会矛盾更加激化。上图为北洋军阀统治时期军阀割据示意图。

吴佩孚

吴佩孚（1874—1939）直系军阀首领。字子玉，山东蓬莱人。秀才出身。1898 年投军，曾任北洋军第三镇曹锟部下管带，第三师团、旅、师长。后任两湖巡阅使、直鲁豫巡阅使。1923 年残酷镇压京汉铁路工人大罢工，制造二七惨案。1924 年第二次直奉战争中，被奉系打败。1926 年其主力在湖北被国民革命军打败。

刘湘

刘湘（1888—1938），四川大邑人，字甫澄。四川陆军速成学堂毕业，曾参加辛亥革命。1918 年起任川军第二师师长、川军总司令、四川善后督办。1927 年拥蒋反共，被委任为第五路军总指挥。

杨森

杨森（1884—1977），字子惠，四川广安人，四川军阀。

刘文辉

刘文辉（1895–1976），四川大邑人，字自乾。保定军校第二期毕业。曾任川军刘湘部师长、成都卫戍总司令。后投向北洋军阀，帮办四川军务。1926年后任国民革命军第二十四军军长等职。

邓锡侯

邓锡侯（1889–1964），字晋康，四川营山人。保定军校第一期毕业。原为四川军阀刘存厚的部属。1926年后任国民革命军第二十八军军长，第四、第二十二集团军总司令等。

杨闇公开始对四川军阀调查摸底和联络工作

1926年1月中国国民党第二次代表大会后，根据中共中央指示，杨闇公和中共重庆地执委，以国民党四川省党部名义，开始着手四川军阀的调查摸底和联络工作。

吴玉章

刘伯承

1925年7月初，刘伯承随吴玉章考察广东、上海和北京后返回四川，协助吴玉章、杨闇公等人整顿四川的国民党组织。同时，刘伯承利用自己在川军中的关系和影响，在军队和政界的中、上层进行活动。上图左为吴玉章，右为刘伯承。

油画《杨闇公、吴玉章介绍刘伯承入党》

1926年5月13日，经杨闇公和吴玉章两人介绍，刘伯承加入中国共产党，完成了从民主主义者向共产主义者的转变。

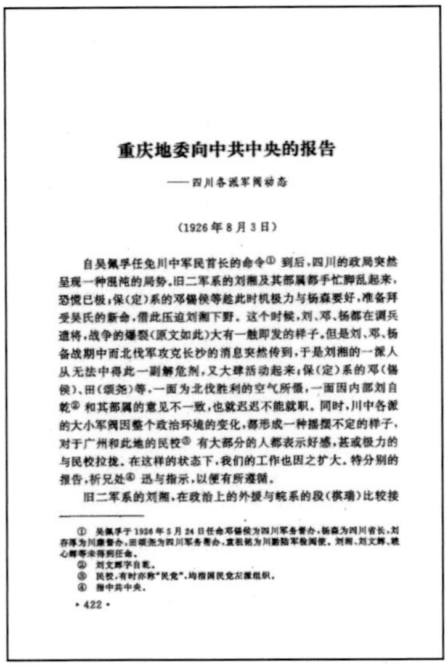

重庆地委向中共中央的报告

——四川各派军阀动态

(1926年8月3日)

自吴佩孚任免川中军民官长的命令① 到后，四川的政局突然呈现一种混沌的局势。旧二军系的刘湘及其部属都手忙脚乱起来，恐慌已极；保(定)系的邓锡侯等趁此时机极力与杨森要好，准备拜受吴氏的新命，借此压迫刘湘下野。这个时候，刘、邓、杨都在调兵遣将，战争的爆裂(原文如此)大有一触即发的样子。但是刘、邓、杨备战期中而北伐军攻克长沙的消息突然传到，于是刘湘的一派人从无法中得此一副解危剂，又大肆活动起来；保(定)系的邓(锡侯)、田(颂尧)等，一面为北伐胜利的空气所慑，一面因内部刘自乾② 和其部属的意见不一致，也就迟迟不能就职。同时，川中各派的大小军阀因整个政治环境的变化，都形成一种摇摆不定的样子，对于广州和此地的民校③ 有大部分的人都表示好感，甚或极力的与民校拉拢。在这样的状态下，我们的工作也因之扩大。特分别的报告，祈兄处④ 迅与指示，以便有所遵循。

旧二军系的刘湘，在政治上的外援与皖系的段(祺瑞)比较接

① 吴佩孚于1926年5月24日任命邓锡侯为四川军务督办，杨森为四川省长，刘存厚为川康督办，田颂尧为四川军务帮办，袁祖铭为川黔陆军检阅使。刘湘、刘文辉、赖心辉等未得到任命。

② 刘文辉字自乾。

③ 民校，有时亦称"民党"，均指国民党左派组织。

④ 指中共中央。

·422·

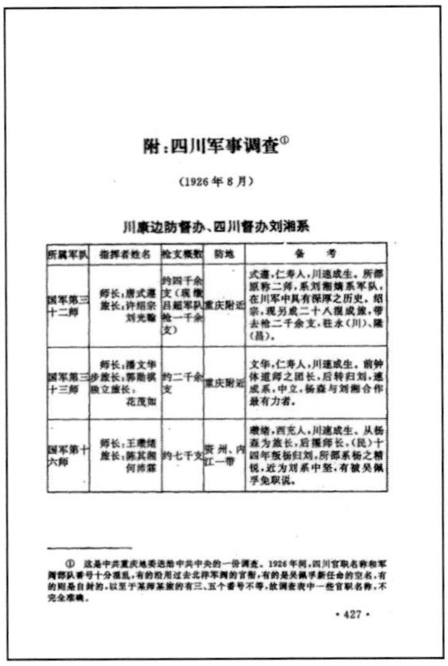

附：四川军事调查①

(1926年8月)

川康边防督办、四川督办刘湘系

所属军队	指挥者姓名	枪支概数	防地	备考
国军第三十二师	师长：唐式遵 旅长：许绍宗 刘光瑜	约四千余支(现傚吕超军队枪一千余支)	重庆附近	式遵，仁寿人，川速成生。所部原称二师，系刘湘嫡系军队，在川军中具有深厚之历史。绍宗，现另成二十八混成旅，带去枪二千余支，驻永(川)、隆(昌)。
国军第三十三师	师长：潘文华 步旅长：郭勋祺 独立旅长：花茂加	约二千余支	重庆附近	文华，仁寿人，川速成生。前钟体道师之团长，后转归刘。速成系，中立。杨森与刘湘合作最有力者。
国军第十六师	师长：王瓒绪 旅长：陈其湘 何沛霖	约七千支	资州、内江一带	瓒绪，西充人，川速成生。从杨森为旅长，后擢师长。(民)十四年叛杨归刘，所部系杨之精锐，近为刘系中坚，有被吴佩孚免职说。

① 这是中共重庆地委送给中共中央的一份调查。1926年间，四川官职名称和军阀部队番号十分混乱，有的沿用过去北洋军阀的官衔，有的是吴佩孚新任命的空名，有的则是自封的，以至于某师某旅的有三、五个番号不等，故调查表中一些官职名称，不完全准确。

·427·

《重庆地委向中共中央的报告——四川各派军阀动态》①

上两图左边为1926年8月3日，中共重庆地执委向中共中央报告四川各派军阀动态，分析了四川地区和军队形势。右边为附件四川军事调查表。

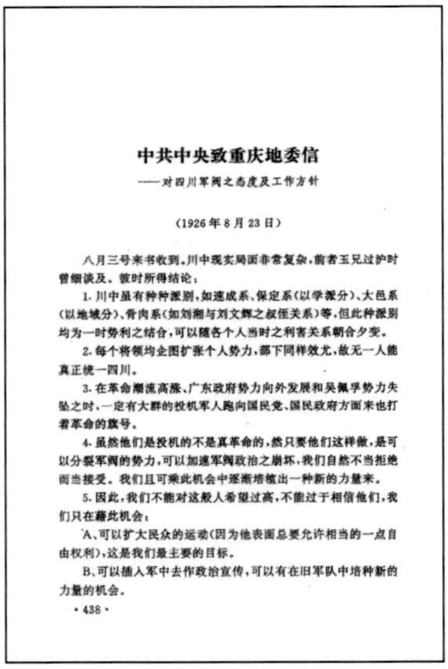

中共中央致重庆地委信

——对四川军阀之态度及工作方针

(1926年8月23日)

八月三号来书收到。川中现实局面非常复杂，前者玉兄过沪时曾细谈及。彼时所得结论：

1. 川中虽有种种派别，如速成系、保定系(以学派分)、大邑系(以地域分)、骨肉系(如刘湘与刘文辉之叔侄关系)等，但此种派别均为一时势利之结合，可以随各个人当时之利害关系朝合夕变。

2. 每个将领均企图扩张个人势力，部下同样效尤，故无一人能真正统一四川。

3. 在革命潮流高涨、广东政府势力向外发展和吴佩孚势力失坠之时，一定有大群的投机军人跑向国民党、国民政府方面来也打着革命的旗号。

4. 虽然他们是投机的不是真革命的，然只要他们这样做，是可以分裂军阀的势力，可以加速军阀政治之崩坏，我们自然不当拒绝而当接受。我们且可乘此机会中逐渐培植出一种新的力量来。

5. 因此，我们不能对这般人希望过高，不能过于相信他们，我们只在藉此机会：

A、可以扩大民众的运动(因为他表面总要允许相当的一点自由权利)，这是我们最主要的目标。

B、可以插入军中去作政治宣传，可以有在旧军队中培种新的力量的机会。

·438·

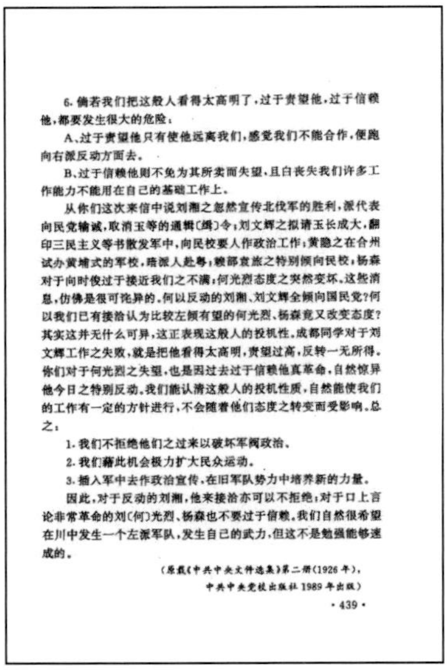

6. 倘若我们把这般人看得太高明了，过于责望他，过于信赖他，都要发生很大的危险：

A、过于责望他只有使他远离我们，感觉我们不能合作，便跑向右派反动方面去。

B、过于信赖他则不免为其所卖而失望，且白丧失我们许多工作能力不能用在自己的基础工作上。

从你们这次来信中说刘湘之忽然宣传北伐军的胜利，派代表向民党输诚，取消玉等的通辑(缉)令；刘文辉之拟请玉长成大，翻印三民主义等书散发军中，向民校要人作政治工作；黄隐之在合州试办黄埔式的军校，暗派人赴粤；赖部袁旅之特别倾向民校；杨森对于向时俊过于接近我们之不满；何光烈态度之突然变坏。这些消息，仿佛是很可诧异的。何以反动的刘湘、刘文辉全倾向国民党？何以我们已有接洽认为比较左倾有望的何光烈、杨森竟又改变态度？其实这并无什么可异，这正表现这般人的投机性。成都同学对于刘文辉工作之失败，就是把他看得太高明，责望过高，反转一无所得。你们对于何光烈之失望，也是因过去过于信赖他真革命，自然惊异他今日之特别反动。我们能认清这般人的投机性质，自然能使我们的工作有一定的方针进行，不会随着他们态度之转变而受影响。总之：

1. 我们不拒绝他们之过来以破坏军阀政治。

2. 我们藉此机会极力扩大民众运动。

3. 插入军中去作政治宣传、在旧军队势力中培养新的力量。

因此，对于反动的刘湘，他来接洽亦可以不拒绝；对于口上言论非常革命的刘(何)光烈、杨森也不要过于信赖。我们自然很希望在川中发生一个左派军队，发生自己的武力，但这不是勉强能够速成的。

(原载《中共中央文件选集》第二册(1926年)，中共中央党校出版社1989年出版)

·439·

《中共中央致重庆地执委信》②

上图为1926年8月23日，中共中央致重庆地执委的信，内容主要是关于对四川军阀之态度及工作方针。

① 《重庆地委向中共中央的报告——四川各派军阀动态》，1926年8月，转引自周勇主编：《杨闇公纪念集》，重庆出版社1993年版，第422页。

② 《中共中央致重庆地委信——对四川军阀之态度及工作方针》，1926年8月，转引自周勇主编：《杨闇公纪念集》，重庆出版社1993年版，第438页。

北洋政府使用的中华民国国旗——五色旗

北伐战争前，四川军阀拥有兵力约20万人，虽然内部矛盾重重，混战不断，但都是挂着“五色旗”的北洋军阀附庸。四川军阀对北伐军的态度和措施如何，对北伐军挺进长江流域影响甚大。

四川居长江上游，人口有七千万，地大物博，实属南北最重要的地位。现在北方军阀正在内溃的时候，我们革命军要往北展，要同西北国民军联合，四川实为一大关键，这是希望中央党部及各同志特别注意的。

——《国民党四川临时省党部党务报告》

1926年1月12日，吴玉章在中国国民党第二次全国代表大会上作《四川临时省党部党务报告》，分析四川在北伐中的战略地位。这个报告后来成为泸顺起义的一个基本战略规划。

邓演达

邓演达（1895—1931），字择生，广东归善（今惠州）人。早年参加同盟会。保定军校第六期毕业。1924年任黄埔军校训练部副主任兼学生总队长。1925年一度远赴欧洲。1926年起任黄埔军校教育长、国民革命军总司令部政治部主任兼武汉行营主任、湖北政务委员会主席、国民党中央执行委员、中央政治委员会委员兼中央农民部长、中央军事委员会总政治部主任。后随军北伐，在正式制定北伐方案时，提出“联合四川和贵州，从而削弱敌军力量”。

北伐一定成功，要取武汉，川军杨森对湖北宜昌、武汉威胁太重，共产党同志要负责这方面的工作。

——邓演达

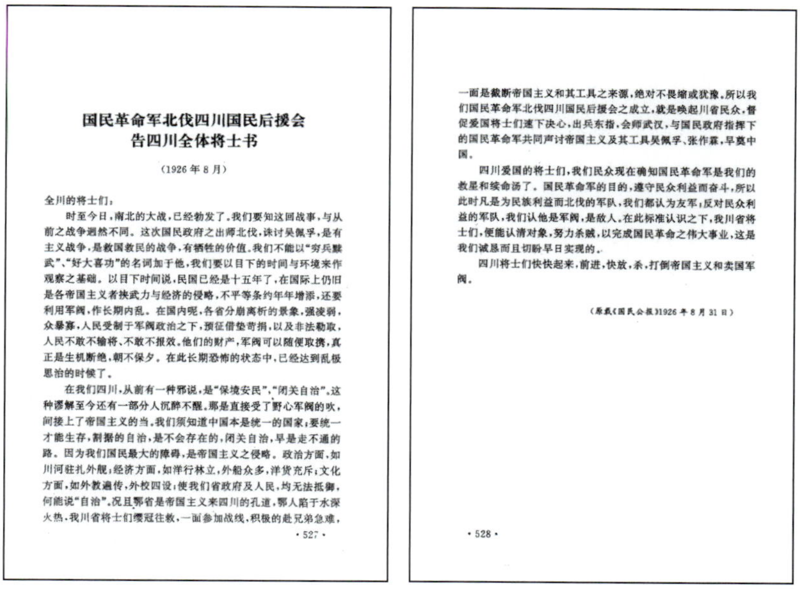

国民革命军北伐四川国民后援会
告四川全体将士书

（1926年8月）

全川的将士们：

时至今日，南北的大战，已经勃发了。我们要知这回战事，与从前之战争迥然不同。这次国民政府之出师北伐，诛讨吴佩孚，是有主义战争，是救国救民的战争，有牺牲的价值。我们不能以“穷兵黩武”、“好大喜功”的名词加于他，我们要以目下的时间与环境来作观察之基础。以目下时间说，民国已经是十五年了，在国际上仍旧是各帝国主义者挟武力与经济的侵略，不平等条约年年增添，还要利用军阀，作长期内乱。在国内呢，各省分崩离析的景象，强凌弱，众暴寡，人民受制于军阀政治之下，预征借垫苛捐，以及非法勒取，人民不敢不输将、不敢不报效。他们的财产，军阀可以随便取携，真正是生机断绝，朝不保夕。在此长期恐怖的状态中，已经达到乱极思治的时候了。

在我们四川，从前有一种邪说，是“保境安民”，“闭关自治”。这种谬解至今还有一部分人沉醉不醒。那是直接受了野心军阀的吹，间接上了帝国主义的当。我们须知道中国本是统一的国家；要统一才能生存，割据的自治，是不会存在的，闭关自治，早是走不通的路。因为我们国民最大的障碍，是帝国主义之侵略。政治方面，如川河驻扎外舰；经济方面，如洋行林立，外船众多，洋货充斥；文化方面，如外教遍传，外校四设；使我们省政府及人民，均无法抵御，何能说“自治”。况且鄂省是帝国主义来四川的孔道，鄂人陷于水深火热，我川省将士们缨冠往救，一面参加战线，积极的赴兄弟急难，

·527·

一面是截断帝国主义和其工具之来源，绝对不畏缩或犹豫。所以我们国民革命军北伐四川国民后援会之成立，就是唤起川省民众，督促爱国将士们速下决心，出兵东指，会师武汉，与国民政府指挥下的国民革命军共同声讨帝国主义及其工具吴佩孚、张作霖，早奠中国。

四川爱国的将士们，我们民众现在确知国民革命军是我们的救星和续命汤了。国民革命军的目的，遵守民众利益而奋斗，所以此时凡是为民族利益而北伐的军队，我们都认为友军；反对民众利益的军队，我们认他是军阀，是敌人。在此标准认识之下，我川省将士们，便能认清对象，努力杀贼，以完成国民革命之伟大事业，这是我们诚恳而且切盼早日实现的。

四川将士们快快起来，前进，快放，杀，打倒帝国主义和卖国军阀。

（原载《国民公报》1926年8月31日）

·528·

《国民革命军北伐四川国民后援会告四川全体将士书》①

上图为1926年8月《国民革命军北伐四川国民后援会告四川全体将士书》。

① 《国民革命军北伐四川国民后援会告四川全体将士书》，1926年8月，转引自周勇主编：《杨闇公纪念集》，重庆出版社1993年版，第527页。

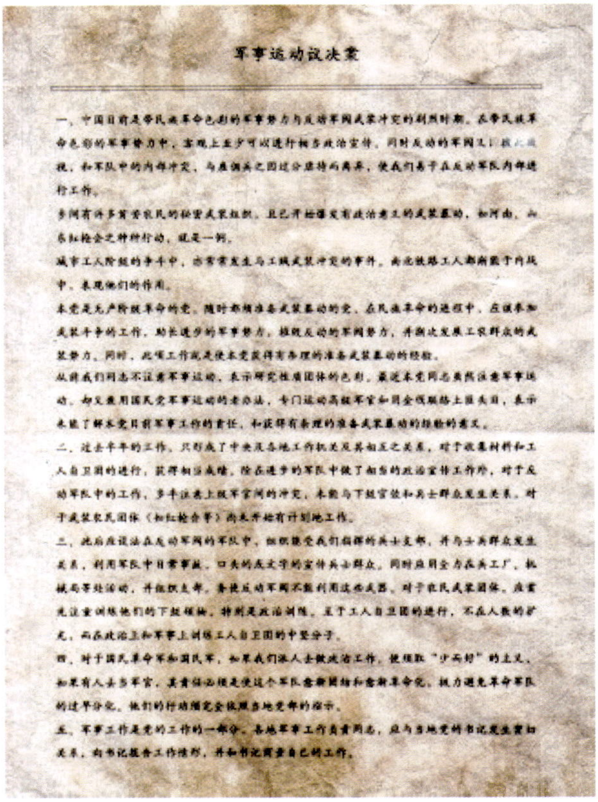

军事运动议决案

一、中国目前是带民族革命色彩的军事势力与反动军阀武装冲突的剧烈时期。在带民族革命色彩的军事势力中，客观上至少可以进行相当政治宣传，同时反动的军阀又已被此歧视，和军队中的内部冲突，与兵士之间过分虐待而离异，使我们易于在反动军队内部进行工作。
乡间有许多贫苦农民的秘密武装组织，且已开始爆发有政治意义的武装暴动，如河南、山东红枪会之种种行动，就是一例。
城市工人阶级的斗争中，亦常常发生与工贼武装冲突的事件。而北方铁路工人都曾能于内战中，表现他们的作用。
本党是无产阶级革命的党，随时都须准备武装暴动的党，在民族革命的进程中，应该参加武装斗争的工作，助长进步的军事势力，摧毁反动的军阀势力，并渐次发展工农群众的武装势力。同时，此项工作就是使本党获得有条理的准备武装暴动的经验。
从前我们同志不注意军事运动，表示研究性质团体的色彩。最近本党同志虽然注意军事运动，却又采用国民党军事运动的老办法，专门运动高级军官和同全线联络上级头目，表示未能了解本党目前军事工作的责任，和获得有条理的准备武装暴动的经验的意义。
二、过去半年的工作，只形成了中央及各地工作机关及其相互之关系，对于搜集材料和工人自卫团的进行，获得相当成绩。除在进步的军队中做了相当的政治宣传工作外，对于反动军队中的工作，多半注意上级军官间的冲突，未能与下级官佐和兵士群众发生关系。对于武装农民团体（如红枪会等）尚未开始有计划地工作。
三、此后应设法在反动军阀的军队中，组织接受我们指挥的兵士支部，并与士兵群众发生关系，利用军队中日常事故，口头的及文字的宣传兵士群众。同时应用全力在兵工厂、机械局等处活动，并组织支部，务使反动军阀不能利用这些武器。对于农民武装团体，应当先注重训练他们的下级领袖，特别是政治训练。至于工人自卫团的进行，不在人数的扩充，而在政治上和军事上训练工人自卫团的中坚分子。
四、对于国民革命军和国民军，如果我们派人去做政治工作，使组织“少而好”的主义，如果有人去当军官，其责任必须是使这个军队会渐团结和会渐革命化，极力避免革命军队的过早分化。他们的行动须完全依照当地党部的指示。
五、军事工作是党的工作的一部分。各地军事工作负责同志，应与当地党的书记发生密切关系，向书记报告工作情形，并和书记商量自己的工作。

《军事运动议决案》

1926年7月12日至18日，中共四届三中全委扩大会议在上海举行。会议通过了《军事运动议决案》，认为“本党是无产阶级的党，随时都须准备武装暴动的党”，应该参加武装斗争，助长进步军事实力，摧毁反动的军阀势力，并渐次发展工农的武装力量。[①]

朱德

1926年7月，朱德从苏联留学回到上海，受中共中央委派，赴四川万县动员川军杨森部易帜以策应北伐。同月，任国民革命军第二十军党代表。

①中共中央文献研究室、中央档案馆编：《建党以来重要文献选编》（第三册），中央文献出版社2011年版，第317页。

在旧军队中培养一种新的力量。很希望川中发生一个左派军队，发生自己的武力

——中共中央

1926年7月下旬，吴玉章、刘伯承接中共中央通知，前往上海、广州参加会议，并汇报四川军阀动向和中共重庆地执委进行军事斗争的情况，提出发动川军起义，建立一支左派武装的初步计划。中央要求四川的军事策略是“前面抵，后面拉”的办法，利用川军矛盾，在顺庆起义并作为根据地；在泸州起义互相策应。

陈毅

陈毅（1901—1972），字仲弘。四川乐至人。1919年赴法国勤工俭学。1922年秋加入中国社会主义青年团。1923年秋入北京中法大学学习，不久转人中国共产党，并担任中法大学中共支部书记。1926年8月底，受中共北方区委和李大钊派遣，从北京南下到四川杨森部做响应北伐的兵运工作。经朱德介绍，与重庆地执委接上关系，被派往达县川军田颂尧部胡翼旅任党代表。

一、川军将领为救国计，愿一致加入国民党，共同努力国民革命，服从党纪；二、国民政府对川军将领须应给以相当名义，与其他国民革命军一律待遇；三、为完成国民革命计，川军将领应实行出兵，以共同扫除反革命势力，同时国民政府予以充分之援助与接济；四、川军应一律施行政治训练；五、川当局应予人民以集会、结社、言论、出版之自由；六、本约经双方代表签订，呈送政治会议备案后即为有效。

——《六条协定》

1926年8月上旬和9月初，中共重庆地执委先后派吴玉章、刘伯承和童庸生到上海，向中共中央详细汇报四川军事工作情况，提出泸顺起义计划。9月中旬，刘伯承在广东主持同四川各军阀代表谈判，并签订了《六条协定》，力图促使川军各派脱离北洋军阀系统，参加和拥护国民革命。

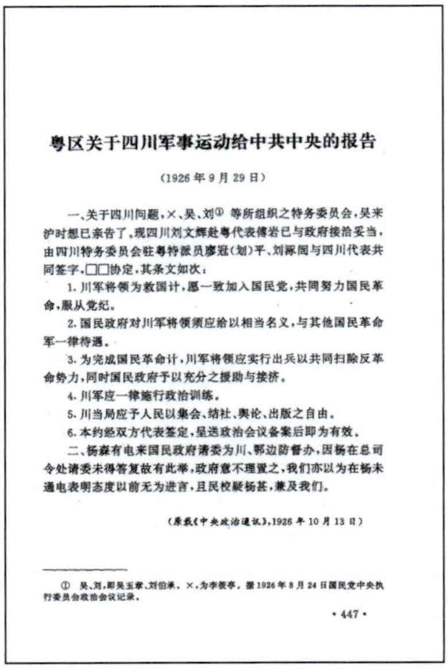

粤区关于四川军事运动给中共中央的报告

（1926年9月29日）

一、关于四川问题，×、吴、刘① 等所组织之特务委员会，吴来沪时想已亲告了。现四川刘文辉赴粤代表傅岩已与政府接洽妥当，由四川特务委员会驻粤特派员廖冠（划）平、刘溯闿与四川代表共同签字，□□协定，其条文如次：

1. 川军将领为救国计，愿一致加入国民党，共同努力国民革命，服从党纪。

2. 国民政府对川军将领须应给以相当名义，与其他国民革命军一律待遇。

3. 为完成国民革命计，川军将领应实行出兵以共同扫除反革命势力，同时国民政府予以充分之援助与接济。

4. 川军应一律施行政治训练。

5. 川当局应予人民以集会、结社、舆论、出版之自由。

6. 本约经双方代表签定，呈送政治会议备案后即为有效。

二、杨森有电来国民政府请委为川、鄂边防督办，因杨在总司令处请委未得答复故有此举，政府意不理置之，我们亦以为在杨未通电表明态度以前无为进言，且民校疑杨甚，兼及我们。

（原载《中央政治通讯》，1926年10月13日）

① 吴、刘，即吴玉章、刘伯承。×，为李筱亭。据1926年8月24日国民党中央执行委员会政治会议记录。

·447·

《粤区关于四川军事运动给中共中央的报告》①

1926年9月28日，杨闇公以国民党左派临时省党部名义，秘密召集川军中左倾的12个师长、旅长或其代表开会，商议“响应北伐，会师武汉“，决定首先在顺庆、泸州举行武装起义。左图为1926年9月29日，粤区关于四川军事运动给中共中央的报告。

① 《粤区关于四川军事运动给中共中央的报告》，1926年9月，转引自周勇主编：《杨闇公纪念集》，重庆出版社1993年版，第447页。

二、泸顺起义

杨闇公

刘伯承

朱德

陈毅

1926年11月，遵照中共中央指示，在重庆石桥铺六店子刘伯承家里，成立了中共重庆地执委军事委员会。杨闇公兼任军委书记，朱德、刘伯承为军委委员，陈毅也参加了相关领导工作。

重庆九龙坡区石桥铺六店子刘伯承旧居

刘伯承

杨闇公以川军中的共产党员、革命军官掌握的六个旅为骨干，成立了国民革命军川军各路总指挥部，由刘伯承任总指挥。随后制定了起义计划，并展开起义的准备工作。

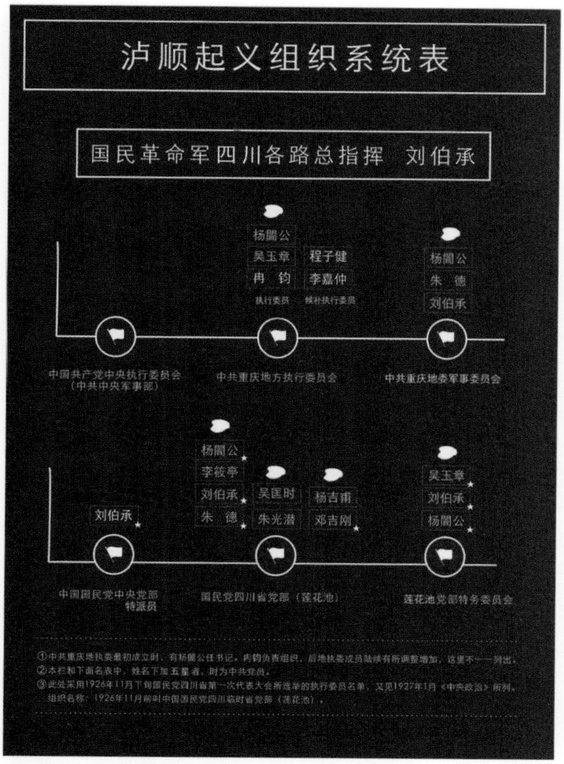

泸顺起义组织指挥系统表

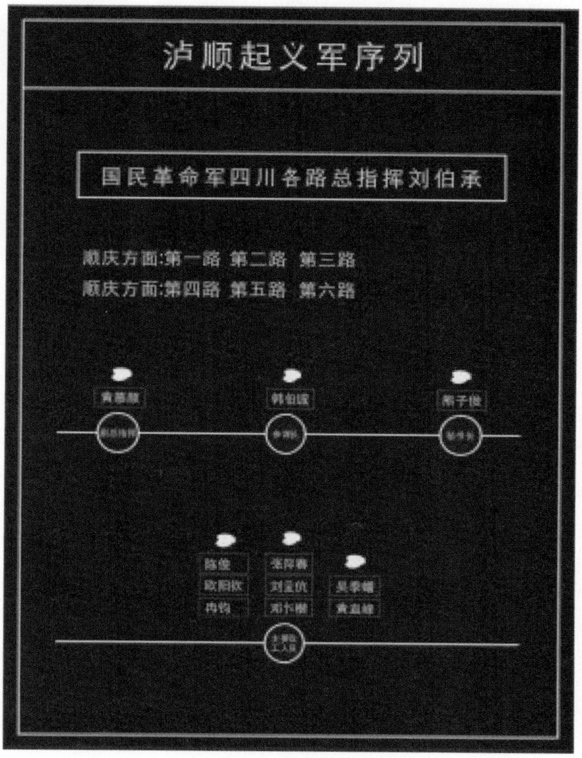

泸顺起义起义军序列

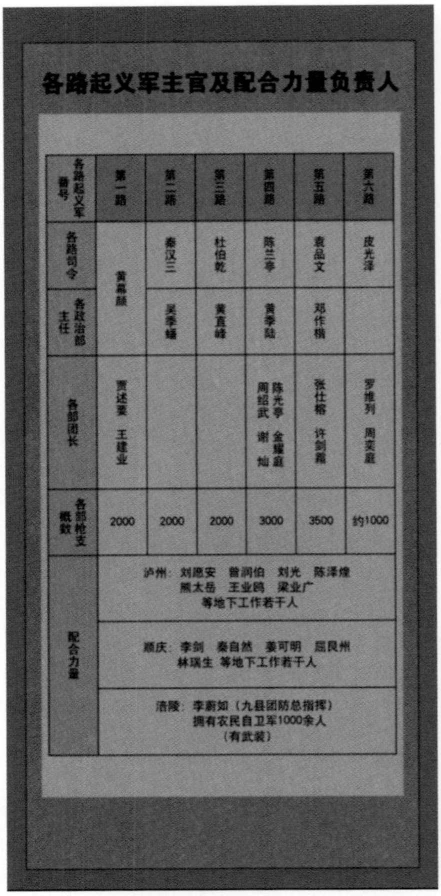

各路起义军主官及配合力量负责人

各路起义军番号	第一路	第二路	第三路	第四路	第五路	第六路
各路司令	黄幕颜	秦汉三	杜伯乾	陈兰亭	袁品文	皮光泽
各政治部主任		吴季蟠	黄直峰	黄季陆	郑作楷	
各部团长	贾述要　王建业			陈光亭　金耀庭　周绍武　谢　灿	张仕榕　许剑霜	罗维列　周奕庭
各部枪支概数	2000	2000	2000	3000	3500	约1000
配合力量	泸州：刘愿安　曾润伯　刘光　陈泽煌　熊太岳　王业鸥　梁业广　等地下工作若干人					
	顺庆：李剑　秦自然　姜可明　屈良州　林瑞生　等地下工作若干人					
	涪陵：李蔚如（九县团防总指挥）拥有农民自卫军1000余人（有武装）					

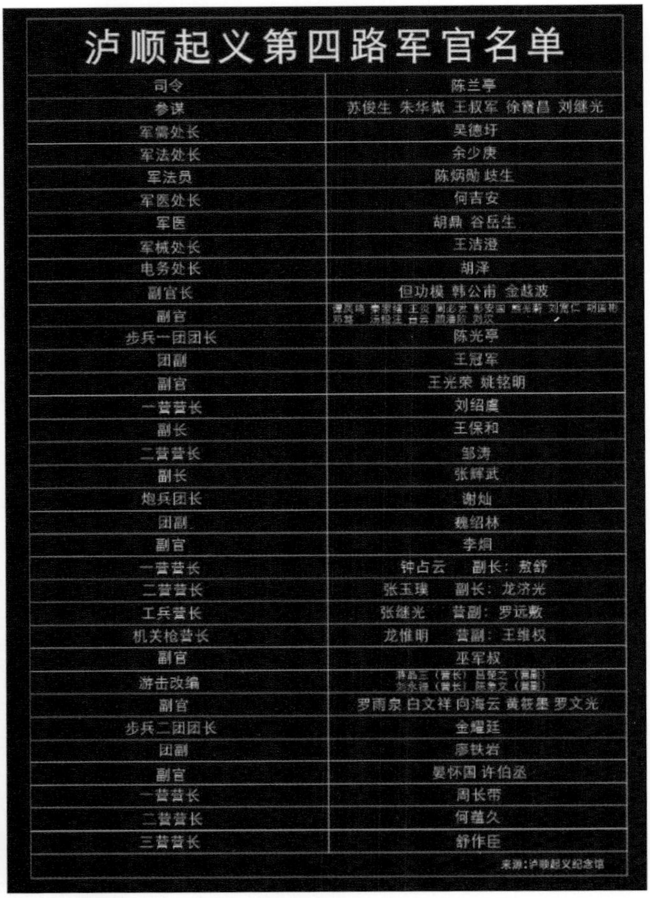

泸顺起义第四路军官名单

司令	陈兰亭
参谋	苏俊生　朱华熙　王叔军　徐霞昌　刘继光
军需处长	吴德圩
军法处长	余少庚
军法员	陈炳勋　歧生
军医处长	何吉安
军医	胡鼎　谷岳生
军械处长	王浩澄
电务处长	胡泽
副官长	但功模　韩公甫　金越波
副官	[illegible]
步兵一团团长	陈光亭
团副	王冠军
副官	王光荣　姚铭明
一营营长	刘绍虞
副长	王保和
二营营长	邹涛
副长	张辉武
炮兵团长	谢灿
团副	魏绍林
副官	李炯
一营营长	钟占云　副长：敖舒
二营营长	张玉璞　副长：龙济光
工兵营长	张继光　营副：罗远敷
机关枪营长	龙惟明　营副：王维权
副官	巫军叔
游击改编	[illegible]
副官	罗雨泉　白文祥　向海云　黄筱墨　罗文光
步兵二团团长	金耀廷
团副	廖铁岩
副官	晏怀国　许伯丞
一营营长	周长带
二营营长	何蕴久
三营营长	舒作臣

来源：泸顺起义纪念馆

各路起义军主官及配合力量负责人一览表　泸顺起义第四路军官名单

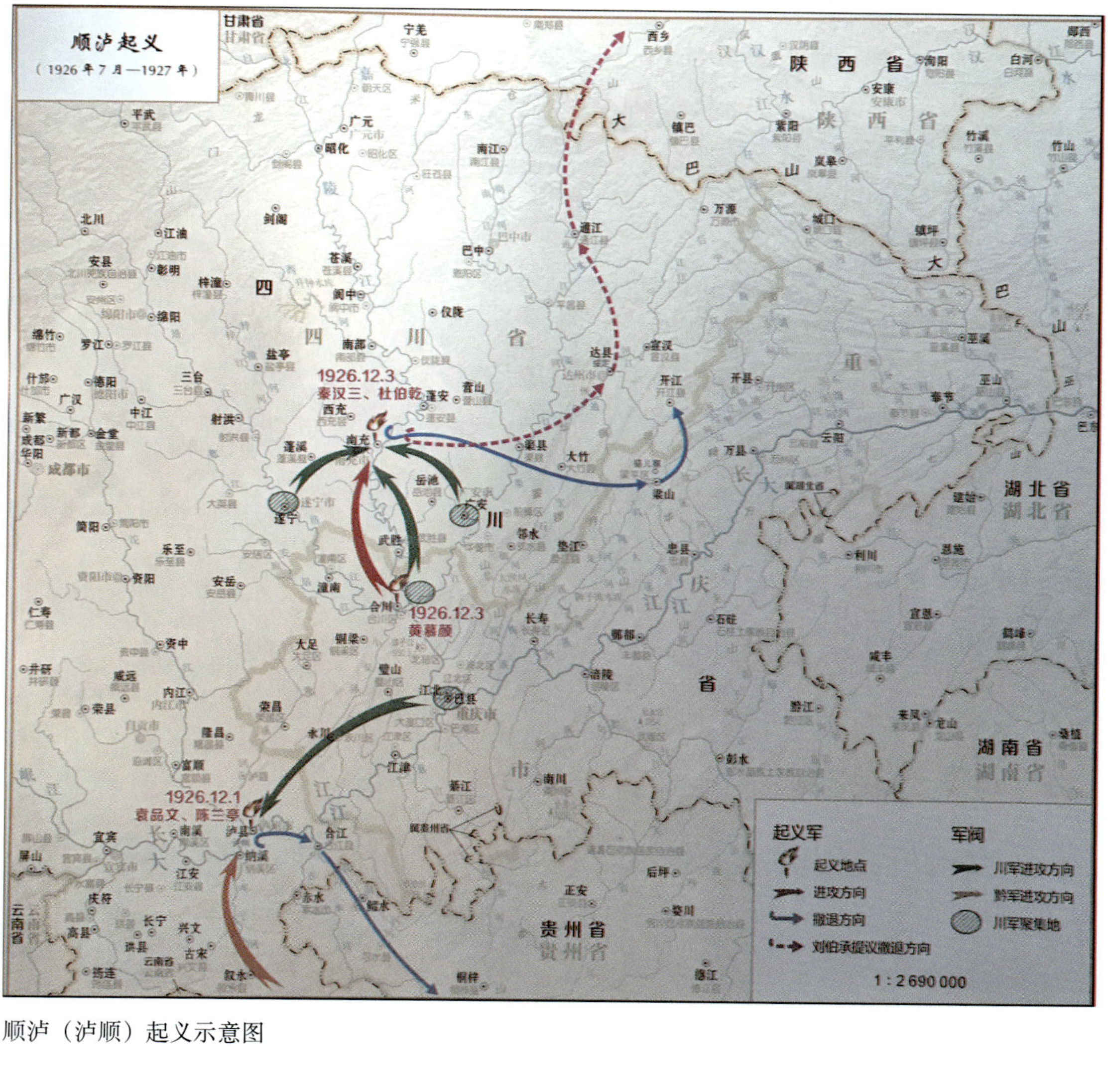
顺泸起义
（1926年7月—1927年）
甘肃省
陕西省
四川省
湖北省
湖南省
贵州省
云南省
重庆市
1926.12.3
秦汉三、杜伯乾
1926.12.3
黄慕颜
1926.12.1
袁品文、陈兰亭
南充
顺庆
合川
泸县
纳溪
达县
通江
西乡
开江
梁山
大竹
遂宁
广安
江北
成都市
起义军
起义地点
进攻方向
撤退方向
刘伯承提议撤退方向
军阀
川军进攻方向
黔军进攻方向
川军聚集地
1：2 690 000

顺泸（泸顺）起义示意图

泸州起义发生地

1926年12月1日，泸州驻军赖心辉部、陈兰亭、袁品文旅在蓝田坝发动起义，经过一昼夜激战，胜利占领泸州城。上图为位于泸州的泸州起义发生地。

顺泸（泸顺）起义纪念碑

1926年12月3日，顺庆（今南充市）驻军何光烈部秦汉三、杜伯乾旅起义，消灭其师长何光烈及其亲信大部，次日晨占领顺庆。这是位于四川南充的顺泸（泸顺）起义纪念碑。

位于合川的泸顺起义指挥部

南充（顺庆）果山公园内起义军誓师大会旧址

1926年12月10日，三支起义军7000余人在顺庆（今南充市）果山公园举行誓师大会，成立国民革命军川军各路总指挥部，刘伯承正式就任总指挥，黄慕颜就任副总指挥兼第1路司令，秦汉三、杜伯乾分任第2路、第3路司令。上两图为位于今南充果山公园内起义军誓师大会旧址。

> **法兰西、小日本各自滚蛋；英吉利、美利坚赶紧缩头！**
>
> ——反帝标语

上图为南充果山公园内的反帝标语，充分反映了起义部队支持北伐战争，赶走帝国主义列强的意志。

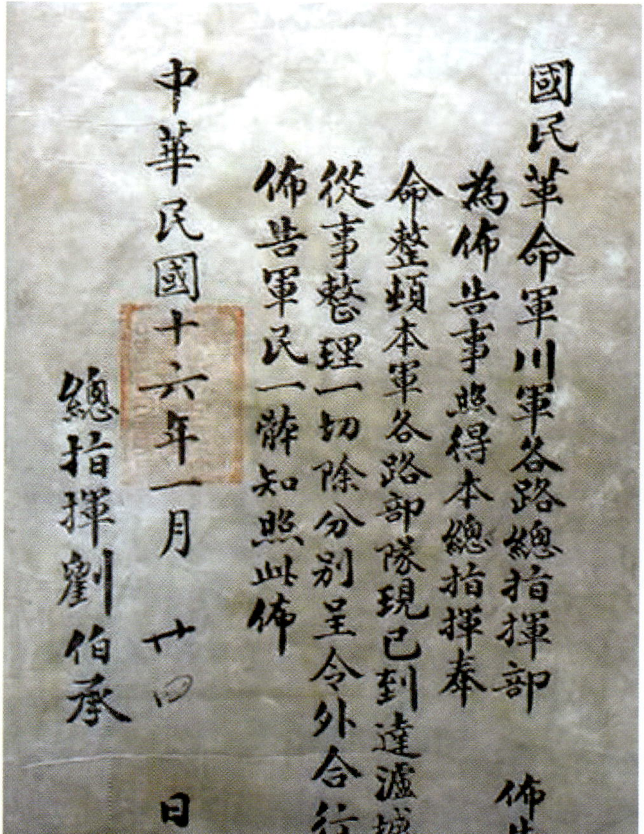

國民革命軍川軍各路總指揮部　佈告

為佈告事照得本總指揮奉

命整頓本軍各路部隊現已到達瀘城

從事整理一切除分別呈令外合行

佈告軍民一體知照此佈

中華民國十六年一月廿四日

總指揮劉伯承

《国民革命军川军各路总指挥部布告》

1927年1月，杨闇公在万县召开军委会议，决定将国民革命军川军各路军总指挥部迁往泸州。1月24日刘伯承在泸州发布《国民革命军川军各路总指挥部布告》，昭告全体军民听从指挥和服从整顿。

三、永载史册

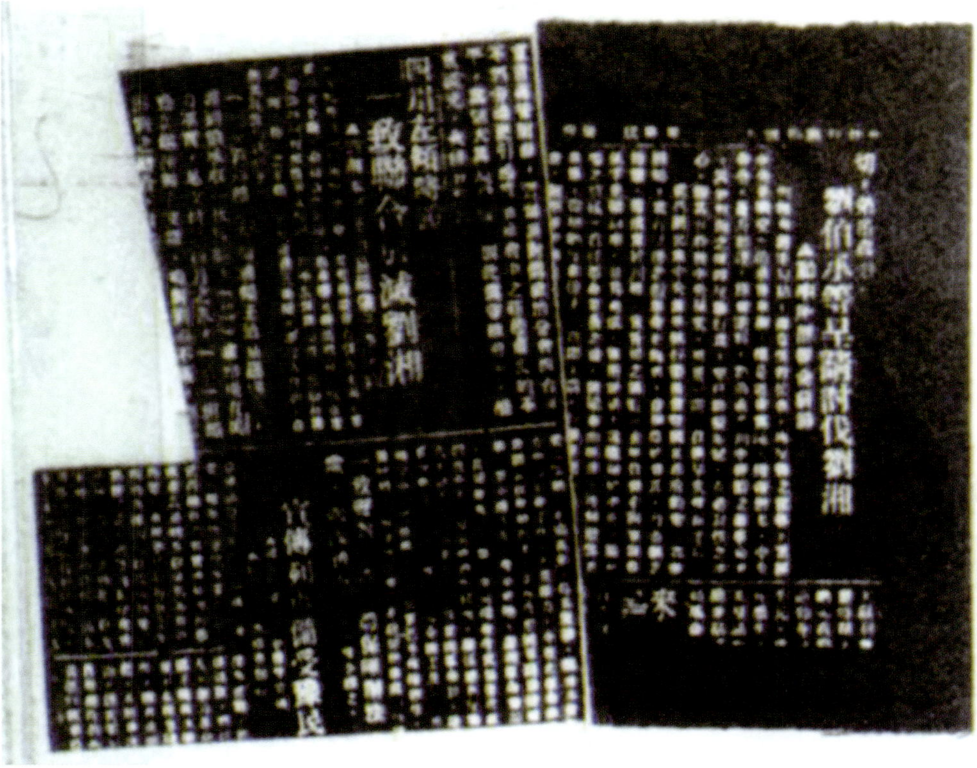

《国民日报》（汉口）对泸州起义的报道

泸顺起义爆发后不久，顺庆部队即被围攻，退至开江。泸州部队在刘伯承领导下继续坚守。1927 年 5 月，因部分起义将领投敌，刘伯承撤离泸州，后到江西参加南昌起义。泸顺起义失败。上图为 1927 年 5 月《国民日报》（汉口）对泸州起义的报道。

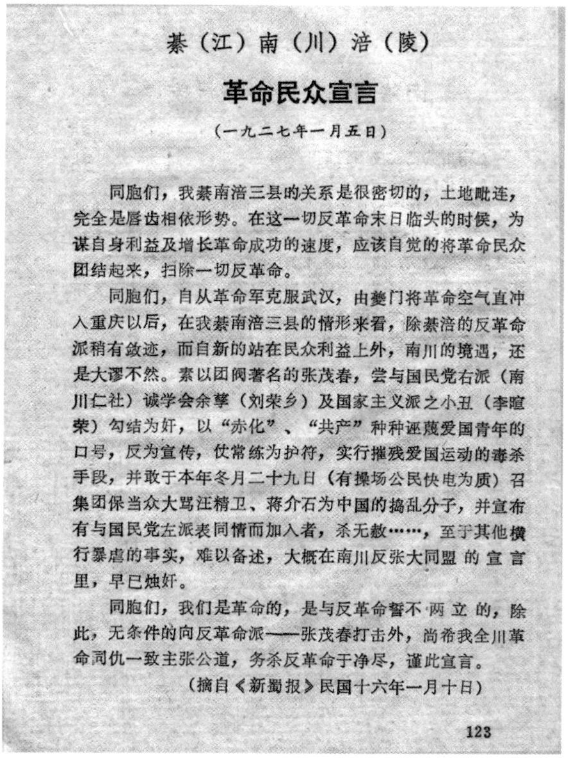

綦（江）南（川）涪（陵）

革命民众宣言

（一九二七年一月五日）

同胞们，我綦南涪三县的关系是很密切的，土地毗连，完全是唇齿相依形势。在这一切反革命末日临头的时候，为谋自身利益及增长革命成功的速度，应该自觉的将革命民众团结起来，扫除一切反革命。

同胞们，自从革命军克服武汉，由夔门将革命空气直冲入重庆以后，在我綦南涪三县的情形来看，除綦涪的反革命派稍有敛迹，而自新的站在民众利益上外，南川的境遇，还是大谬不然。素以团阀著名的张茂春，尝与国民党右派（南川仁社）诚学会余孽（刘荣乡）及国家主义派之小丑（李暄荣）勾结为奸，以“赤化”、“共产”种种诬蔑爱国青年的口号，反为宣传，仗常练为护符，实行摧残爱国运动的毒杀手段，并敢于本年冬月二十九日（有操场公民快电为质）召集团保当众大骂汪精卫、蒋介石为中国的捣乱分子，并宣布有与国民党左派表同情而加入者，杀无赦……，至于其他横行暴虐的事实，难以备述，大概在南川反张大同盟的宣言里，早已烛奸。

同胞们，我们是革命的，是与反革命誓不两立的，除此，无条件的向反革命派——张茂春打击外，尚希我全川革命同仇一致主张公道，务杀反革命于净尽，谨此宣言。

（摘自《新蜀报》民国十六年一月十日）

123

《綦（江）南（川）涪（陵）革命民众宣言》

1926年底，为策应泸顺起义，在中共重庆地方执行委员会领导下，綦江、南川、涪陵三县党组织率领农民武装联合暴动。左图为1927年1月暴动指挥部在《新蜀报》上发表的《綦（江）南（川）涪（陵）革命民众宣言》。

1927年5月12日，刘湘重兵围攻起义部队，孤城泸州被围日久，起义部队外无援兵，弹尽粮绝，伤亡惨重。1927年5月16日，按中共党组织决定，刘伯承偕参谋长韩百诚、参谋周国金（均为中共党员）等从龙透关逃出包围圈，历尽艰险，绕道陕西、河南，抵达汉口。后参加著名的南昌起义。

泸州龙透关

泸州（泸顺）起义纪念碑

泸顺起义虽然失败了，但它是中国共产党独立创建革命武装的首次尝试，在中共党史和人民解放军历史上占有重要地位，具有不可磨灭的伟大历史贡献。这是1991年四川省泸州市龙透关建立的泸州（泸顺）起义纪念碑。

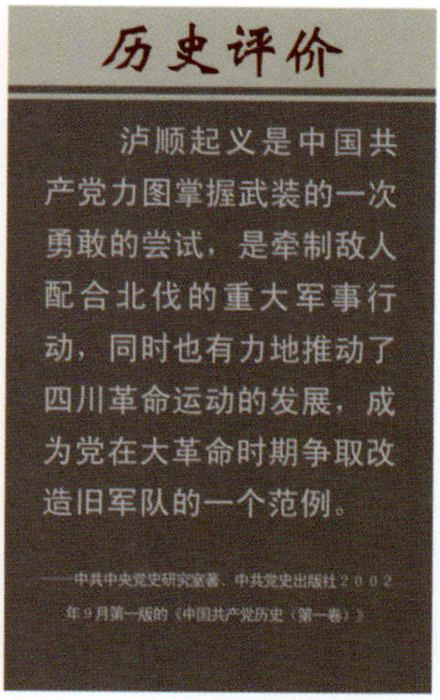

中共中央党史研究室著《中国共产党历史（第一卷）》书影和对泸顺起义的历史评价

中共中央党史研究室著、中共党史出版社2011年版的《中国共产党历史（第一卷）》中对泸顺起义作了如下评价："泸顺起义是中国共产党力图掌握武装的一次勇敢的尝试，是牵制敌人配合北伐的重大军事行动，同时也是有力地推动了四川革命运动的发展，成为党在大革命时期争取改造旧军队的一个范例。"①

人民日報
RENMIN RIBAO

运用长征军事经验加强军队建设
纪念长征胜利五十周年学术讨论会召开

伟大的无产阶级革命家、军事家、马克思主义军事理论家
刘伯承同志追悼会在京举行
党和国家领导人及首都军民向刘帅遗体告别
邓小平同志主持追悼会　胡耀邦同志致悼词
李先念陈云彭真徐向前聂荣臻乌兰夫等同志参加悼念活动

1986年10月17日《人民日报》头版报道刘伯承同志追悼会在京举行，邓小平主持追悼会，胡耀邦致悼词

①中共中央党史研究室著：《中国共产党历史》（第1卷·上册），中共党史出版社2011年版，第178页。

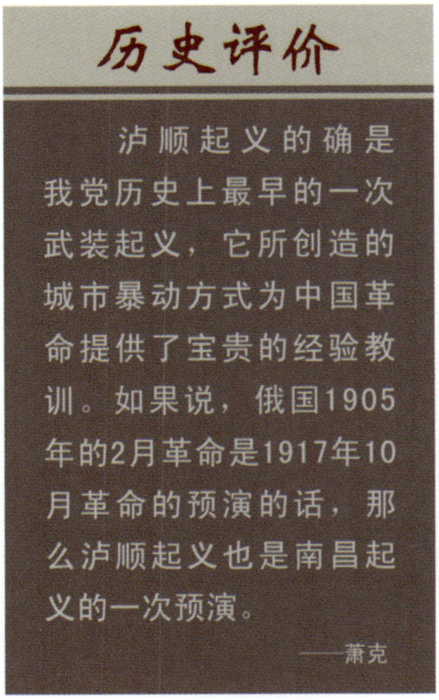

中国人民解放军上将萧克对泸顺起义的评价

萧克（1907—2008），字子敬，湖南嘉禾人。1926 年参加北伐战争。1927 年 5 月加入中国共产党。先后参加南昌起义、湘南起义。曾任红四军纵队司令员、红八军军长、红六军团军团长、红二方面军副总指挥。曾参加井冈山斗争，参与领导湘赣苏区反“围剿”，参与创建湘鄂川黔苏区，并参加了长征。1937 年 8 月起先后任八路军第一二〇师副师长、冀热察挺进军司令员、晋察冀军区、华北军区副司令员、第四野战军兼华中军区第一参谋长、人民革命军事委员会军训部部长、训练总监部部长、国防部副部长。1972 年起任军政大学校长、军事学院院长兼第一政治委员。1955 年被授予上将军衔。左图为萧克上将对泸顺起义的评价。

中共重庆市委党史研究室著《中国共产党重庆历史（第一卷）》

《中国共产党重庆历史》第一卷对泸顺起义作了如下评价：“这次起义在一定程度上达到了中共中央关于牵制四川军阀东下、减轻对武汉侧翼威胁的战略目的，是除北伐主战场外，国内支援、配合北伐战争最重大的军事行动，为推翻北方封建军阀统治势力作出了重要贡献。这次起义以周密的策划、精心的组织、勇敢的实践，为中国共产党独立领导武装斗争锻炼了军事干部，也为南昌起义的发动，以及人民军队的创建提供了可贵经验。”①

①中共重庆市委党史研究室主编：《中国共产党重庆历史》（第1卷），重庆出版社2011年版，第149页。

第六章　前赴后继　热血丰碑

中共四川临时省委扩大会议旧址暨周贡植故居

1927年3月，四川军阀刘湘在重庆制造了震惊全国的三三一惨案。在革命低潮中，大量中共党员、国民党左派人士被捕杀，组织被破坏，大革命时期四川重要领导人杨闇公、冉钧、漆南薰、陈达三、李蔚如等壮烈牺牲。在革命斗争生死存亡的紧要关头，1927年7月，党中央派傅烈、周贡植等，以幸存的中共重庆地执委骨干为基础，组建了中共四川临时省委。1928年2月10日，中共四川临时省委在周贡植家中召开扩大会议（亦称中国共产党四川省第一次代表大会），成立了中共四川省委。共产党人不畏艰险，不怕牺牲，不忘初心，牢记使命，坚持斗争，在新的征程上继续奋斗，开启了川渝革命史上的新篇章。

QIANFU HOUJI

—

REXUE FENGBEI

一、血雨腥风

中山舰

枪决“赤党”

在北伐战争顺利发展，工农运动不断高涨的形势下，国民党内以蒋介石为代表的右派集团加紧勾结帝国主义和大资产阶级，准备背叛革命。1926年3月20日，蒋介石采取调动军队逮捕李之龙，断绝广州内外交通，扣留中山舰及其他舰只，驱逐了黄埔军校中及国民革命军中以周恩来为首的共产党员等手段，破坏国共合作，夺取革命领导权，蓄意打击和排斥中国共产党。蒋介石反共立场毕现。1927年4月12日蒋介石在上海发动的反革命政变，大肆抓捕杀害共产党人和革命群众。仅三天内，即有300多人被杀，500多人被捕，5000多人失踪。广东、江苏、浙江、福建、广西、天津等地也相继发生反革命大屠杀，全国共有31万中共党员和革命群众遭到屠杀。这次反革命政变是大革命从高潮走向失败的转折点。

蒋介石

1927年1月3日，蒋介石公然阻扰途径南昌去武汉的国民党中央党部和国民政府的第二批人员，并于1月5日发布通电，宣布“中央党部及国民政府暂驻南昌”，形成南昌和武汉公开对峙的局面。

1927年初，蒋介石派员到重庆活动，与刘湘勾结。国民党右派势力也看重并游说刘湘。刘湘想统一四川，同时害怕“赤化”，于是投靠以蒋介石为代表的右派集团，与蒋介石密谋，破坏四川革命。

刘湘

闇公同志常说：“只要把群众发动起来了，军阀们那几杆烂枪是没有多大用处的。”当时刘湘也知道我们的力量是有群众，所以刘说：“莲花池这一批人很厉害，他们是要彻底挖我们的墙脚呀！”

——刘伯承《回忆三三一惨案》

上图为《重庆三三一惨案纪事》一书中刘伯承所著《回忆三三一惨案》① 一文的摘录。

①刘伯承：《回忆三三一惨案》，重庆市政协文史资料研究委员会编：《重庆三三一惨案纪事》，西南师范大学出版社1988年版，第36页。

曾扩情

曾扩情（1894—1983），四川威远人，黄埔军校第一期学员，复兴社成员，蒋介石侍从秘书。解放初曾扩情在交待笔录中曾提及：三三一惨案发生前，他曾奉蒋介石密令全权挑选委派一批黄埔生到四川从事拉拢四川军阀的反共联络活动。

曾扩情与复兴社成员合影

重庆打枪坝远景

南京惨案（又称三二四惨案）消息传来，点燃了重庆人民的反帝烈火。1927年3月28日，中共重庆地执委和国民党四川省党部决定，3月31日在打枪坝召开重庆市民反帝大会，声讨帝国主义罪行。同日，四川国民党左派省党部还召集各界团体代表开会，商讨布置大会事宜，重庆各界群众纷纷响应。这是重庆通远门附近的打枪坝集会地。

刘湘公馆（今重庆市渝中区李子坝186号）

国民革命军第二十一军军部鸟瞰图①

1927年3月29日，重庆三三一惨案主谋刘湘在二十一军军部召集王陵基、蓝文彬、唐式遵、潘文华、罗仪三、朱召南等军队高级人员秘密会议，决定对3月31日大会实施镇压，将共产党员和国民党左派人士一网打尽。上图为国民革命军第二十一军军部鸟瞰图。

①选自欧阳桦著《重庆近代城市建筑》，重庆大学出版社2010年版。

蓝文彬官邸“厚庐”（原重庆马蹄街15号，今解放碑中兴路26号）

1927年3月30日，第三师师长兼重庆卫戍司令王陵基、第七师师长蓝文彬在其官邸召集会议，对大屠杀作出具体部署：王陵基、蓝文彬负责会场里面，唐式遵、潘文华、罗仪三、朱召南等警戒场外和全市。王陵基派人与巴县团阀申文英、曹燮阳联络，指使他们到时派便衣队破坏会场。上图为蓝文彬官邸厚庐旧址。

中共重庆地方执行委员会旧址

1927年3月30日，杨闇公预感形势有变，召集党团负责人会议，研究对策。

《杨闇公纪念集》

局势很紧张，我们只有斗争，要作好牺牲的准备

——杨闇公

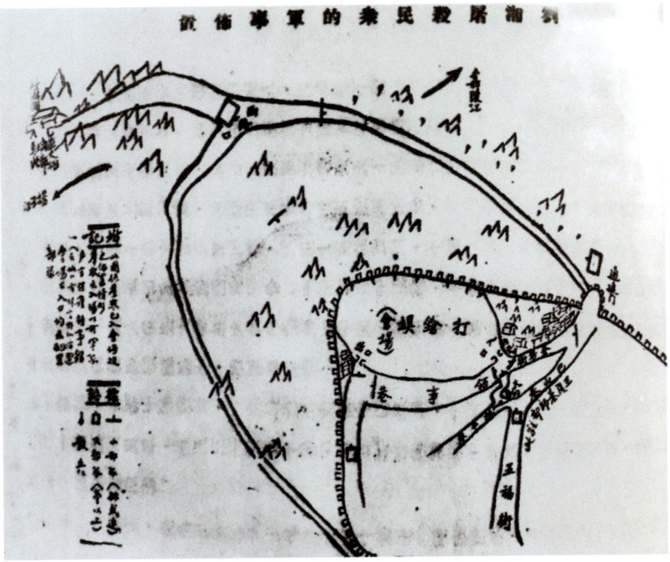

刘湘屠杀民众的军事布置示意图

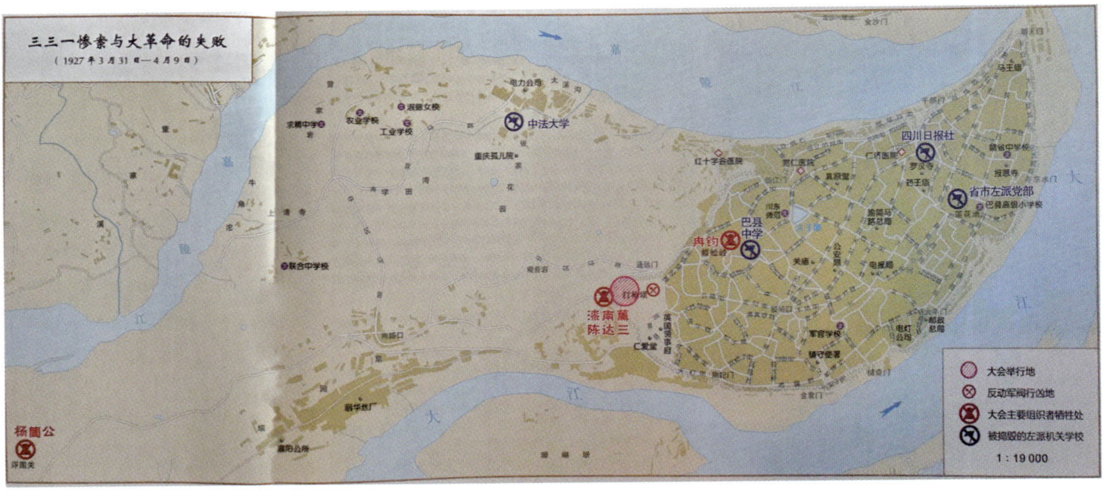

三三一惨案示意图

1927年3月31日上午，重庆各界反对英美炮击南京市民大会在通远门附近的打枪坝隆重召开。重庆党团组织全体成员、国民党左派省党部的绝大多数成员与工、农、商、学、妇各界群众2万余人到会，遭到军阀刘湘派出的重兵镇压，“倾间枪声四起，流弹横飞，刀棍并举，血流遍地，与会群众皆赤手空拳，事起仓卒，奔避无及，突围者，九死一生；越墙者，断腿折臂。当场死者百余人，伤者逾千”。与蒋介石密谋的刘湘等祸首直接制造了这场骇人听闻的三三一惨案。

油画《重庆三三一惨案》

此次惨案中，国民党左派四川省党部监察委员陈达三被弁兵开枪打死；重庆市党部执行委员、国民党左派、著名经济学家漆南薰被歹徒拖至两路口剖腹、肢解而死；中共重庆地执委组织部长冉钧脱险后不顾个人安危，冒险在城内联系、安顿同志，4月1日在七星岗附近被便衣队认出，立遭枪杀；杨闇公在群众掩护下撤离会场，跳墙脱险，后在朝天门被捕。上图为油画《重庆三三一惨案》。

漆南薰和他的女儿

漆南薰（1892—1927）字树棻，重庆江津人，任“重庆各界反对英帝炮击南京市民大会”执行总主席。当大会即将开始时，军阀刘湘、王陵基军队突然对集会群众进行血腥大屠杀。他临危不惧，站立在主席台制止暴徒行凶，中弹受伤后从主席台后的城垛坠下，被埋伏的军阀暴徒逮捕，随即惨遭杀害。

陈达三

陈达三（1882—1927），重庆铜梁人，参与组建中国国民党左派四川省党部。1927年3月24日，英、美帝国主义制造了南京惨案后，中共重庆地执委同重庆各界协商，决定在3月31日在重庆打枪坝召开群众大会并举行示威游行。3月31日，二万多群众进入会场，军阀开始实行有预谋的大屠杀。陈达三壮烈牺牲。

冉钧

冉钧（1899—1927），重庆江津人。中共重庆地执委组织委员。三三一惨案次日在重庆被刘湘杀害。

重庆朝天门码头河滩

杨闇公脱险后，急于前往武汉向中央汇报三三一惨案情况和重庆的革命形势。4月4日，杨闇公和妻子赵宗楷在朝天门码头停靠的“亚东号”轮船上被武装军警抓捕。

杨闇公牺牲地佛图关

杨闇公被捕后，被押关在重庆佛图关刘湘部蓝文彬司令部。4月4日晚，敌人连夜审讯，极尽威胁引诱，要他供出党的秘密和组织，要他屈服投降。杨闇公大义凛然，大声痛斥反动派勾结帝国主义镇压人民的罪行，被反动军阀残酷杀害。上图为杨闇公牺牲地佛图关。

你们只能砍下我的头，丝毫不能动摇我的信仰。一句话，我的头可断，志不可夺！

——杨闇公

殉难后杨闇公遗照

殉难后杨闇公遗照

1927年4月6日深夜，杨闇公被国民党反动派带到佛图关悬崖边，杨闇公宁死不屈，大声斥责敌人，敌人割其舌，闇公怒目以视，敌人挖其眼，闇公挥手以斥，敌人断其双手，最后连发三枪，闇公壮烈牺牲，年仅29岁。

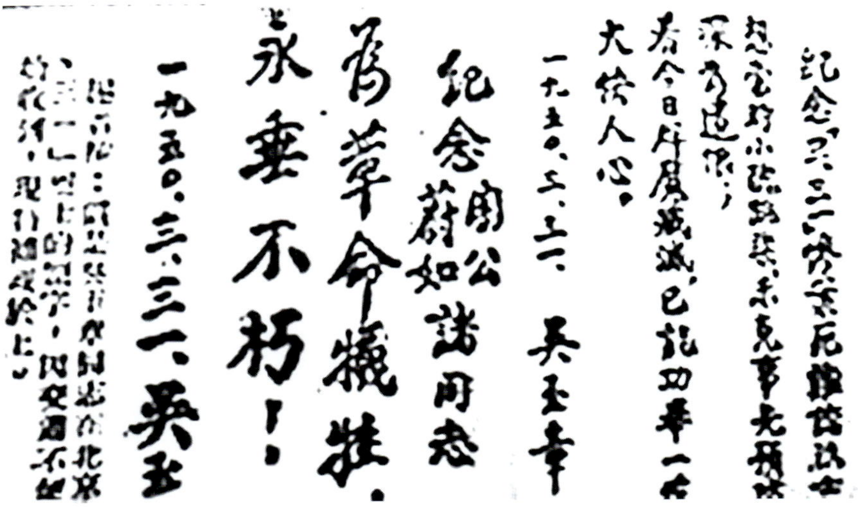

吴玉章为三三一惨案烈士题词

三三一惨案发生后，中共重庆地执委书记杨闇公、组织委员冉钧等被杀害，中共重庆地执委组织、国民党左派组织、以及革命活动主要阵地遭到极大破坏。

民国十七年（1928年）三月上海出版的《重庆三三一惨案纪念特刊》

通远门城墙上的三三一惨案纪念碑

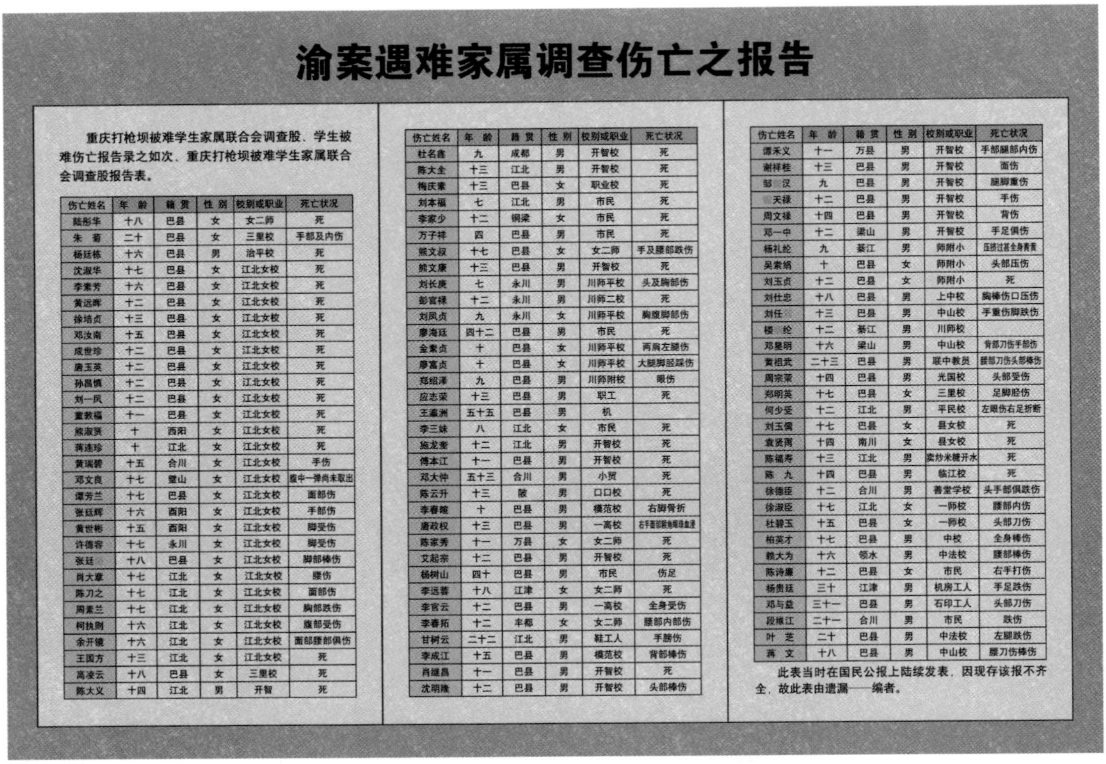

渝案遇难家属调查伤亡之报告

重庆打枪坝被难学生家属联合会调查股、学生被难伤亡报告录之如次、重庆打枪坝被难学生家属联合会调查股报告表。

伤亡姓名	年龄	籍贯	性别	校别或职业	死亡状况
陆彤华	十八	巴县	女	女二师	死
朱 菊	二十	巴县	女	三里校	手部及内伤
杨廷栋	十六	巴县	男	治平校	死
沈淑华	十七	巴县	女	江北女校	死
李素芳	十六	巴县	女	江北女校	死
黄远晖	十二	巴县	女	江北女校	死
徐培贞	十三	巴县	女	江北女校	死
邓汝南	十五	巴县	女	江北女校	死
成世珍	十二	巴县	女	江北女校	死
唐玉英	十二	巴县	女	江北女校	死
孙昌慎	十二	巴县	女	江北女校	死
刘一凤	十二	巴县	女	江北女校	死
董教福	十一	巴县	女	江北女校	死
熊淑贤	十	酉阳	女	江北女校	死
蒋连珍	十	江北	女	江北女校	死
黄瑞碧	十五	合川	女	江北女校	手伤
邓文良	十七	璧山	女	江北女校	腹中一弹尚未取出
谭芳兰	十七	巴县	女	江北女校	面部伤
张廷辉	十六	酉阳	女	江北女校	手部伤
黄世彬	十五	酉阳	女	江北女校	脚受伤
许德容	十七	永川	女	江北女校	脚受伤
张廷	十八	巴县	女	江北女校	脚部棒伤
肖大章	十七	江北	女	江北女校	腰伤
陈刀之	十七	江北	女	江北女校	面部伤
周素兰	十七	江北	女	江北女校	胸部跌伤
柯执则	十六	江北	女	江北女校	腹部受伤
余开镜	十六	江北	女	江北女校	面部腰部俱伤
王国方	十三	江北	女	江北女校	死
高凌云	十八	巴县	女	三里校	死
陈大义	十四	江北	男	开智	死
杜名鑫	九	成都	男	开智校	死
陈大全	十三	江北	男	开智校	死
梅庆棠	十三	巴县	女	职业校	死
刘本福	七	江北	男	市民	死
李家少	十二	铜梁	女	市民	死
万子祥	四	巴县	男	市民	死
熊文淑	十七	巴县	女	女二师	手及腰部跌伤
熊文康	十三	巴县	男	开智校	死
刘长庚	七	永川	男	川师平校	头及胸部伤
彭官禄	十二	永川	男	川师二校	死
刘凤贞	九	永川	女	川师平校	胸腹脚部伤
廖海廷	四十二	巴县	男	市民	死
金素贞	十	巴县	女	川师平校	两肩左腿伤
廖富贞	十	巴县	女	川师平校	大腿脚胫踩伤
郑绍泽	九	巴县	男	川师附校	眼伤
应志荣	十三	巴县	男	职工	死
王瀛洲	五十五	巴县	男	机	
李三妹	八	江北	女	市民	死
施龙奎	十二	江北	男	开智校	死
傅本江	十一	巴县	男	开智校	死
邓大仲	五十三	合川	男	小贸	死
陈云升	十三	陂	男	口口校	死
李春皞	十	巴县	男	模范校	右脚骨折
唐政权	十三	巴县	男	一高校	[illegible]
陈家秀	十一	万县	女	女二师	死
艾起宗	十二	巴县	男	开智校	死
杨树山	四十	巴县	男	市民	伤足
李远蓉	十八	江津	女	女二师	死
李官云	十二	巴县	男	一高校	全身受伤
李春拓	十二	丰都	女	女二师	腰部内部伤
甘树云	二十二	江北	男	鞋工人	手膀伤
李成江	十五	巴县	男	模范校	背部棒伤
肖继昌	十一	巴县	男	开智校	死
沈明隆	十二	巴县	男	开智校	头部棒伤
谭禾义	十一	万县	男	开智校	手部腿部内伤
谢祥桂	十三	巴县	男	开智校	面伤
邹 汉	九	巴县	男	开智校	腿脚重伤
天禄	十二	巴县	男	开智校	手伤
周文禄	十四	巴县	男	开智校	背伤
邓一中	十二	梁山	男	开智校	手足俱伤
杨礼纶	九	綦江	男	师附小	压挤过甚全身青黄
吴素娟	十	巴县	女	师附小	头部压伤
刘玉贞	十二	巴县	女	师附小	死
刘仕忠	十八	巴县	男	上中校	胸棒伤口压伤
刘任	十三	巴县	男	中山校	手重伤脚跌伤
楼 纶	十二	綦江	男	川师校	
邓星明	十六	梁山	男	中山校	背部刀伤手部伤
黄祖武	二十三	巴县	男	联中教员	腰部刀伤头部棒伤
周宗荣	十四	巴县	男	光国校	头部受伤
郑明英	十七	巴县	女	三里校	足脚胫伤
何少妥	十二	江北	男	平民校	左眼伤右足折断
刘玉偶	十七	巴县	女	县女校	死
袁贤雨	十四	南川	女	县女校	死
陈福寿	十三	江北	男	卖炒米糖开水	死
陈 九	十四	巴县	男	临江校	死
徐德臣	十二	合川	男	善堂学校	头手部俱跌伤
徐淑臣	十七	江北	女	一师校	腰部内伤
杜碧玉	十五	巴县	女	一师校	头部刀伤
柏英才	十七	巴县	男	中校	全身棒伤
赖大为	十六	邻水	男	中法校	腰部棒伤
陈诗廉	十二	巴县	女	市民	右手打伤
杨贵廷	三十	江津	男	机房工人	手足跌伤
邓与益	三十一	巴县	男	石印工人	头部刀伤
段维江	二十一	合川	男	市民	跌伤
叶 芝	二十	巴县	男	中法校	左腿跌伤
蒋 文	十八	巴县	男	中山校	腰刀伤棒伤

此表当时在国民公报上陆续发表，因现存该报不齐全，故此表由遗漏——编者。

三三一惨案伤亡报告

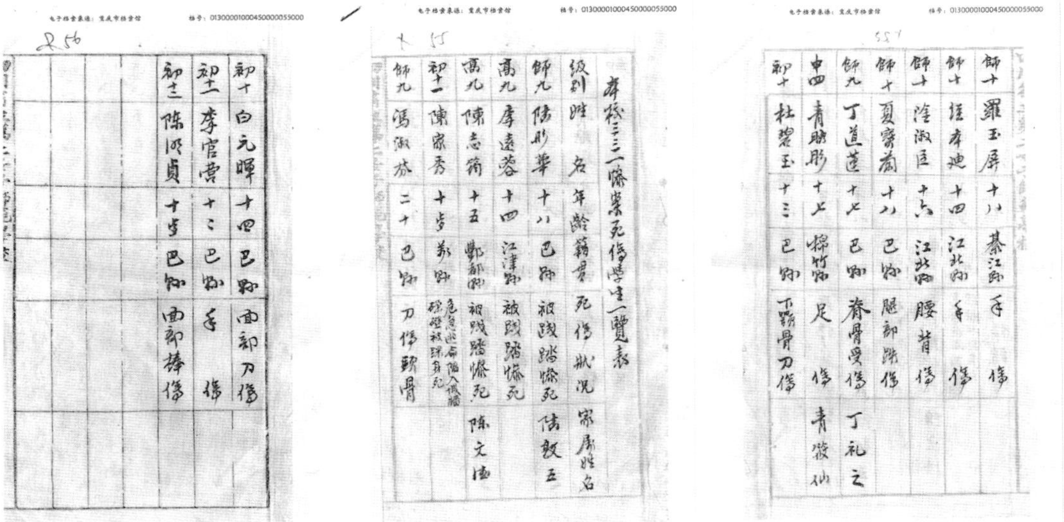

电子档案来源：重庆市档案馆 档号：0130000100045000055000

本校三三一惨案死伤学生一览表

四川省立第二女子师范学校三三一惨案伤亡报告

佛图关杨闇公铜像

2007年杨闇公诞辰80周年之际，重庆社会各界群众前往佛图关杨闇公铜像祭奠

二、重建组织

武汉国民政府

中共重庆地执委遭到严重破坏后，周贡植冒险去武汉向中共中央和武汉国民政府汇报三三一惨案情况和重庆形势。后被调派到国民党湖北省党部任秘书长。

任白戈

任白戈（1906—1986），又名任煜，四川南充人。1926年加入中国共产党。三三一惨案发生后，重庆地执委及各级组织遭到严重破坏，党的工作完全转入地下。4月10日，幸存的党团员成立了以任白戈为首的临时党团地委坚持工作。

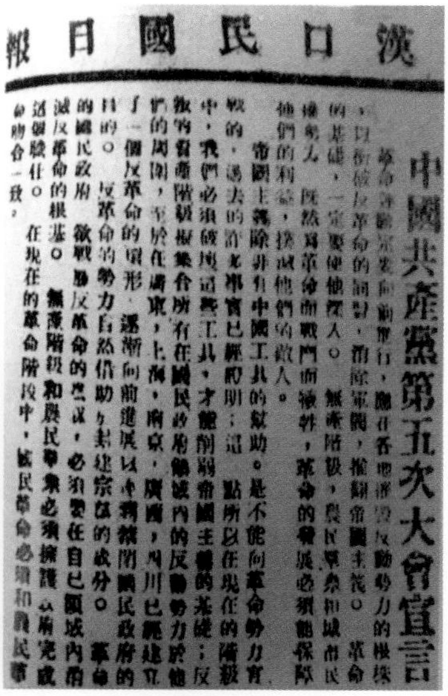

漢口民國日報

中國共產黨第五次大會宣言

中共五大会址和《中国共产党第五次全国代表大会宣言》

党中央在武汉召开中国共产党第五次全国代表大会。1927年5月22日，中共中央政治局常委会召开四川问题谈话会，听取重庆三三一惨案及其前后党组织的情况汇报，决定在四川成立临时省委。上图左边为中国共产党第五次全国代表大会会址，右边为1927年4月27日至5月9日《汉口民国日报》对中国共产党第五次全国代表大会宣言的报道。

中共四川临委书记　傅烈

中共四川临委组织部部长　钟梦侠

中共四川临委宣传部部长　刘荣简

中共四川临委农民部部长　周贡植

6月6日，中央政治局常委会决定傅烈任四川临时省委书记，8月6日傅烈到达重庆，8月12日中共四川临时省委在重庆建立。

中共四川临时省委组织机构图

职 务	姓 名	任职时间
临时省委委员	傅　烈　周贡植　刘荣简　钟梦侠	
书 记	傅　烈	1927.8.12–1927.9.9
组织部部长	钟梦侠	1927.8.12–1927.8
宣传部部长	刘荣简(刘披云、方策)	
农民部部长	周贡植(周文楷)	1927.8.12–1927.9.9
农民运动委员会书记	周贡植	1927.8.12–1927.9.9
职工运动委员会书记	程秉渊(程子健)	
军事运动委员会书记	傅　烈	1927.8.12–1927.9.9
学生运动委员会书记	刘荣简	1927.8.12–1927.9.9
妇女运动委员会书记	程仲苍(女,程映林)	1927.8.12–1927.9.9
秘书长	刘愿庵(刘坚予)	

1927年8月12日，以傅烈为书记的中共四川临时省委成立，被破坏的党组织领导机关又重新恢复起来。这是省委组织机构队伍情况。刘荣简、程秉渊、刘愿庵不在重庆，由傅烈代理宣传部长，曾君杰代理职工运动委员会书记，何名酝代理秘书长。8月21日，刘荣简带着八七会议文件离开汉口，9月1日到达重庆，就任宣传部长。

八七会议会址

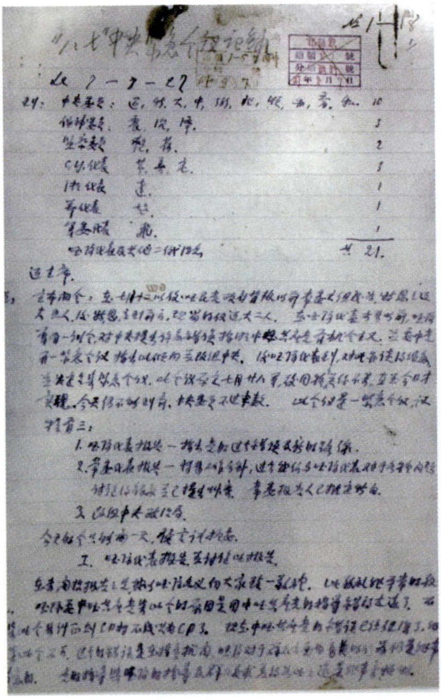
"八七"中央紧急会议纪录

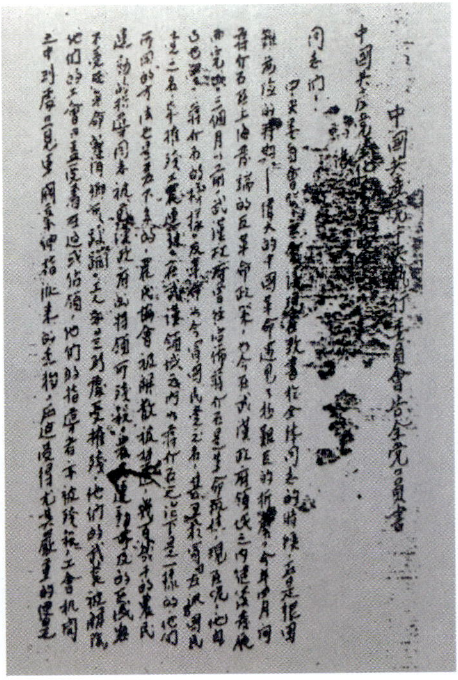
中国共产党中央委员会告全党党员书

同志们!

《"八七"中共中央紧急会议纪录》　　《中共中央告全体党员书》

1927年8月7日，中共中央紧急会议在汉口召开，会议坚决纠正和结束了陈独秀右倾投降主义路线，确定了土地革命和武装反抗国民党反动统治的总方针，通过职工运动、农民斗争、组织问题等决议案。在组织工作方面，八七会议强调要秘密党的组织及工作，各级党部要建立常委制度，进一步加强党的领导力量。

中共四川临时省委机关旧址（重庆城区大梁子兴隆巷8号）

三三一惨案是一个历史分水岭。三三一惨案后，中共在重庆的活动转入地下，进行更加艰苦、更加细致、更加秘密、随时用生命代价付出牺牲的工作。共产党人前赴后继，不怕牺牲，坚决执行党的决议，遵守党的纪律，与敌人展开了殊死的斗争。

贯彻八七会议精神调整的四川临时省委组织机构图

职　务	姓　名	任职时间
省委委员	傅　烈　刘荣简　刘愿庵　周贡植　钟梦侠　彭兴道　张秀熟　向希平　曾君杰　程秉渊　张庆余	
候补委员	程仲苍(女)　刘亚雄　詹正圣　周敦婉(女)　贺学礼	
常　委	傅　烈　刘荣简　刘愿庵　周贡植　程秉渊(曾君杰代)	
书　记	傅　烈	1927.9–1928.2
组织部部长	刘荣简	1927.9–1928.1
宣传部部长	刘愿庵(刘志远)	1927.9–1928.1
工人部部长	程秉渊(曾君杰代)	
农民部部长	周贡植	1927.9–1928.1
军事部部长	傅　烈	1927.9–1928.1
青年部部长	刘荣简	1927.9–1928.1
妇女部部长	程仲苍(女)	1927.9–1928.1
审查委员会书记	刘荣简	1927.9–1928.1
军事委员会书记	傅　烈	1927.9–1928.1
民校委员会书记	刘愿庵	1927.9–1928.1
学生运动委员会书记	刘荣简	1927.9–1928.1
农民运动委员会书记	周贡植	1927.9–1928.1
职工运动委员会书记	曾君杰	1927.9–1928.1
妇女运动委员会书记	程仲苍(女)	1927.9–1928.1
秘书处秘书长	刘愿庵	1927.9–1928.1
监察委员	程志筠(女)　刘远翔　刘宗沛	
候补监察委员	何若嘘	

为了贯彻落实党的八七会议精神，1927年9月12日，中共四川临时省委召开会议，按照党中央要求，调整了临时省委领导班子，选举省委委员11人，候补委员5人，推选5人组织常委。拟正式建立中共四川省委。9月16日，临时省委将会议结果报告中央，请求中央批准省委名单，中央未批复之前仍用临时省委名称，发出第12号通告，将会议情况通知各地党组织。

三、再举火炬

周贡植旧居

中共四川临时省委扩大会议旧址暨周贡植故居

中央批复了四川省委的报告，同意召开“扩大会议”，正式成立四川省委。会议在周贡植家举行。周家位于重庆铜罐驿陡石塔村，紧靠长江，地形隐蔽，交通方便，中共铜罐驿支部在当地拥有良好的群众基础。周贡植指派铜罐驿支部袁川民、罗正立等担任大会保卫工作，以留法同学聚会为由说服其父支持，并借助父亲是铜罐驿乡长的名望，使中共四川临时省委扩大会议成功安全召开。

油画《中共四川临时省委扩大会议》（中共四川省委第一次代表大会）

各地参加中共四川临时省委扩大会议代表部分名录

姓　名	年 龄	文化程度
傅　烈	29	大学在读(苏联莫斯科东方劳动大学)
刘愿庵	33	中学(南昌大同中学)
张秀熟	33	
刘亚雄	31	
周贡植	29	中学(巴县中学),留学法国
李炳奎		
刘远翔	24	
朱近之		
周敦婉(女)	23	大学(燕京大学)
郑佑之	37	中师在读(成都农业学校)
程秉渊	26	中师在读(巴黎电影专门学校)
陈峻山		
程仲苍(女)		
刘成辉		
黎冠英		

1928年2月10日至15日，中共四川临时省委扩大会议（中共四川省委第一次代表大会）召开，重庆各地20余人出席。

中共四川省委组织机构图

职　务	姓　名	任职时间	备　注
委　员	傅　烈　刘愿庵　张秀熟　刘亚雄 周贡植　李炳奎　刘远翔　朱近之 周敦婉（女）　郑佑之　邱合然		
候补委员	程秉渊　陈峻山　程仲苍（女） 刘成辉　黎冠英（黎灌英）		
常　委	傅　烈　刘愿庵　张秀熟　刘亚雄 李炳奎		
书　记	傅　烈	1928.2–1928.3	
组织局主任	周贡植	1928.2–1928.3	
组织科主任	周贡植	1928.2–1928.3	
军事科主任	傅　烈	1928.2–1928.3	
宣传科主任	刘愿庵	1928.2–	党的六大代表
文书科主任	张秀熟	1928.2–	
会计科主任	张秀熟	1928.2–	
职工运动委员会书记	刘亚雄	1928.2–	1928年2月，省委派刘亚雄到成都工作，周贡植增补为常委。
教育宣传委员会书记	刘愿庵	1928.2–	
秘书长	周贡植	1928.2–1928.3	

1928年2月10—15日，在严酷的形势下，中共四川临时省委召开扩大会议（中共四川省委第一次代表大会），选举产生省委委员11人、候补委员5人，推选常委5人组成常委会，组成中共四川省委。省委委员和候补委员中，工人2名，农民1名；省委常委中工人1名。省委常委为傅烈、张秀熟、刘愿庵、刘亚雄、李炳奎，会后增补周贡植为常委。大会选举刘愿庵为中国共产党六大代表。

傅烈（1899—1928），中共四川省委委员、常委、书记、军事科主任

周贡植（1899—1928），中共四川省委委员、常委、组织局主任、组织科主任、秘书长

刘愿庵（1895—1930），中共四川省委委员、常委，宣传科主任、教育宣传委员会书记，中国共产党第六次全国代表大会代表

刘亚雄（1897—1956），中共四川省委委员、常委、职工运动委员会书记

张秀熟（1895—1994），中共四川省委委员、常委、文书科主任、会计科主任

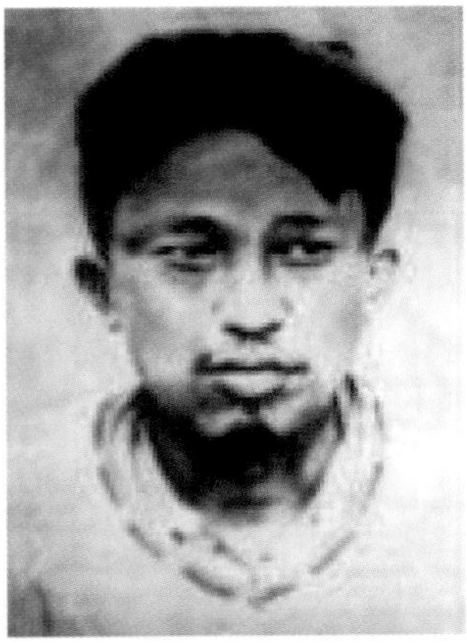

刘远翔（1904—1933），中共四川省委委员

郑佑之（1891—1931），中共四川省委委员

程秉渊（1902—1973），中共四川省委候补委员

刘成辉（1901—1939），中共四川省委候补委员

黎冠英（1895—1928），中共四川省委候补委员

李炳奎，中共四川省委委员、常委

朱近之，中共四川省委委员

邱合然，中共四川省委委员

周敦婉（1905—1940），女，中共四川省委委员

陈峻山（1900—1930），中共四川省委候补委员

程仲苍，女，中共四川省委候补委员

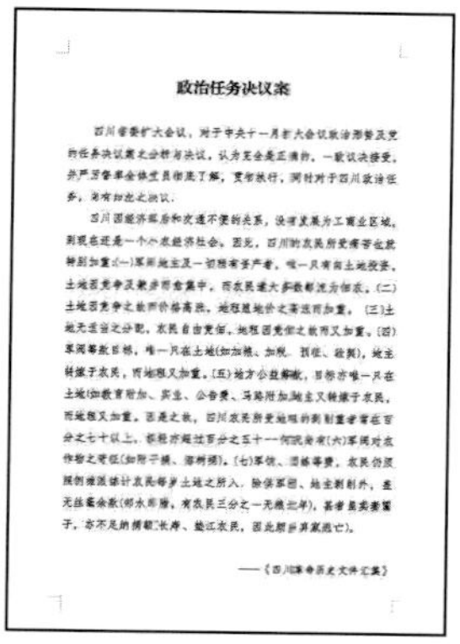

政治任务决议案

——《四川革命历史文件汇集》

中共四川临时省委扩大会议政治任务决议案

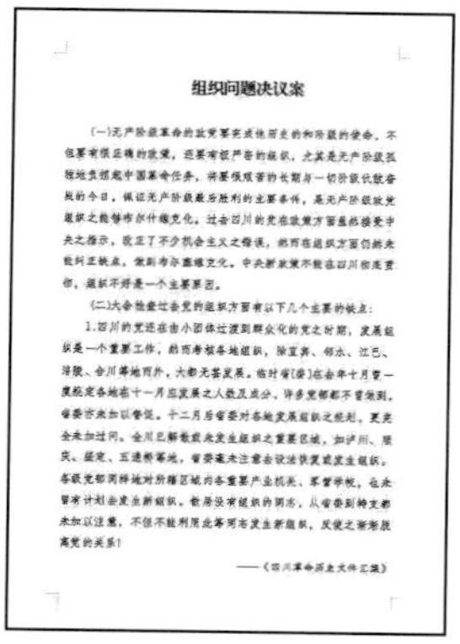

组织问题决议案

——《四川革命历史文件汇集》

中共四川临时省委扩大会议组织问题决议案

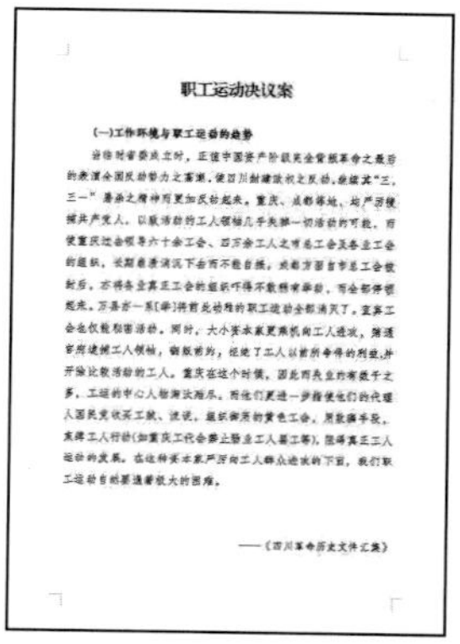

职工运动决议案

——《四川革命历史文件汇集》

中共四川临时省委扩大会议职工运动决议案

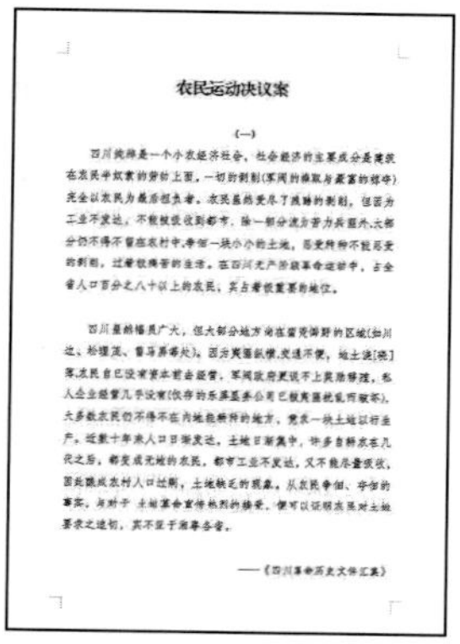

农民运动决议案

——《四川革命历史文件汇集》

中共四川临时省委扩大会议农民运动决议案

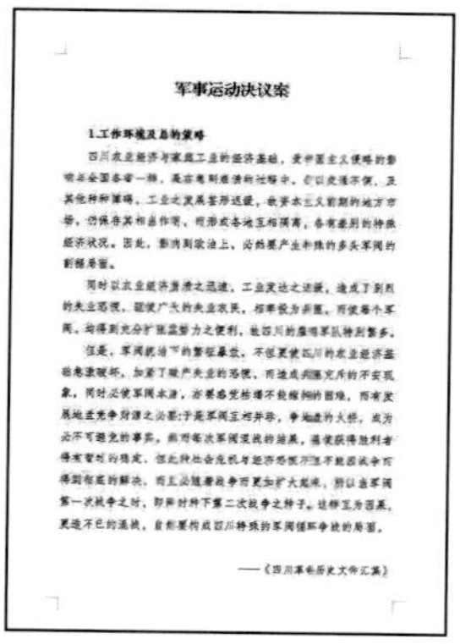

军事运动决议案

——《四川革命历史文件汇集》

中共四川临时省委扩大会议军事运动决议案

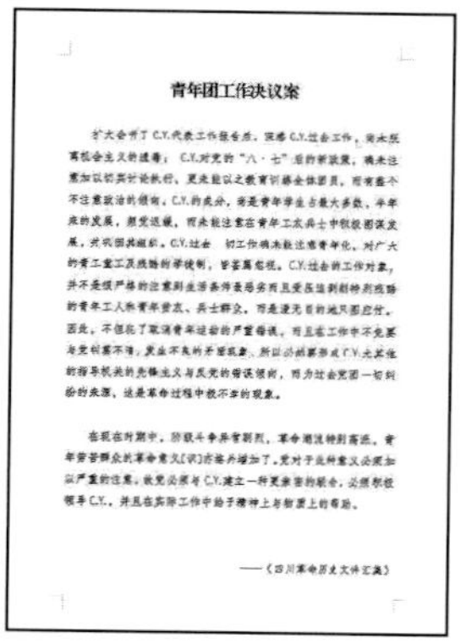

青年团工作决议案

——《四川革命历史文件汇集》

中共四川临时省委扩大会议青年团工作决议案

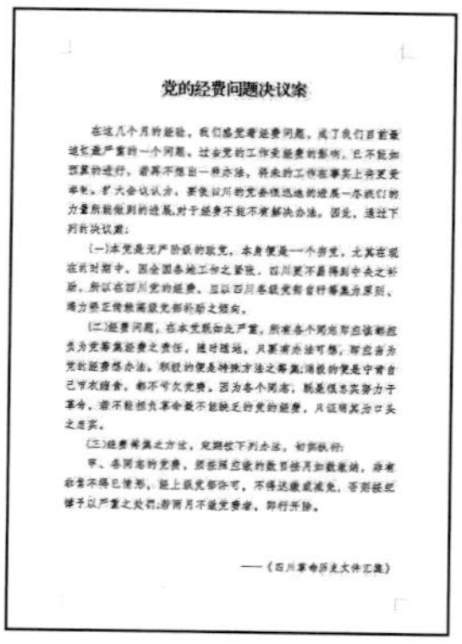

党的经费问题决议案

——《四川革命历史文件汇集》

中共四川临时省委扩大会议党的经费问题决议案

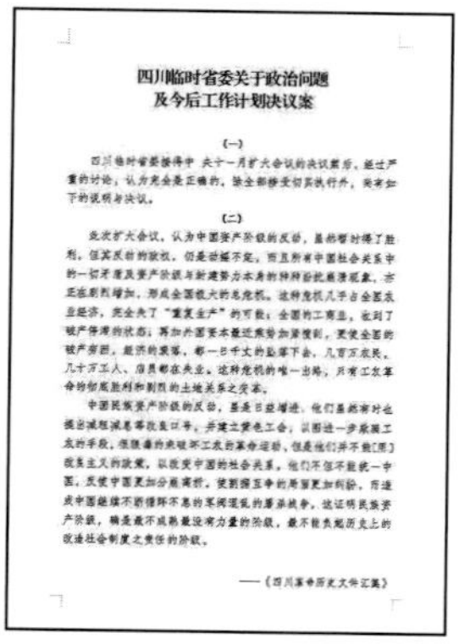

四川临时省委关于政治问题及今后工作计划决议案

——《四川革命历史文件汇集》

中共四川临时省委扩大会议四川临时省委关于政治问题及今后工作计划决议案

中共四川临时省委扩大会议通过了政治任务决议案、组织问题决议案、职工运动决议案、农民运动决议案、军事运动决议案、青年团工作决议案、党的经费问题决议案。党的工作开始又向前推进。在省委和傅烈领导下，万源、宣汉、蒲江、南溪、绵竹等地先后爆发武装暴动。

位于重庆城区的中共四川省委机关旧址

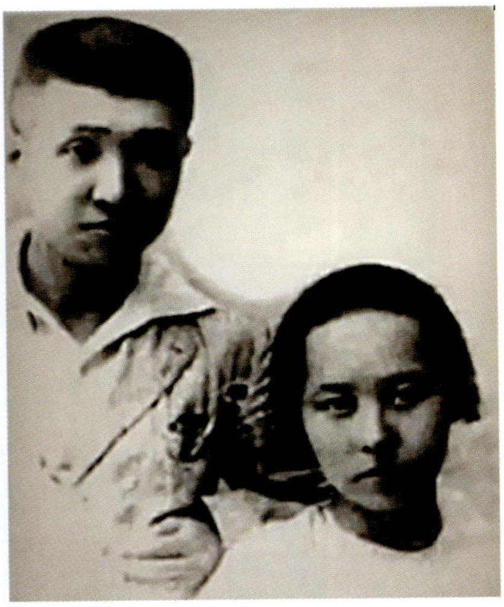

傅烈、陈才用夫妇

1928年3月6日，省委书记傅烈在中共四川省委机关主持召开成立中共巴县县委筹备会议，会议决定由周贡植代理县委书记。3月9日，巴县县委开会，省委书记傅烈、省委常委、巴县代书记周贡植出席会议。反动警察发现了会议场所，傅烈、周贡植及巴县县委委员共10人先后被捕。

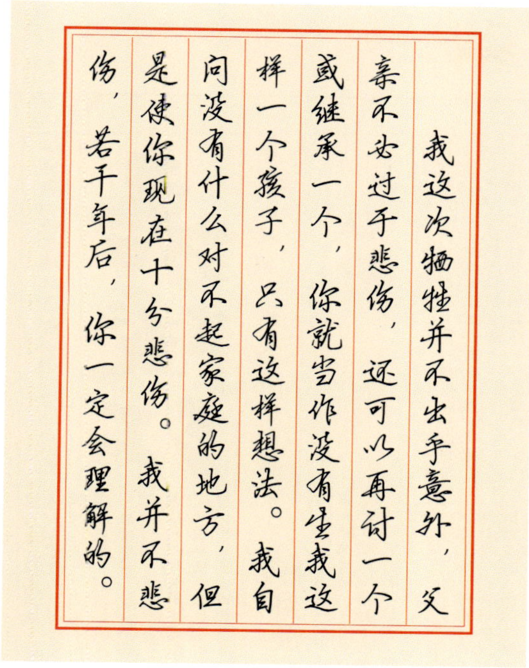

我这次牺牲并不出乎意外，父亲不必过于悲伤，还可以再讨一个或继承一个，你就当作没有生我这样一个孩子，只有这样想法。我自问没有什么对不起家庭的地方，但是使你现在十分悲伤。我并不悲伤，若干年后，你一定会理解的。

1928年4月3日，敌人将傅烈在朝天门外残忍杀害。临刑前，傅烈给父亲和妻子各留下一封家书。

在给父亲的信中他写道：

“我这次牺牲并不出乎意外，父亲不必过于悲伤，还可以再讨一个或继承一个，你就当作没有生我这样一个孩子，只有这样想法。我自问没有什么对不起家庭的地方，但是使你现在十分悲伤。我并不悲伤，若干年后，你一定会理解的。”

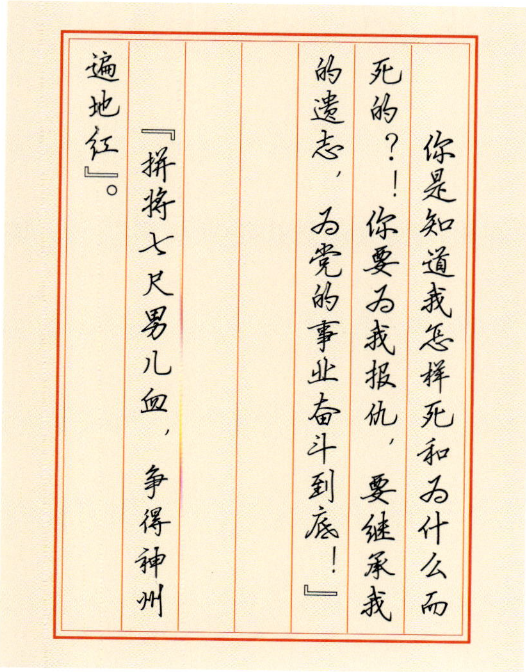

你是知道我怎样死和为什么而死的？！你要为我报仇，要继承我的遗志，为党的事业奋斗到底！』

『拼将七尺男儿血，争得神州遍地红』。

傅烈遗书（节选）

在给妻子陈才用的信中他写道：“你是知道我怎样死和为什么而死的?！你要为我报仇，要继承我的遗志，为党的事业奋斗到底！”在信的末尾，他写下了“拼将七尺男儿血，争得神州遍地红”。

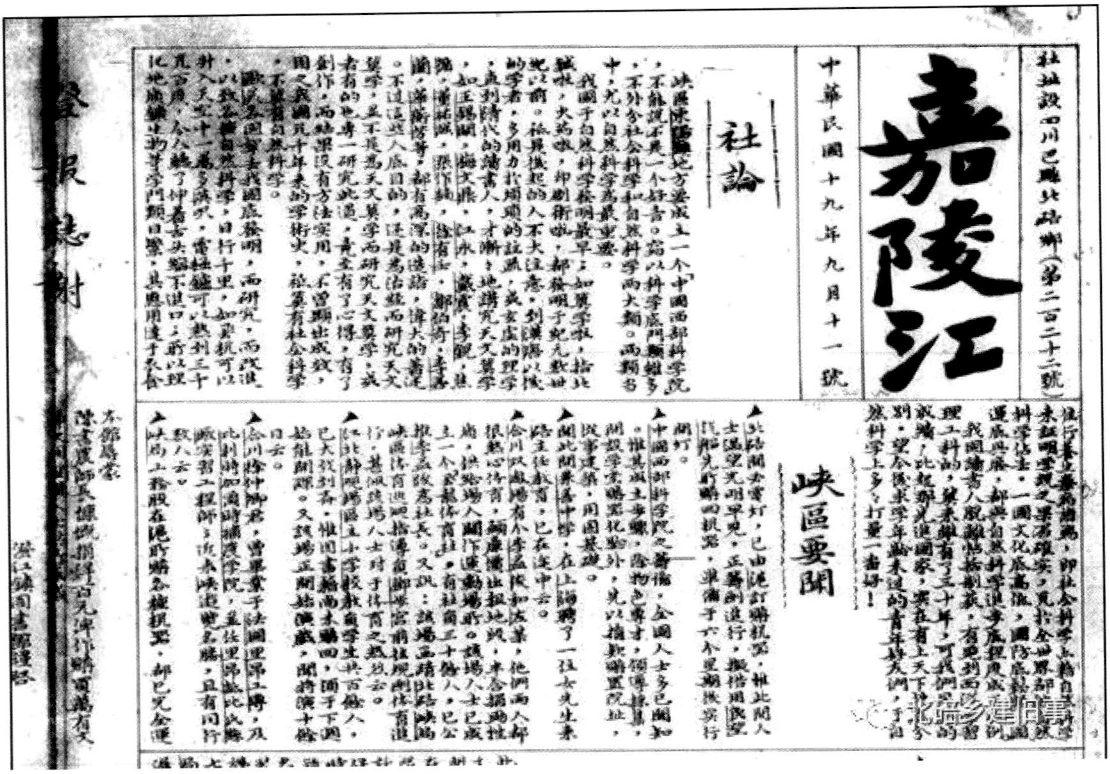

社址設四川巴縣北碚鄉（第二百二十二號）

嘉陵江

中華民國十九年九月十一號

社論

峽區要聞

《嘉陵江日报》对周贡植牺牲报道

1928年4月3日，傅烈、周贡植等9人在重庆朝天门河边沙坝英勇就义，牺牲时傅烈与周贡植都年仅29岁。

第七章　浩气长存　星耀巴渝

重庆打枪坝水塔

“川省现是最好工作之地，四川工作同志其刻苦奋斗的精神，更为有别省所不及者”。这是党中央对川渝共产党组织和全体共产党员的最高褒奖。

在党中央领导下，中国革命走出了大革命失败的低谷，掀起了土地革命的高潮。经过抗日战争、解放战争艰苦卓绝的斗争，终于迎来了新中国的诞生。

历史将永远铭记那些把自己的青春与热血奉献给了为人民谋幸福，为民族谋复兴伟大事业的川渝先烈们！

HAOQI CHANGCUN

—

XINGYAO BAYU

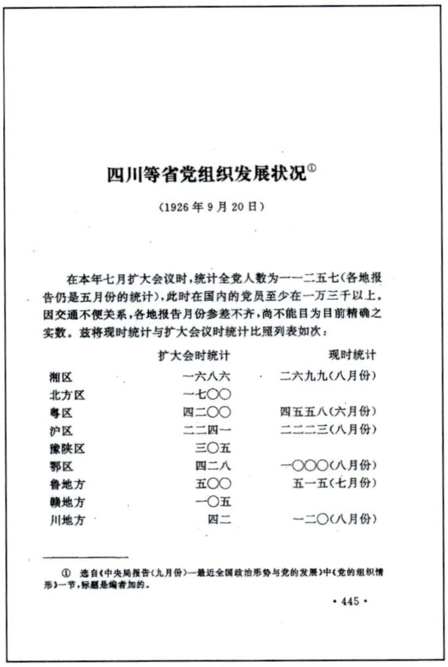

四川等省党组织发展状况①

（1926年9月20日）

在本年七月扩大会议时，统计全党人数为一一二五七（各地报告仍是五月份的统计），此时在国内的党员至少在一万三千以上。因交通不便关系，各地报告月份参差不齐，尚不能目为目前精确之实数。兹将现时统计与扩大会议时统计比照列表如次：

	扩大会时统计	现时统计
湘区	一六八六	二六九九（八月份）
北方区	一七〇〇	
粤区	四二〇〇	四五五八（六月份）
沪区	二二四一	二二二三（八月份）
豫陕区	三〇五	
鄂区	四二八	一〇〇〇（八月份）
鲁地方	五〇〇	五一五（七月份）
赣地方	一〇五	
川地方	四二	一二〇（八月份）

① 选自《中央局报告（九月份）—最近全国政治形势与党的发展》中《党的组织情形》一节，标题是编者加的。

·445·

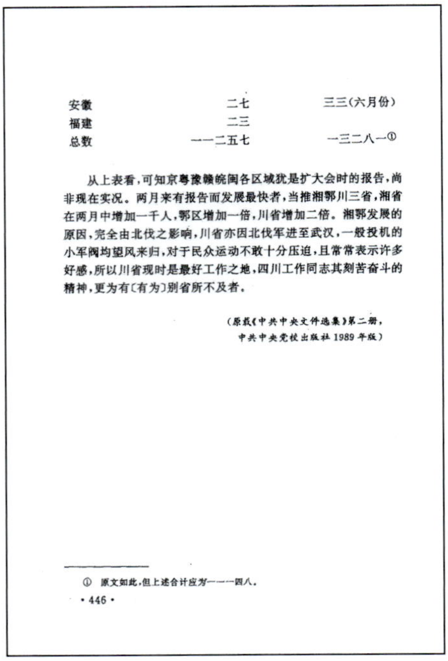

安徽	二七	三三（六月份）
福建	二三	
总数	一一二五七	一三二八一①

从上表看，可知京粤豫赣皖闽各区域犹是扩大会时的报告，尚非现在实况。两月来有报告而发展最快者，当推湘鄂川三省，湘省在两月中增加一千人，鄂区增加一倍，川省增加二倍。湘鄂发展的原因，完全由北伐之影响，川省亦因北伐军进至武汉，一般投机的小军阀均望风来归，对于民众运动不敢十分压迫，且常常表示许多好感，所以川省现时是最好工作之地，四川工作同志其刻苦奋斗的精神，更为有〔有为〕别省所不及者。

（原载《中共中央文件选集》第二册，
中共中央党校出版社1989年版）

① 原文如此，但上述合计应为一一一四八。

·446·

《四川等省党组织发展状况》①

从表上看，可知京粤豫赣皖闽各区域犹是扩大会时的报告，尚非现在实况。两月来有报告而发展最快者，当推湘鄂川三省，湘省在两月中增加一千人，鄂区增加一倍，川省增加二倍……革命力量迅猛发展。中央认为：“川省现时是最好工作之地，四川工作同志其刻苦奋斗的精神，更为有别省所不及者。”①

① 《四川省等党组织发展状况》，1926年9月，转引自《中共中央文件选集》（第2册），中共中央党校出版社，1989年版，第353页。

人民英雄永垂不朽！

——毛泽东

重庆是一块英雄的土地，有着光荣的革命传统。

——习近平

杨闇公（1898—1927），重庆潼南人

赵世炎（1901—1927），重庆酉阳人

冉钧（1899—1927），重庆江津人

傅烈（1899—1928），江西临川人

周贡植（1899—1928），重庆巴县人

刘愿庵（1895—1930），陕西咸阳人

陈达三（1882—1927），
重庆铜梁人

李蔚如（1883—1927），
重庆涪陵人

漆南薰（1892—1927），
重庆江津人

喻克由（1896—1928），
重庆巴县人

穆青（1898—1930），
四川合江人

童庸生（1899—1930），
重庆巴县人

邹进贤（1899—1930），重庆綦江人

李鸣珂（1899—1930），四川南部人

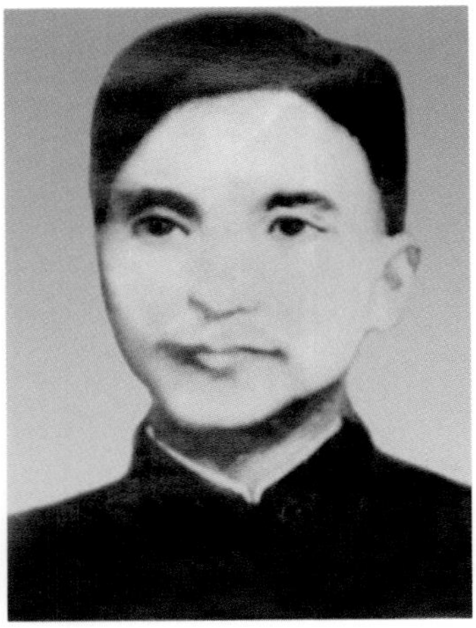

钟善辅（1899—1930），重庆涪陵人

钱芳祥（1900—1928），重庆巴县人

游曦（1908—1927），女，重庆巴县人

程攸生（1900—1930），
重庆巴县人

石邦渠（1902—1928），
重庆酉阳人

张竞若（1904—1930），
重庆南川人

白贞瑞（1905—1928），
重庆黔江人

吴毅（1907—1928），
重庆忠县人

陈选（1908—1928），
重庆秀山人

后记

我们对巴渝地区早期共产主义运动历史的研究始于20世纪70年代末。先后出版了《杨闇公日记》《杨闇公纪念集》《杨闇公文集》《中国青年共产党（中国YC团）》《中国共产党重庆地方简史》《巴渝丰碑》《中国共产党重庆历史（第一卷）》等著作。

2011年，在庆祝中国共产党成立90周年之际，以此为基础，中共重庆市委宣传部和重庆市社会科学领导小组办公室确立“90年来重庆地方党组织对历史的贡献研究”为2011年度重庆市社会科学规划重点委托项目，由市委宣传部承担，以市委宣传部常务副部长、市委党史研究室主任、重庆市地方史研究会会长周勇教授为首席专家。

十年来，这一研究项目取得了丰硕的成果，并得到了广泛的运用：

一、2011年2月20日，由重庆市委党史研究室联合北京市委党史研究室，在北京召开了“重庆早期共产主义组织研究专家座谈会”。

二、2011年3月12、13日，经中央档案馆授权，在《光明日报》《重庆日报》《红岩春秋》上公开发表《四川省重庆共产主义组织的报告》，并发布《91年前的今天 中国最早的共产主义组织在重庆诞生》（《重庆日报》）、《我国最早的共产主义组织成立于重庆》（《光明日报》）等新闻报道。同时发表《中共一大档案中的重庆报告》（《光明日报》）、《“重庆报告”：中共创建史上的一个未解之谜》（《重庆日报》）等文章。

三、2011年7月27—28日，中央档案馆、中国中共党史学会、中共党史研究杂志社、党的文献杂志社、中共四川省委党史研究室、中共重庆市委宣传部和中共重庆市委党史研究室联合主办“中国共产党的创建与四川省重庆共产主义组织学术研讨会”。在《中共党史研究》上发表了会议综述。重庆出版社出版了会议论文集《探索历史的星空》。

四、2011年，此项成果构成了重庆市庆祝中国共产党成立90周年活动的基本史实基础，出版了《中国共产党重庆历史（第一卷）》《中国共产党革命精神研究》等。

五、2015年，此项成果服务于重庆市纪念抗日战争胜利70周年活动，出版发表了一批研究成果。

六、2016年，此项成果服务于重庆市纪念红军长征胜利80周年活动，出版发表了一批研究成果。

七、2018年6—12月，以此项成果为基础，重庆日报社与重庆市地方史研究会合作举办《“重走信仰之路 传承红色基因——追寻重庆红色记忆”大型全媒体系列报道》，进行了广泛的传播。

八、2019年，以此项成果为基础，中共重庆市九龙坡区委、重庆市委党史研究室联合举办《初心·使命·奋斗——巴渝地区早期共产主义运动文物史料展》。

九、2019年，党中央决定启动编撰出版《复兴文库》这一国家重大文化工程。习近平总书记作出指示，审定批准编辑出版方案，并撰写序言。《四川省重庆共产主义组织的报告》被编入《复兴文库》第二编第一卷《中国共产党的成立是开天辟地的大事变》，列于第三册《中国共产党早期组织的建立》之中。这是对几十年来研究《四川省重庆共产主义组织，报告》的专家学者们的充分肯定和极大鼓舞。

在中国共产党成立100周年之际，我们以《初心·使命·奋斗——巴渝地区早期共产主义运动文物史料展》为基础，编著成《对话初心——图说巴渝地区早期共产主义运动》。这是一部集重庆史学者长期研究成果于一体图文并茂的学术专著。这是重庆革命历史文化的学术原创之作，是面向共产党员、人民群众的红色文化、革命传统教育著作，是对巴渝地区早期共产党人、革命志士的永久纪念，是“不忘初心，牢记使命”主题教育的重要成果，更是我们重庆历史学者向中国共产党成立100周年的献礼之作。

本书所述历史的时段为19世纪末到20世纪30年代。本书所称之“巴渝地区”主要指今天重庆市行政区划之内。本书记述了那一时期，在今天重庆市范围内发生的早期共产主义运动历史。当时，这一区域隶属于四川省。因此在表述历史时，如涉及到重庆以外的其他地方，我们偶尔使用“川渝地区”。但在表述有关地名和人物籍贯时，均以今天重庆市行政区划为准。

本书由重庆市重庆史研究会立项研究，由周勇主持，提出研究框架，进行基础研究，撰写编纂大纲和各章前言，终审稿件等；林勇、黄晓东负责本书编纂的学术指导、综合协调工作，以及部分章节的修改工作；刘婧雨、颜毅具体负责执笔撰写全书文稿，搜集、编排图片和资料，等等。中国民主党派历史陈列馆的程昌利、赵毅、赵勇、丁颖、刘昭参加了部分图片、资料搜集、整理工作。郭金杭、周昌文、陈婷婷参加了图片修复、资料扫描、文本制作等工作。

由市委宣传部组织邵维正、李蓉、周锐京、宋键、简奕等同志对本书前期成果进行了评审，重庆出版集团为本书的出版给予了大力的支持，吴昊同志具体承担编辑任务。

本书的图片来自于重庆中国三峡博物馆、中国民主党派历史陈列馆、重庆红岩革命纪念馆、重庆市档案馆、重庆市巴南区档案、重庆市重庆史研究会、重庆市九龙坡区文联，特别是中共九龙坡区委、中共重庆市委党史研究室举办的《初心·使命·奋斗——巴渝地区早期共产主义运动文物史料展》，以及英国国家档案馆、法国国家图书馆等。

《初心·使命》主题青铜雕塑（《建党先锋》《统战前驱》《起义壮举》《风雨征程》），由周勇、黄晓东创意，焦兴涛团队创作。

水粉画《英雄故居》由梁益君创作，中共九龙坡区委宣传部提供。

谨向各方面的同志们表示衷心的感谢！

2022年12月18日修订

水粉画《英雄故居》（梁益君绘）